CAHIERS

▶ n° 158 / 3ᵉ trimestre 2019

PHILOSOPHIQUES

CAHIERS PHILOSOPHIQUES
est une publication de la Librairie Philosophique J. Vrin
6, place de la Sorbonne
75005 Paris
www.vrin.fr
contact@vrin.fr

Directeur de la publication
DENIS ARNAUD

Rédactrice en chef
NATHALIE CHOUCHAN

Comité scientifique
BARBARA CASSIN
ANNE FAGOT-LARGEAULT
FRANCINE MARKOVITS
PIERRE-FRANÇOIS MOREAU
JEAN-LOUIS POIRIER

Comité de rédaction
ALIÈNOR BERTRAND
LAURE BORDONABA
MICHEL BOURDEAU
JEAN-MARIE CHEVALIER
MICHÈLE COHEN-HALIMI
BARBARA DE NEGRONI
STÉPHANE MARCHAND

Sites internet
www.vrin.fr/cahiersphilosophiques.htm
http://cahiersphilosophiques.hypotheses.org
www.cairn.info/revue-cahiers-philosophiques.htm

Suivi éditorial
MARGOT HOLVOET

Abonnements
FRÉDÉRIC MENDES
Tél. : 01 43 54 03 47 – Fax : 01 43 54 48 18
fmendes@vrin.fr

Vente aux libraires
Tél. : 01 43 54 03 10
comptoir@vrin.fr

La revue reçoit et examine tous les articles, y compris ceux qui sont sans lien avec les thèmes retenus pour les dossiers. Ils peuvent être adressés à : cahiersphilosophiques@vrin.fr. Le calibrage d'un article est de 45 000 caractères, précédé d'un résumé de 700 caractères, espaces comprises.

ISSN 0241-2799
ISSN numérique : 2264-2641
ISBN 978-2-7116-6010-0
Dépôt légal : septembre 2019
© Librairie Philosophique J. Vrin, 2019

SOMMAIRE

ÉDITORIAL

L'impossibilité de parler ou de dire certaines choses est une expérience commune et ordinaire. Dans quelle mesure cela manifeste-t-il l'existence de limites propres au langage ? Il est nécessaire de s'entendre sur cette « impossibilité de dire ». Il ne sera pas ici question des empêchements subjectifs ou objectifs liés à des circonstances variées qui privent, ponctuellement ou durablement, un sujet de sa parole ; bien plutôt de ce qui peut contribuer à vider la parole de son sens ou faire obstacle au processus sémantique. On peut croire dire quelque chose et n'en rien faire, produire à son insu des énoncés qui n'ont qu'une apparence de signification et sont en réalité porteurs de confusions, d'incohérences, de contradictions. Dans le sillage des travaux de Wittgenstein, les différents articles de ce dossier analysent les difficultés rencontrées lorsqu'on se propose de décrire ou de conceptualiser certaines choses ou situations, qui d'une manière ou d'une autre échappent à une saisie langagière. Difficultés qui peuvent être dépassées ou qui peuvent voir leur statut transformé dès lors qu'on met en évidence et qu'on tient compte des contraintes *grammaticales* inhérentes à nos différents usages du langage[1].

Comment déterminer ce qui est indicible ? Ce qui ne peut être dit ne possède-t-il pas à une forme d'existence ? Est-il possible de parler de manière sensée de ce qui n'existe pas ? Autant de questions qui parcourent les textes ici rassemblés.

La transcendance de Dieu ou du premier principe, la genèse du monde semblent excéder les possibilités langagières. Ce qui est au-delà du monde n'est-il pas nécessairement indicible ? Aucun nom n'est adéquat pour exprimer la différence entre le principe et ce qui en procède, pour décrire le passage du chaos originaire au monde ordonné. Pourtant, loin d'être réduite au silence, la pensée qui affronte ces questions est conduite à une forme d'inventivité langagière. C'est de l'intérieur du langage que se découvrent les procédés permettant de dépasser les contraintes inhérentes aux mots et à leur agencement.

Ainsi, la philosophie néoplatonicienne confère-t-elle à l'Un qui est « au-delà de l'être » et qui n'a pas de nom, le statut d'un véritable principe[2]. Il y a deux manières de se rapporter à ce premier principe qui resterait indicible de manière directe : l'analogie et la négation. Celles-ci sont nécessairement impropres mais cet usage imparfait du langage ne doit pas être prohibé. Ce qui est nié au sujet du premier principe doit pouvoir être affirmé des êtres qui en procèdent. La négation produit l'affirmation comme l'Un produit

■ 1. Les articles de ce dossier sont issus de deux journées d'étude internationales qui se sont tenues les 21 et 22 février 2018, intitulées « Les limites du langage. Approches transhistoriques » organisées par le Centre Prospero à l'Université Saint-Louis à Bruxelles, à l'initiative de Valérie Aucouturier, Ghislain Casas, David Lemler et Jeanne-Marie Roux rejoints par Anaïs Jomat pour le travail d'édition. Les *Cahiers philosophiques* tiennent à les remercier pour la qualité de la collaboration éditoriale ainsi que Marion Schumm qui l'a rendue possible.
■ 2. Cf. G. Casas, « L'indicible comme principe. Paradigme néoplatonicien de l'apophatisme », p. 19-32.

l'être, de même que l'indicible produit négativement le dicible. À ce titre, il ne doit pas être considéré comme le dehors du langage.

La thérapeutique philosophique déployée par Wittgenstein enjoint de se rapporter au monde en prenant conscience des limites du langage et de la science. Mais tous les problèmes ne sont pas réglés pour autant car il n'est pas certain que nous puissions éviter de chercher à penser l'impensable. Si Dieu est impensable et indicible, faut-il garder le silence à son sujet[3]? Cela n'est ni possible ni nécessaire pas plus que n'est requise la restriction à une théologie négative dès lors qu'on est au fait de la transcendance de l'objet sur son discours. L'usage des noms divins s'accompagne alors de la conscience qu'ils sont inadéquats et provisoires. On a besoin du langage pour dépasser le langage, besoin du concept pour dépasser le concept.

Lorsque le problème de la création *ex nihilo* est abordé au sein de la littérature rabbinique, il est souvent fait usage de récits qui permettent, au même titre que la négation ou l'analogie, de jouer avec les limites du dicible[4]. S'y mêlent des hypothèses sur la manière dont s'est produite la création et des réflexions sur l'impossibilité de la dire adéquatement. Un récit de la création est à proprement parler impossible puisqu'il reviendrait à se projeter dans un « avant le monde », là où tout énoncé « suppose un monde sur lequel il porte et à partir duquel il est produit ». Certains récits traitant de la création font état de l'existence de matériaux antérieurs au monde sans que cela implique nécessairement de nier l'hétérogénéité radicale entre un avant et un après. Mais leur interprétation est délicate car il n'est pas dit qu'un tel récit soit digne de « l'œuvre de commencement ». Ne risque-t-il pas d'induire un mépris du créateur, si l'on se représente que celui-ci a créé à partir de quelque chose qui était déjà là[5]? Le dicible ne renvoie pas seulement ici à ce qui *peut* être dit mais à ce qui *doit* l'être : il est difficile en effet de comprendre que quelque chose est seulement montré, indiqué en creux dans le discours, sans être véritablement dit.

Quoiqu'il ne soit pas question de transcendance, des interrogations équivalentes à celles qui viennent d'être évoquées surgissent à propos de l'expérience psychique qui mett en jeu le recours à la notion d'« intériorité ». Si l'on rejette la possibilité d'une « introspection », si l'on refuse d'accorder une pertinence conceptuelle à une « intériorité » distincte de ce dont nous avons conscience, on n'est pas pour autant contraint de s'en tenir à un behaviorisme strict qui n'accorde d'attention qu'à l'étude des comportements observables et mesurables. Non seulement l'expérience psychique est dicible mais ce pourrait être une « erreur grammaticale » de supposer qu'un pan de cette expérience échappe au langage : les limites de l'expérience psychique coïncident avec les limites de ce qui est dicible, et il n'y a en réalité *rien d'autre* à dire que ce qui est dit[6]. L'expérience psychique se réduit aux énoncés en première personne, qui permettent de la dire. Il importe donc de prêter attention aux types d'énoncés – description ou expression – mis en œuvre puisque ce sont

▓ 3. *Cf.* O. Boulnois, « Qu'est-ce qu'une théologie négative ? », p. 33-52
▓ 4. *Cf.* D. Lemler, « Limites du langage et création du monde dans la littérature rabbinique », p. 53-66.
▓ 5. *Ibid.*, p. 57
▓ 6. *Cf.* C. Gauvry, « L'expérience psychique, une expérience indicible ? », p. 99-113.

eux qui donnent consistance à l'expérience, tout autant qu'aux jeux de langage dans lesquels ces énoncés sont investis. La tâche est toutefois ardue et de nombreuses interrogations s'ouvrent lorsqu'on s'intéresse à la spécificité des jeux de langage qui se déploient lorsque nous disons « je ».

Par rapport à ces différents objets d'étude – premier principe, création du monde, expérience psychique – il importe à une philosophie inspirée par Wittgenstein de mettre au jour le non-sens et de délimiter, au sein du langage, ce qui peut être dit et qui est par là même doté d'un sens.

Toutefois la notion de « non-sens » n'est pas univoque. Une « conception austère » du non-sens[7] le considère comme complètement extérieur au langage, ce qui revient à établir une coupure stricte entre sens et non-sens.

Le non-sens n'est de toute façon pas une forme atténuée du sens. Le recours à la notion de « contexte » en relation avec une pratique permet de moduler, mais non d'abolir, la distinction entre sens et non-sens. Le non-sens relèverait alors de ce que « nous ne parvenons à rattacher à aucune pratique, à aucun usage, à aucun jeu de langage déterminé »[8]. Or, la possibilité de rattacher un énoncé à un usage dans un certain contexte n'est pas donnée *a priori*, elle « fait intégralement partie du jeu de langage joué ».

Interroger les limites du langage implique de chercher à comprendre de façon de plus en plus fine le fonctionnement du langage lui-même. On peut ainsi se demander ce qui se passe lorsque nous parlons de ce qui n'existe pas. Cette question du statut des objets inexistants n'est pas nouvelle, elle a fait l'objet de nombreuses analyses dans le cadre des théories de l'intentionalité. Elle est renouvelée par une approche grammaticale, en particulier celle développée par E. Anscombe qui interroge la notion même d'« objet intentionel » et s'efforce de mettre en évidence les confusions qu'elle véhicule[9]. À commencer par une « erreur de catégorie » impliquant le terme « objet » qui conduit à parler des objets dits intentionels (objet de désir ou de pensée) comme s'il s'agissait d'objets réels. De cette confusion, on glisse facilement vers les faux problèmes liés à la supposée existence ou inexistence des objets intentionels. Ces erreurs proviennent d'un certain rapport superficiel au langage, de la mise en œuvre d'une « grammaire de surface » à laquelle il faut opposer une « grammaire profonde » qui tienne compte des liens qui unissent les verbes à leurs compléments d'objet, tout particulièrement les verbes « intentionels ». D'un point de vue strictement grammatical, un objet intentionel n'est rien d'autre qu'un complément d'objet.

Cette clarification grammaticale constitue aussi une explicitation quant à la « capacité référentielle de notre langage » qui n'est jamais par elle-même « une voie d'accès à l'être réel dont nous parlons ». Il n'y a pas d'« isomorphisme entre le langage et le monde »[10].

Mais il n'est pas aisé d'accéder à la compréhension du fonctionnement du langage. Après avoir distingué dans trois essais marquants, *fonction* et *concept*, *sens* et *référence*, *concept* et *représentation*, Frege énonce la « maxime »

■ 7. *Cf.* V. Aucouturier, « Le non-sens comme absence de contexte », p. 85.
■ 8. *Ibid.*, p. 98
■ 9. *Cf.* A. Jomat, « L'objet intentionel au prisme de la grammaire chez E. Anscombe », p. 115-128
■ 10. *Ibid.*, p. 122

suivante : « Les concepts et les objets sont fondamentalement différents et ne peuvent tenir la place l'un de l'autre [...]. Les concepts ne peuvent jamais être dans les mêmes relations que les objets. Penser qu'ils le peuvent ne serait pas faux mais impossible »[11]. Frege exprime de surcroît régulièrement sa frustration de ne pouvoir, du fait d'une « nécessité linguistique », se rapporter aux concepts comme à des objets.

Cette maxime et la césure radicale qu'elle affirme entre concept et objet est susceptible d'un examen vigoureusement critique qui aboutit à l'interrogation et à la conclusion suivantes : « Ce qui est dit d'un objet peut-il parfois être dit d'un concept ? [...] un concept peut jouer le rôle d'un objet, celui de rendre une pensée singulière »[12].

Dans un texte intitulé « La question de l'idéalisme linguistique »[13], E. Anscombe exprime sa surprise quant au fait que « les gens sont profondément empêtrés dans des difficultés qui sont le fruit d'une pure incompréhension grammaticale ». Incompréhension qui les conduit à parler dans les mêmes termes de réalités qui relèvent pourtant de catégories grammaticales différentes et à ignorer la variété des jeux de langage impliqués par des usages eux-mêmes variés.

Une telle réflexion grammaticale sur les limites du langage, sur ce qu'il n'est pas possible de dire, est bien différente d'une réflexion sur les limites de la science et sur les limites de la raison. Ce qui ne peut être connu par la science fait l'objet d'autres jeux de langage articulés à des usages et à des formes de vie et la question du non-sens doit être abordée de l'intérieur de ce cadre déterminé. La délimitation de ce que nous pouvons dire – de ce que nous parvenons à dire – dépend de règles grammaticales mais aussi de croyances dont il nous est impossible de rendre intégralement raison.

Nathalie Chouchan

11. *Cf.* C. Travis, « Changer les rôles », p. 67. Cette citation de Frege est le point de départ et l'objet de l'article de C. Travis.

12. *Ibid.*, p. 81

13. *Cf.* E. Anscombe, « La question de l'idéalisme linguistique », *infra* p. 129-153. Ce texte inédit en français a été traduit pour ce numéro par Valérie Aucouturier et Anaïs Jomat.

DOSSIER

Les limites du langage

PRÉSENTATION. L'IMPUISSANCE À DIRE

Jeanne-Marie Roux

« Nous ne pouvons pas tout dire ». « Nous ne pouvons pas parler de tout ». Avant d'être un thème de réflexion philosophique sophistiquée, la question des limites du langage procède d'expériences de pensée, ou plutôt d'expériences de difficulté à penser, relativement courantes, qui nous laissent, selon les cas, légèrement hébétés, vaguement sidérés, ou proprement désespérés. Ce dont il s'agit dans ce volume, qui est le résultat d'un travail collectif dont la première étape fut deux journées d'étude organisées à l'Université Saint Louis de Bruxelles en février 2018[1], c'est bien d'un « pouvoir » qui est à entendre en termes de possibilité (et d'impossibilité), et non de devoir. Pour plus de clarté, les deux énoncés qui constituent notre point de départ peuvent être reformulés ainsi : « Nous n'avons pas la possibilité de tout dire ». « Nous n'avons pas la possibilité de parler de tout ».

Quel est le « *tout* » dont il s'agit ici ? De quelle « *possibilité* » est-il question ? Qu'est-ce que la « *parole* », quel est le « *discours* » en jeu dans ces formules ? Elles sont toutes deux issues d'intuitions très ordinaires, au sens où elles relèvent d'interrogations fondamentales de toute vie humaine. Elles jaillissent au moment où nous avons l'impression de constater, impuissants, notre difficulté à dire ce que nous avons l'impression de penser ou de ressentir ou, autre impuissance, lorsque nous croyons constater notre difficulté à faire de certaines choses des objets de discours, alors même que leur représentation nous semble exigée par différents motifs. Elles peuvent aussi émerger au moment où nous constatons, non plus notre impuissance à parler de telle ou telle chose particulière, mais notre incapacité à donner à notre discours

1 Ces journées d'étude internationales, intitulées « Les limites du langage. Approches transhistoriques », furent organisées par une équipe composée de Valérie Aucouturier, Ghislain Casas, David Lemler et moi-même, sous l'égide du Centre Prospero et du Fonds National de la Recherche Scientifique belge, que nous remercions chaleureusement pour leur soutien indispensable. La transformation de ce premier élan dans le présent volume s'est faite sous l'impulsion de Ghislain Casas, Anaïs Jomat, David Lemler, et moi-même, et a grandement bénéficié du travail d'édition serré réalisé par la rédaction, et les relecteurs, des *Cahiers philosophiques*. Nous les en remercions ici.

toute l'extension et, ou, toute la profondeur que nous souhaiterions ou qui est ou nous paraît requise dans certaines circonstances.

Trois exemples de ces trois cas de figure. Premièrement, le sentiment d'impuissance qui peut nous envahir au moment où, émerveillés par la beauté d'un paysage hivernal, nous manquons de mots pour en décrire les couleurs et les odeurs à l'intention du destinataire de notre courrier. Deuxièmement, notre incapacité manifeste à parler de la taille de l'univers d'une manière intelligible – est-il fini ? infini ? Aucun énoncé ne semble pouvoir faire sens. Troisièmement, le constat, désemparé ou déculpabilisant, que tout récit et toute description d'une scène de vie réelle exigent un tri et qu'aucune exhaustivité n'est possible dans le discours. Confrontés à chacune de ses situations, nous sommes susceptibles de conclure : « nous n'avons pas la possibilité de tout dire » (plutôt dans la première et la troisième), ou (plutôt dans la seconde) « nous n'avons pas la possibilité de parler de tout ».

Il est remarquable que s'exprime dans ces formules une exigence, déçue en l'occurrence, relative à ce que c'est que dire et ce que c'est que parler, et donc au fait que ces actions – dire, parler – peuvent être évaluées en tant qu'elles seraient effectivement accomplies, ou non. Elles expriment le fait que parfois nous ne parvenons pas à faire avec le langage ce que nous souhaiterions, que l'action à laquelle nous visons n'est pas correctement réalisée, ce qui suppose des normes, au moins implicites, relatives à son effectuation. Dire quelque chose, parler de quelque chose, voilà ce qu'il ne suffit pas de vouloir pour le pouvoir. Voilà qui, manifestement, ne peut pas être fait n'importe comment.

Pourtant, malgré son caractère relativement trivial, ce constat peine à être énoncé adéquatement. Car nous sommes confrontés d'emblée au paradoxe bien connu, qui emporte le risque, comme bien des paradoxes, d'hypnotiser la pensée : pour pouvoir énoncer les limites du langage, il faudrait pouvoir d'une certaine manière – même très indirecte, insuffisante, allusive – évoquer ce qui serait au-delà de ces limites, même pour n'en dire que ceci, que cela se situe au-delà de ces limites. À ce titre, l'affirmation d'une forme d'impuissance linguistique supposerait, sur un autre plan, une puissance de dire. Formulé dans ces termes, l'énoncé des limites du langage serait auto-contradictoire et échouerait donc, avant même que l'on envisage sa véridicité, à constituer un énoncé doté de sens. L'énoncé des limites du langage défierait les règles élémentaires de la logique, et cela signerait l'incapacité des hommes à se saisir de manière conceptuellement appropriée de leur impuissance à dire. Ce thème devrait-il donc être abandonné aux artistes et aux poètes ? aux croyants et aux rêveurs ?

Nous pensons surtout que cette manière de poser le problème n'est pas la bonne, dès lors qu'elle est stérile (philosophiquement), et qu'elle semble nous engager dans d'inextricables paradoxes. Elle procède d'un réflexe théorique fréquent qui consiste, si l'on n'y prend garde, à rabattre le thème des « limites » sur celui des « frontières ». Le dicible – et le non-dicible – est alors considéré comme un territoire à explorer, ou échouer à explorer, selon une modalité spatialisante qui transforme le champ du discours en un ensemble d'objets. Le dicible, dès lors, se situerait en un certain lieu de cet espace, le non-dicible se situerait (nécessairement; comment le penser autrement dans ce cadre?) en un autre lieu, de l'autre côté des fameuses limites-frontières.

Or, l'interprétation spatialisante du thème des limites a pour corrélat que le dicible et le non-dicible sont pensés littéralement *sur le même plan*, mis en regard l'un de l'autre, et *par là même* qu'ils sont situés dans deux espaces disjoints. En effet, par définition, le non-dicible n'est pas dicible. Dès lors qu'on les pense *sur le même plan*, force est donc de reconnaître qu'aucun élément dicible ne peut aussi appartenir à l'ensemble de l'indicible. La définition de deux espaces disjoints est qu'ils n'ont aucun élément en commun : le dicible et l'indicible constitueraient donc deux ensembles disjoints.

En somme, la conception selon laquelle la limite du langage serait une frontière est nécessairement corrélée à l'interprétation de la négation comme disjonction. Mais c'est l'incapacité à parler de l'indicible qui est alors actée! Ce qu'il ne serait pas en notre pouvoir de dire ne serait *en aucune manière* en notre pouvoir de dire. Notre impuissance à parler en quelque manière de ce que nous ne pouvons pas dire serait, en quelque sorte, topologiquement fondée.

Pourtant, l'une des leçons essentielles de Ludwig Wittgenstein, sous le haut patronage duquel nous ne pouvons que placer ce volume, comme sous celui de John L. Austin, son contemporain dans le champ « oxbridgien », est que ce que l'on dit n'est pas constitué par un ensemble de choses qui seraient étalées dans « le monde du discours » ou « le pays du langage », prêtes à être énoncées, situées quelque part, en tout cas, sur la carte du langage.

Puisque le traitement wittgensteinien du problème est abordé dans plusieurs articles de ce volume, nous allons privilégier ici le traitement, moins connu, qu'en propose John L. Austin. Le philosophe d'Oxford, né en 1911 et décédé en 1960, n'est pas l'auteur, comme son illustre contemporain de Cambridge (pour autant que Wittgenstein soit bien de quelque part) de formulations fameuses sur le thème des limites du langage mais son analyse de la signification linguistique constitue pourtant une contribution importante à notre débat. Est en jeu dans ce cadre ce qui relève de la catégorie du « dicible » ct, plus précisément, la possibilité de le circonscrire (ce que suppose la conception spatialisante des limites du langage).

Dans l'article de 1940 intitulé « La signification d'un mot », Austin critique sans ambiguïté toutes les conceptions qui objectivent les significations et les pensent comme des « choses, au sens ordinaire, faites de parties, au sens ordinaire »[2], susceptibles d'être saisies par des « description[s] définie[s] »[3]. Il est erroné, dit-il, de penser que chaque mot, et chaque énoncé, est accompagné de « [s]a signification »[4], qui l'accompagnerait en toutes circonstances comme « un appendice simple et pratique »[5], car – c'est ce qui est généralement retenu

■ 2. J. L. Austin, « The Meaning of a Word », *in* J. L. Austin, *Philosophical Papers* [1961], Oxford, Oxford University Press, 3ᵉ édition 1979, p. 62; trad. fr. L. Aubert et A.-L. Hacker, « La signification d'un mot », dans John L. Austin, *Écrits philosophiques*, Paris, Seuil, 1994, p. 30. Désormais nous indiquons la pagination dans l'édition originale suivie, après une barre oblique, de la pagination dans l'édition en français.
■ 3. *Ibid.*, p. 60/27
■ 4. *Ibid.*, p. 62/29.
■ 5. *Ibid.*

de cet article – la compréhension de ce que signifie un énoncé (c'est-à-dire ce qu'il serait étrange de refuser dans la même énonciation) suppose la prise en compte de la manière dont cet énoncé est formulé, c'est-à-dire de sa valeur, laquelle n'est jamais caractérisable qu'*en situation*.

Charles Travis, qui contribue à ce volume (« Changer les rôles »), a développé (notamment) une théorie contextualiste qui déploie (notamment) cette idée à l'aide d'exemples savoureux. Les références possibles sont nombreuses – choisissons un exemple extrait d'un article aisément accessible. Dans « A Sense of Occasion »[6], Charles Travis explique que ce que signifie l'énoncé selon lequel « le lac est bleu » varie selon les circonstances. Par exemple, imaginons que l'on dise « sous un ciel bleu sans nuage »[7] que « le lac est bleu » : la manière d'être bleue dont il s'agit n'est pas de celle que l'on pourrait vérifier en remplissant un seau, qui pourrait être adéquate dans un autre cas de figure, par exemple (comme le propose Bruno Ambroise commentant Charles Travis[8]) dans le cadre d'un examen visant à vérifier si de la peinture bleue s'est déversée dans le lac.

Comme l'écrit Charles Travis :

> il y a des occasions dans lesquelles, si quelqu'un dit qu'un lac est bleu et que l'on remplit un seau pour lui mettre en face des yeux, notre acte serait, pour le moins, stupide. Ce serait un geste incompréhensible. Car clairement il ne fallait pas comprendre le locuteur comme s'il était en train de dire que le lac était bleu de *cette* manière[9].

Ce que veut dire « le lac est bleu » dépend donc des circonstances de son énonciation – lui attribuer un sens général, a-contextuel, nous exposerait au risque de ne pas être pertinent, d'être « stupide » (« foolish » comme l'écrit Charles Travis) et de manquer tout à fait ce que nous voulons vraiment dire lorsque nous employons cet énoncé dans bien des situations.

De plus, il faut bien comprendre – et cet ajout théorique est fondamental – qu'il est impossible de prévoir à l'avance tout ce qu'un même énoncé peut permettre de dire dans toutes les situations possibles. On pourrait en effet être tenté de renoncer à l'association de chaque énoncé et d'un sens, mais de récupérer l'association du sens à l'énoncé en la modulant selon différentes compréhensions possibles – il y aurait le sens 1 de « le lac est bleu » modulo telle compréhension 1 dans telles circonstances, le sens 2 de « le lac est bleu » modulo telle compréhension 2 dans telles autres circonstances, etc. Dans une telle conception, comme l'écrit Charles Travis, « les circonstances auraient essentiellement une fonction de désambiguïsation – choisir une option dans une série bien déterminée d'alternatives »[10].

▦ 6. C. Travis, « A Sense of Occasion », *Philosophical Quaterly* 219, 2005, vol. 55, p. 286-314. Indiquons que cet article a été repris dans un recueil très important pour notre sujet, dont nous recommandons en particulier l'introduction synthétique, *Occasion-sensitivity*, Oxford, Oxford University Press, 2008.

▦ 7. C. Travis, « A Sense of Occasion », *op. cit.*, p. 298.

▦ 8. B. Ambroise, « Pragmatiques de la vérité : sens, représentation et contexte, de G. Frege à Ch. Travis », *Corela* [En ligne], HS-14, 2013, p. 10.

▦ 9. *Ibid.*

▦ 10. C. Travis, *Occasion-sensitivity, op. cit.*, p. 6.

C'est ce qu'interdit pourtant une pleine entente de la critique austinienne du mythe de « la signification » (et de son héritage travisien). Car il est impossible de prévoir et de décrire exhaustivement à l'avance les circonstances qu'il faudrait associer à chaque compréhension de nos énoncés, et par là même il est impossible de prévoir à l'avance toutes ces compréhensions. Pour reprendre de nouveau un exemple de Charles Travis : « il y a une variété indéfinie de choses que l'on peut dire en disant que quelqu'un est à la maison à un moment donné (es-tu à la maison quand ta maison, avec toi dedans, vient de glisser en bas de la colline ?) »[11]. D'innombrables cas de figure peuvent modifier l'entente d'un concept et d'un énoncé – la richesse de la réalité, et par là même des usages que nous sommes incités à faire de notre langage, est telle qu'il est absurde de concevoir les sens possibles de nos énoncés comme étant prédéterminés en quelque manière.

Cette richesse, précisons-le, ne doit pas être entendue au sens quantitatif – comme si la réalité pouvait être plus ou moins riche, et que là était le problème –, mais au sens qualitatif, qui doit faire valoir la profondeur propre au réel, par contraste – grammatical – avec ce que l'on est en mesure d'en penser[12]. Inscrits dans la vie même (où pourraient-ils s'inscrire d'autre, du reste ?) les locuteurs usent du langage dans des situations toujours (par définition) singulières, aucun mode d'emploi livré à l'avance ne pouvant les décharger de la responsabilité de décider de leur parole, en situation.

Une conséquence de cette conception est qu'il est tout à fait erroné de considérer que nous pourrions circonscrire *a priori* ce qui peut être dit, dans une langue donnée ou même dans l'ensemble des langues susceptibles d'être employées. Car ce que nous disons, nous ne pouvons l'identifier que lorsque nous sommes en situation de le dire. De ce point de vue, il n'y a pas de sens à vouloir déterminer *a priori* les bornes de notre discours. Toute conception qui voudrait parler des limites du langage en entendant désigner par là des frontières qui sépareraient le dicible du non-dicible produirait donc un discours vide, sans objet. L'interprétation spatialisante du langage, ancrée dans une conception objectivante de la signification, est erronée[13].

Pour autant, est-ce à dire que nous pourrions tout dire ? Ou que nous aurions la possibilité de parler de tout ? Faut-il renoncer totalement à l'idée que notre langage serait limité ? Cette thèse ne paraît pas plus raisonnable que l'idée de bornes mises à notre pouvoir de parler. Le thème des limites du langage peut impliquer, nous l'avons vu, une certaine représentation spatiale de celui-ci, permise par une conception objectiviste de la signification. Nous pensons pourtant que la critique austinienne de la conception objectivante de la signification ne doit pas nous encourager à considérer que le langage n'a aucune limite, que ce thème n'a aucune pertinence, mais plutôt qu'il

■ 11. *Ibid.*, p. 2.
■ 12. Ce motif de la profondeur et de la richesse propre au réel, qui trouve un écho dans les descriptions phénoménologiques relatives au caractère inépuisable de la perception, se trouve (richement) développé par un auteur comme Jocelyn Benoist. Voir par exemple *Le bruit du sensible*, Paris, Le Cerf, 2013.
■ 13. Pour une présentation plus approfondie de cet argument, voir notre article « De quoi parlons-nous ? Les modalités contextuelles du partage du sens selon John L. Austin », dans G. Cislaru et V. Nyckees (dir.), *Le partage du sens. Approches linguistiques du sens commun*, London, Iste Editions, 2019, p. 114-134.

faut en développer une autre entente. Comment dès lors poser le problème correctement ?

Il s'agit de prendre la mesure de ce qu'emporte l'abandon de toute conception objectivante de la signification linguistique. Car celle-ci est corrélée à une réforme profonde de la philosophie du langage, centrée autour de la notion d'acte et de ce que l'on appelle usuellement la théorie des actes de parole[14]. Le cœur de cette théorie (et donc la source profonde de la critique de la conception spatialisante des limites du langage) est qu'en parlant, l'essentiel n'est pas que nous disons des choses, mais que *nous en faisons*, ou plutôt que nous ne disons des choses qu'en tant que nous en faisons.

Dans ce cadre, il ne s'agit pas de renoncer au concept de sens, mais de le désubstantialiser, en attachant le sens du langage à nos usages. Corrélativement, il ne s'agit pas de nier que l'une des fonctions du langage, ou l'une de ses caractéristiques essentielles, est d'être sensé – il faut distinguer les cas où il y parvient, où quelque chose a bien été dit et les cas où il n'y parvient pas, où rien n'a été dit, et donc qu'il faut reconnaître en ce sens-ci des limites à notre langage. Mais il est nécessaire d'inscrire cette question de l'échec possible du langage dans un cadre plus vaste qui fait de la parole une action analysable, positivement et négativement, à différents niveaux.

Ainsi, l'idée importante est que chaque énonciation, chaque acte de parole est analysable à différents niveaux, car lorsque nous parlons, l'acte que nous accomplissons peut être décrit de différentes manières[15]. Par exemple nous donnons une information, nous blessons notre interlocuteur ou, tout simplement (si l'on veut), nous produisons des sons dotés de signification… Le langage, donc, loin d'être un ensemble substantiel – qui serait constitué, comme autant de parties permettant d'identifier des frontières quasi-matérielles, de « mots », de « significations » ou de « signifiants » –, est un pouvoir, et un pouvoir qui se manifeste à différents niveaux. Les limites de notre langage seraient donc les limites de notre pouvoir de faire des choses avec des mots. Ce qui passe ces limites serait ce qui excède notre pouvoir de faire des choses avec des mots.

Notons que l'on peut réinterpréter à cette aune le paradoxe que nous avons commenté précédemment. « Nous ne pouvons pas tout dire », « nous ne pouvons pas parler de tout ». Ces énoncés ont ceci de paradoxal, avons-nous dit, que, pour évoquer les limites du langage, elles semblent faire référence à ce qui, « tout », transgresserait au moins pour partie ces limites. Énoncer notre impuissance à dire supposerait donc, sur un autre plan, une puissance de dire.

Il semble que ces deux énoncés que nous avons pris comme point de départ de notre analyse supportent deux interprétations opposées. Soit cette puissance de dire, sur le second plan, est à prendre au sérieux, de telle sorte

---

■ 14. Pour apprécier l'ampleur de cette réforme conceptuelle, voir par exemple l'article très efficace de Sandra Laugier, « Le langage comme pratique et comme performance », dans S. Haber (dir.) *Théories contemporaines de l'action*, Paris, Ellipses, 2004, p. 191-207.

■ 15. Nous faisons ici référence aux différents niveaux d'analyse de l'acte de parole auxquels correspondent les fameuses catégories austiniennes de perlocutoire, d'illocutoire et de locutoire, celui-ci se différenciant lui-même en niveaux phonétique, rhétique et phatique. Voir *How to Do Things with Words* [1962], 2ᵉ édition revue par J. O. Urmson et M. Sbisà, Oxford, Oxford University Press, 1975 ; trad. fr. G. Lane, *Quand dire, c'est faire* [1970], Paris, Seuil, 1991, p. 92-93 et p. 108.

que tout énoncé des limites du langage serait auto-contradictoire. Soit cette puissance de dire est illusoire, de telle sorte que l'énoncé des limites du langage est, non pas faux, mais vide, au sens où il échoue à constituer réellement un énoncé doté de sens. Dans les deux cas, le résultat est qu'il semble impossible d'énoncer de manière adéquate que notre langage pourrait être limité.

Le tournant des actes de parole nous permet de comprendre cet état de fait positivement, et, précisément, de lui donner un sens. Si l'on adopte le point de vue des limites-frontières du langage, il s'avère que l'énonciation même de ces limites nous y confronterait, non pas en les disant (puisque, dans ce cadre, c'est impossible), mais en les exhibant par son incapacité à faire sens, par son propre échec à être un énoncé linguistique bien formé, ou qui paraisse tel selon les critères en vigueur. Le paradoxe est que cette énonciation ne pourrait être comprise selon cette logique qui oppose de manière dichotomique le sens au non-sens que comme un échec, un échec à faire sens. Et pourtant – là est le problème –, même si l'on adopte cette logique, force est de reconnaître une sorte d'efficacité ou de pertinence de cette énonciation, qui exhibe ce qu'elle ne parvient à dire. La difficulté – qui manifeste l'insuffisance de cette approche – est que cette efficacité, elle ne parvient pas à la penser positivement.

Or, si l'on change de paradigme et que l'on substitue à cette approche une conception qui fait la part belle à l'idée que parler constitue un acte, on peut comprendre tout autrement ces deux énoncés : « on ne peut pas tout dire » et « on ne peut pas parler de tout ». Loin de réaliser l'acte auto-contradictoire qui consisterait à *dire* ce qu'il est impossible de *dire*, à *parler* de ce dont il est impossible de *parler*, et qui s'apparenterait au fait de propulser un objet dans un territoire censément inaccessible, ces énoncés *parleraient* de ce qu'il est impossible de *faire* (par la parole). S'il n'y a pas contradiction, c'est parce que le faire en quoi consiste la parole s'analyse de différentes manières, à différents niveaux. Alors même qu'elle peut paraître, considérée de loin, comme plus drastique ou plus radicale (ce qui n'est pas dicible est indicible), la conception des limites-frontières nous empêche en réalité de thématiser ces limites. Elle les exhibe pourtant, et signe ainsi son insuffisance à rendre compte de ce qu'elle montre pourtant, malgré elle. La théorie des actes de parole nous permet de sortir de ces impasses et nous offre une voie pour penser, authentiquement, les limites du langage.

La question se trouve ainsi déplacée de manière cruciale : si le langage est un pouvoir, penser les limites du langage, c'est s'interroger sur le sens qu'il y a à parler de ce qu'il n'est pas en notre pouvoir de faire. Que disons-nous, lorsque nous parlons de notre impuissance ? Quel sens peut revêtir ce genre d'énoncés ?

Dans l'argumentaire des journées qui sont à l'origine de cette publication, nous (l'équipe d'organisation, devenue l'équipe travaillant à l'édition) avons imaginé différentes interprétations plausibles pour ce genre de déclarations. Le problème essentiel, évidemment, est d'identifier à quelle aune cette limitation de notre pouvoir est mesurée. Est-elle évaluée par comparaison avec un autre pouvoir, qu'un autre posséderait ? Relève-t-elle du constat d'une impuissance à réaliser ce que l'on désire ? Consiste-t-elle simplement à rappeler qu'avec un pouvoir, l'on ne peut ni *tout* réaliser, ni réaliser *n'importe quoi* ? Procède-t-elle alors d'une simple lucidité quant aux limites de tout pouvoir humain ? Mais alors, en quoi la thèse serait-elle spécifique au langage, et propre à nous en révéler des caractéristiques essentielles ?

Prenons le cas où cette limitation, c'est-à-dire en réalité l'appréciation de cette limitation, procéderait d'une comparaison avec un autre pouvoir, qu'un autre posséderait. Dans le cas du langage, quel serait cet autre ? On peut envisager que cela pourrait être un autre locuteur de la même langue, qui en posséderait une meilleure maîtrise ; ou le locuteur d'une autre langue, dont on aurait l'impression qu'en parlant il désigne des choses que nous, locuteurs de notre langue, ne formulerions et ne formulerons jamais ainsi. Parler de ces limites, alors, peut consister à tout simplement dire que notre pouvoir de parler est rivé, consubstantiellement associé à la langue dans laquelle nous parlons, qu'il ne se conçoit pas sans elle. Parler des limites du langage, dans ce contexte, cela n'est peut-être que décrire les conditions dans lesquelles nous parlons, et prendre conscience du fait qu'*elles pourraient être autres*.

Une telle interprétation, bien qu'assez ordinaire (au sens où elle ne suppose *a priori* aucune attitude métaphysique spectaculaire ni aucun penchant potentiellement suspect pour la spéculation), pose pourtant un problème épineux. Car quel accès avons-nous à ce que cela change que nous parlions une langue, et pas une autre ? Là encore, il nous semble que considérer la parole comme un acte peut nous prévenir de toute compréhension trop « dramatique » de cet état de fait. Car la différence des langues n'est pas nécessairement un fossé infranchissable : dans bien des cas, elle n'empêche pas du tout que nous nous comprenions, c'est-à-dire que nous accomplissions grâce au langage ce que nous voulions accomplir. Cela peut bien sûr être beaucoup plus fastidieux, long, accompagné d'échecs, les difficultés peuvent être, dans les faits, importantes, mais les considérer *a priori* comme décisives nous semblerait relever du même type de mythologie délétère que la conception spatialisante du langage.

Mais nous en venons ainsi à un second aspect du problème, tout aussi important à nos yeux. Car pourquoi faisons-nous part de telle ou telle impuissance ? Pourquoi ressentons-nous le besoin de lui faire, assertivement, un sort ? Probablement parce qu'elle met un frein à notre désir, et que nous ne pouvons alors que constater que nous n'arrivons pas à faire ce que nous voudrions. C'est notre désir de dire, sa pertinence, sa justesse, ses origines, ses contradictions, sa vanité peut-être, que l'on se voit ainsi contraint d'interroger. L'espace d'analyse ainsi ouvert est immense, puisque ce sont presque toutes les modalités du désir humain qui se voient accompagnées de ce désir de dire, l'homme, logophile s'il en est, tendant à toucher par les mots autant que par les sens. Malheureusement (ou heureusement) pour lui, il ne peut pas plus faire « ce qu'il veut » – au sens où il serait libre de déterminer le résultat et les modalités de son action – avec les uns qu'avec les autres.

S'impose enfin une troisième interprétation qui importe à cette idée que notre langage serait limité. Consiste-t-elle simplement à rappeler qu'avec un pouvoir, l'on ne peut ni *tout* réaliser, ni réaliser *n'importe quoi* ? Procède-t-elle alors d'une simple lucidité quant aux limites de tout pouvoir humain, conditionné, on le sait par les facultés (limitées) et les outils (déjà beaucoup plus nombreux, et en extension) que l'homme construit incessamment pour arriver à ses fins ? Nous sommes alors appelés à développer la thèse des limites du pouvoir linguistique de l'homme d'une manière qui lui soit spécifique (au langage), et ne revienne pas à gloser sur la finitude humaine, dans sa généricité. Cela constitue une invitation à explorer les différentes dimensions de la parole humaine, pour en faire valoir la richesse et les conditions, et par là même analyser *aussi* ce qu'elle n'est pas.

Décrire, donc, dessiner les contours, déployer le pouvoir en acte, mettre en évidence ses modalités, mais aussi ses échecs, et la manière dont nous les envisageons, les contournons, les dépassons, ou pas. Voici, nous semble-t-il, qui permettrait de faire de notre interrogation sur les limites du langage une réflexion sur ce qu'est le langage, sur ce qui le définit. Envisagée depuis cette perspective, la question des limites du langage n'est pas subordonnée au problème de sa nature, mais elle permet de le poser, d'une manière qui ne prétend pas être la seule possible, mais paraît évidemment féconde.

Jeanne-Marie Roux
Université Saint Louis – Bruxelles

DOSSIER

Les limites du langage

L'INDICIBLE COMME PRINCIPE PARADIGME NÉOPLATONICIEN DE L'APOPHATISME

Ghislain Casas

À partir d'une lecture de Damascius et de Proclus, nous nous proposons de reconstruire un paradigme de l'apophatisme néoplatonicien afin de montrer que ce qui y est en jeu n'est pas tant la séparation entre le langage et un principe qui le transcende, qu'un partage interne au langage entre ce qui peut être dit et ce qui ne peut pas l'être – qui vise à fonder le langage sur l'indicible. En restituant ainsi à l'indicibilité son rôle de principe, nous souhaiterions éclairer le sens du geste apophatique, jusque dans ses versions contemporaines, afin de le mettre éventuellement en question.

N ous voudrions montrer dans cet article, en nous appuyant sur le cas du néoplatonisme, que l'indicibilité demande à être pensée comme une catégorie linguistique et non pas comme le dehors ou la limite du langage. Plus précisément, nous voudrions développer trois idées :

1) La pensée néoplatonicienne a opéré un glissement de l'idée selon laquelle le principe est indicible à celle selon laquelle l'indicible est un principe.

2) Si l'indicible vaut comme principe, sa principialité – ce par quoi il est effectivement un principe – procède par la négation, par la puissance de la négation.

3) L'apophatisme fait apparaître que l'indicible n'est pas l'autre ou la doublure du langage, mais une catégorie interne au langage.

Ces trois idées portent avant tout sur la pensée néoplatonicienne. Nous voudrions cependant proposer l'hypothèse selon laquelle le néoplatonisme a élaboré un modèle apophatique qui vaut par-delà le contexte historique et philosophique strict de la pensée néoplatonicienne – entre le IIIe et le VIe siècle, de Plotin à Damascius – et qui permet encore d'envisager la signification de la notion d'indicible pour la pensée philosophique contemporaine. Nous tenterons donc, en conclusion, d'élargir les enjeux de notre propos à un questionnement général sur l'indicibilité.

Ce dont il est question ici n'est pas, à proprement parler, la théorie néoplatonicienne de l'indicible, mais un paradigme qu'on se propose de construire à partir de l'apophatisme néoplatonicien.

Le principe indicible

On pourrait dire que la question de l'indicible devient véritablement une question philosophique dans le platonisme tardif, qu'on appelle plus généralement néoplatonisme, où il cesse d'être seulement un thème périphérique, relatif aux limites du langage et de la connaissance, comme c'est le cas par exemple dans le scepticisme. En effet, c'est dans le médioplatonisme, chez Philon, Albinus ou Numénius, et surtout dans le néoplatonisme à proprement parler, à partir de Plotin et jusqu'à Damascius, que la réflexion sur la transcendance du premier principe, l'Un, et sur son caractère inconnaissable et ineffable, se développe conceptuellement et devient un point de doctrine tout à fait central[1].

Tout se joue dans l'interprétation du *Parménide* de Platon. Le néoplatonisme commence, en un sens, avec une lecture forte du *Parménide*, selon laquelle le dialogue platonicien constituerait un traité de métaphysique, voire de théologie, sur l'Un[2]. Ce qui est dit à propos de l'Un dans la première hypothèse du *Parménide*, à savoir qu'il n'est pas et qu'il n'a pas de nom, devient un énoncé métaphysique fondamental : l'Un est au-delà de l'être (*epekeina tès ousias*), selon la célèbre formule platonicienne de *République* 509b, et donc au-delà de l'ontologie. À cet égard, le néoplatonisme inaugure bien un dépassement de l'ontologie[3]. Il faudrait même dire un double dépassement de l'ontologie, de l'être vers l'Un et du langage vers le silence ou l'indicible.

Or, cette réinterprétation ou cette transformation du platonisme opère un glissement subtil, mais décisif, entre la question, platonicienne, de l'indicibilité du principe et celle, proprement néoplatonicienne, de la principialité de l'indicible. On ne dit plus simplement que l'Un – c'est-à-dire le premier principe – est indicible, mais bien que l'indicible en tant que tel est principe. Le texte de Platon se contente d'avancer la chose suivante :

— En nulle façon donc il n'est, l'Un. — Non apparemment ! — Pas même donc il n'a l'être qu'il faut pour être un ; il serait en effet dès lors « étant », et à l'Être il aurait part ; au contraire, à ce qu'il semble, l'Un, ni n'est un, ni il n'est, s'il faut à un raisonnement de cette sorte avoir foi. — C'est à craindre ! — Or, ce qui n'est point, ce non-être, saurait-il avoir quelque chose qui soit à lui, ou bien de lui ? — Comment se pourrait-il ? — Il n'est donc pas de nom qui soit à lui ; il n'est de lui ni désignation, ni science quelconque, ni sensation, ni opinion. — Non, apparemment ! — Il n'est donc ni nommé, ni

■ 1. Sur l'apophatisme dans la philosophie antique, *cf.* R. Mortley, *From Word to Silence*, 2 vol., Bonn, Hanstein, 1986.

■ 2. Sur ce point, *cf.* E. R. Dodds, « The *Parmenides* of Plato and the Origin of the Neoplatonic "One" », in *The Classical Quarterly*, vol. 22, n° 3/4, 1928, p. 129-142.

■ 3. *Cf.* P. Aubenque, « Plotin et le dépassement de l'ontologie grecque classique », dans *Le néoplatonisme, Royaumont 9-13 juin 1969*, Paris, Éditions du CNRS, 1971, p. 101-108 ; R. Schürmann, « L'hénologie comme dépassement de la métaphysique » dans *Les Études philosophiques* 3, 1982, p. 331-350 ; J. M. Narbonne, « "Henôsis" et "Ereignis" : Remarques sur une interprétation heideggerienne de l'Un plotinien », dans *Les Études philosophiques*, janvier-mars, 1999, p. 105-121, repris après *id.*, *La métaphysique de Plotin*, Paris, Vrin, 2001.

désigné, ni opiné, ni connu, et il n'y a aucun être qui le perçoive. — Non, à ce qu'il semble![4]

La déduction de l'indicibilité et de l'inconnaissabilité de l'Un est logique. C'est parce que l'Un est un qu'il n'est pas et qu'il n'a pas de nom et qu'il ne peut être connu d'aucune façon. On ne peut même pas affirmer que l'Un est un, car pour être un, il devrait déjà être, ce qui ferait de lui un étant. Or, s'il était un étant, il serait à la fois un et étant, c'est-à-dire deux choses différentes. En vertu de son unité absolue, toutefois, l'Un ne saurait être autre chose qu'un. Il n'*est* donc pas. Ce qui n'est pas, ce qui n'a pas l'être, comment pourrait-il alors avoir quoi que ce soit d'autre? On ne peut dire et connaître que ce qui est. Aucun nom, aucune connaissance ni aucune opinion ne se rapportent donc à lui.

Pour Platon – ou pour Parménide qu'il met en scène – l'indicibilité de l'Un se déduit à la fois de la nature de l'Un et de la logique du discours et de la connaissance. L'unité pure ne peut faire l'objet d'aucune prédication, car attribuer un prédicat quelconque à l'Un – fût-ce celui, minimal, qu'implique l'être de copule – revient à faire participer l'Un d'autre chose que lui-même, c'est-à-dire, à entamer la pureté de son unité.

De ce raisonnement, la pensée néoplatonicienne a tiré une théorie métaphysique. Elle n'a pas seulement hissé l'Un au rang de premier principe, mais elle a fait de ses attributs négatifs (non-être, inconnaissabilité, indicibilité) les raisons mêmes de sa principialité. C'est ce qui apparaît clairement dans le néoplatonisme tardif de Damascius, qui promeut, au-delà même de l'Un, un tout premier principe qu'il nomme « l'indicible (*to arrhêton*) ».

L'un, dit Platon, s'il est, n'est même pas un; s'il n'est pas, aucun discours ne s'appliquera à lui, et ainsi, pas même la négation. Il n'aura pas de nom, car un nom n'est pas simple. Il n'y aura de lui ni opinion ni science : celles-ci non plus ne sont pas simples, et l'intellect lui-même n'est pas simple, si bien que l'un est absolument inconnaissable et indicible. Pourquoi donc chercher quelqu'autre chose au-delà de l'indicible?

Peut-être Platon, par le moyen de l'un, nous a-t-il élevé indiciblement jusqu'à cet indicible au-delà de l'un, qui est maintenant notre objet, par la suppression même de l'un, tout comme, par la suppression des autres, il nous a retournés vers l'un. Car il sait que l'un peut être posé en un sens qui le purifie radicalement[5].

On passe, dans ce texte, de l'indicibilité de l'Un comme attribut ou qualité, à l'hypothèse d'un indicible pur et absolu. Qu'est-ce que l'indicible, en ce sens? Non plus l'indicibilité comme propriété de quelque chose, mais la pure indicibilité comme réalité absolue. Il y aurait, au-delà de l'Un lui-même quelque chose d'indicible, de l'indicibilité pure. Quel est le sens d'une telle hypothèse?

Au premier abord, cela ressemble à une sorte de surenchère dans la transcendance, un début de régression infinie vers ce qui est toujours au-delà de l'au-delà. Comme s'il fallait, pour s'assurer de la transcendance

■ 4. Platon, *Parménide*, 141d-142a, trad. fr. L. Robin, dans *Œuvres complètes*, II, Paris, Gallimard, 1950, p. 215.
■ 5. Damascius, *Des premiers principes*, R7, trad. fr. M.-C. Galpérine, Paris, Verdier, 1987, p. 156.

du premier principe, l'écarter tout à fait de ce dont il est le principe, le situer toujours plus loin et toujours plus haut, le porter hors d'atteinte. On poserait donc, au-delà du premier principe, une sorte de sur-principe encore plus transcendant que le premier. L'argument de Damascius est en fait beaucoup plus précis et rigoureux.

Il s'agit d'exposer et de résoudre l'aporie suivante : si l'Un est le principe de toute chose, il doit être à la fois coordonné (*suntetagmenon*) à la totalité et incoordonné (*asuntakton*). Le principe de tout doit être quelque chose du tout et doit être simultanément hors de tout. Autrement dit, le problème est de penser ensemble la transitivité et la transcendance du principe. Car ces deux propriétés sont corrélatives : le principe est toujours principe de quelque chose, il est donc à la fois supérieur et lié, transcendant et transitif, à ce dont il est le principe. Or, pour penser la transcendance du principe, il faudrait pouvoir penser que le principe n'est, littéralement, rien du tout. À quoi il faudrait ajouter que ce « rien du tout » est précisément le principe du tout.

C'est précisément ce qu'essaie de faire Damascius avec l'indicible. Le dédoublement entre l'indicible et l'Un permet d'articuler ensemble transcendance et transitivité. Cependant, ne risque-t-on pas de reconduire la même aporie au niveau de l'indicible ? Ce serait le cas, si l'on pensait une transitivité de l'indicible sur le modèle de celle de l'Un : de même que l'Un communique un peu de son unité au réel, en unifiant la totalité de ce qui est, l'indicible communiquerait un peu de son indicibilité aux choses. On voit mal cependant ce que cela pourrait signifier. L'indicibilité est, au contraire, une forme de transcendance absolue[6].

Qu'il y ait de l'indicible montre que quelque chose échappe à la totalisation du réel par le langage[7]. Tout ne peut pas être dit. Même l'Un, dont on affirme pourtant le caractère indicible, continue d'être nommé. C'est trop peu d'appeler le premier principe « Un », ou plutôt, c'est déjà trop. C'est trop dire au sujet de ce qu'il est. L'hypothèse d'un indicible au-delà de l'Un ne signifie pas tant qu'il y a, encore au-delà de l'Un, un autre principe, mais plutôt, qu'il faut poser l'existence d'un indicible pur, pour manifester que la réalité ne se réduit pas à ce qui est et à ce qui peut être dit, à l'ontologie. C'est en quelque sorte la conséquence de l'affirmation de l'ineffabilité de l'Un : pour que le premier principe puisse être dit « ineffable », il faut qu'il existe une indicibilité pure. Le premier principe en vient à se confondre avec son indicibilité. C'est en ce sens que nous voudrions essayer de comprendre l'hypothèse de Damascius.

Une question demeure. En quoi précisément l'indicible est-il premier principe – non seulement premier, mais aussi principe ? En quel sens est-il encore un principe et de quoi peut-il être le principe ? Il faudrait, pour expliquer cela, montrer en quoi ce qui ne peut être dit et dont il n'y a rien à dire permet, par ce fait même, de dire quelque chose à propos des autres

---

■ 6. Sur la doctrine de Damascius sur l'indicible, *cf.* J. Combès, *Études néoplatoniciennes*, Grenoble, Jérome Millon, 1989 (en particulier II, « Études principales », p. 61-295) ; C. Métry-Tresson, *L'aporie ou l'expérience des limites de la pensée dans le « Péri archôn » de Damaskios*, Leiden-Boston (Mass.), Brill, 2012 ; M. Vlad, *Damascius et l'ineffable. Récit de l'impossible discours*, Paris, Vrin, 2019.

■ 7. Cf. P. Caye, *Comme un nouvel Atlas : d'un état meilleur que la puissance*, Paris, Les Belles Lettres, 2017.

réalités. Car si l'indicible est principe, il l'est en tant qu'indicible. Il ne s'agit donc pas de réaffirmer la transitivité de l'indicible, en faisant descendre un peu d'indicibilité sur les choses, mais au contraire, de comprendre par quel moyen l'indicible en tant que tel est le principe du dicible en tant que tel.

C'est ce que nous voudrions faire en cherchant chez Proclus – un prédécesseur de Damascius – les éléments conceptuels qui permettent d'articuler l'indicible et le dicible. Nous ne prétendons cependant pas établir de continuité doctrinale entre Proclus et Damascius sur ce point. Ce retour en arrière ne se justifie que par une volonté d'élucidation conceptuelle du problème général auquel se heurte l'apophatisme néoplatonicien.

Négation et production

L'articulation entre l'indicible et le dicible est l'affaire de l'apophatisme. Il faut envisager l'apophatisme comme une théorie de la négation (*apophasis*). C'est sans doute Proclus qui l'a portée à son plus haut niveau de développement conceptuel. On peut cependant énoncer très simplement son argument : l'indicible produit négativement le dicible. C'est par la puissance de la négation que l'indicible est principe. Reste à comprendre ce que cela signifie précisément.

La théorie proclienne de la négation se déploie pleinement dans le *Commentaire sur le* Parménide. C'est là qu'elle trouve son origine. Avant de l'envisager au niveau conceptuel, il nous faut faire quelques remarques sur cet ouvrage. Le *Parménide* de Platon a été commenté par tous les philosophes néoplatoniciens. On pourrait même dire que ce texte constitue la matrice du néoplatonisme[8]. En effet, c'est par une interprétation forte du *Parménide*, qui considère que le texte platonicien enveloppe une doctrine métaphysique au lieu de se réduire à un simple exercice logique, que le néoplatonisme se distingue du platonisme. Or, dans le néoplatonisme tardif, à partir de Jamblique, le *Parménide* acquiert le statut d'un texte théologique. Il est commenté et interprété comme un texte révélé[9]. Le *Parménide* révèle l'origine des dieux – et par là, l'ordre du monde, puisque ce sont les dieux qui ordonnent et gouvernent le monde.

C'est pourquoi l'exégèse proclienne peut établir un parallélisme strict entre le texte et le réel. La structure du dialogue, sa progression logique et argumentative, manifestent la structure du réel, l'ordre précis de sa genèse ou de sa constitution. Un tel principe exégétique est justifié par le statut presque sacré du texte : c'est une révélation qui dévoile l'origine des dieux et l'ordonnancement divin de la réalité. On peut donc la suivre pas à pas et voir comment se forme la totalité de l'univers. Cette exégèse présente cependant une dimension proprement philosophique. En effet, la réalité dont il est question dans le *Parménide* est avant tout intelligible ou spirituelle. Les dieux – dont le nom technique est « hénades » – qui procèdent tous de l'Un sont les puissances qui ordonnent et produisent le réel[10]. De l'ordre divin

■ 8. *Cf.* E. R. Dodds, « The *Parmenides* of Plato and the Origin of the Neoplatonic "One" », *op. cit.*.
■ 9. *Cf.* P. Athanassiadi, *La lutte pour l'orthodoxie dans le platonisme tardif : de Numénius à Damascius*, Paris, Les Belles Lettres, 2006.
■ 10. Sur l'hénadologie, *cf.* A. Smith, *Porphyry's Place in the Neoplatonic Tradition. A Study in Post-Plotinian Neoplatonism*, Den Haag, Martinus Nijhoff, 1974, p. 100-141 ; H. D. Saffrey et L. G. Westerink, « La doctrine

ou hénadique se déduit la structure intelligible de l'être et de toute la réalité qui en participe. L'ordre du discours correspond rigoureusement à l'ordre de l'être. Comprendre comment les choses en viennent à être dites, c'est donc comprendre comment elles viennent à être ou à exister.

Comment Proclus interprète-t-il le *Parménide* ? Il lit la première hypothèse – qui énonce au sujet de l'Un une série de propositions négatives – comme une théologie négative, qui est aussi une théogonie négative et donc une ontogenèse négative.

> Double est donc, comme on vient de le dire, la façon de donner une indication sur l'Un ; car doubles sont aussi les noms que Platon nous a transmis de cette cause ineffable. Dans la *République*, en effet, il l'appelle le Bien et montre qu'elle est la source de la vérité qui unifie l'intellect et les intelligibles ; et dans le *Parménide*, il nomme Un ce premier principe et il le révèle comme ce qui fait exister les hénades divines.
>
> À nouveau donc, parmi ces noms le second est une image de la procession de l'univers entier, le premier de sa conversion. En effet, du fait que toutes choses existent et procèdent à partir du premier principe, si nous donnons à ce principe le nom d'Un, nous affirmons qu'il est cause de toute multiplicité et de toute procession ; car d'où la multiplicité fait-elle son apparition, sinon de l'Un ? Mais du fait que ce qui a procédé se trouve converti naturellement vers son principe et désire son existence ineffable et insaisissable, nous le nommons le Bien ; car quelle autre chose peut convertir tout le reste et se proposer à tous les êtres comme désirable, sinon le Bien ? [...]
>
> Le caractère inconnaissable donc, qui est dans les êtres en vertu de leur union au premier principe, nous n'entreprenons ni de le connaître ni de le manifester par un nom ; mais, puisque nous pouvons mieux considérer la procession des êtres et leur conversion, nous attribuons au premier principe, comme des images consacrées, deux noms que nous tirons des choses inférieures et nous déterminons deux modes de remontée : le mode de l'analogie, que nous associons à l'appellation de Bien, et celui des négations, que nous associons à l'appellation d'Un[11].

Il y a deux façons d'exprimer le premier principe : l'analogie (*analogia*) et la négation (*apophasis*). Elles sont l'expression discursive de deux processus métaphysiques différents. Respectivement, la remontée, ou conversion (*epistrophè*) vers le Bien et la production, ou procession (*proodos*) de toute chose à partir de l'Un. Toute réalité procède du premier principe et se tourne vers le premier principe. D'un point de vue, le premier principe s'appelle l'Un, de l'autre, il s'appelle le Bien. Ce double mouvement de procession (*proodos*) et de conversion (*epistrophè*) structure toute la pensée néoplatonicienne.

des hénades divines chez Proclus : origine et signification », dans Proclus, *Théologie platonicienne*, III, Paris, Les Belles Lettres, 1978, IX-LXXVII ; C. Guérard, « La théorie des hénades et la mystique de Proclus », dans *Dionysius* 6, 1982, p. 73-82 ; E. P. Butler, « Polytheism and Individuality in the Henadic Manifold », in *Dionysius* 23, 2005, p. 83-104 ; E. P. Butler, « The Gods and Being in Proclus », in *Dionysius* 26, 2008, p. 93-114 ; R. Chlup, *Proclus. An Introduction*, Cambridge-New York-Melbourne, Cambridge University Press, 2012, p. 127-136 and p. 168-184.

▨ 11. Proclus, *Théologie platonicienne*, II, 6, trad. fr. H.-D. Saffrey et L. G. Westerink, Paris, Les Belles Lettres, 1974, p. 40-42.

Conformément à cette double structure métaphysique, le discours au sujet de l'Un, c'est-à-dire au sujet de l'indicible, est double : soit analogique, soit négatif. Dans tous les cas, il est impropre. L'indicible ne peut s'exprimer qu'improprement, c'est-à-dire par un usage impropre du langage. L'analogie et la négation sont donc deux modes inadéquats d'utilisation du langage. La voie analogique – à laquelle on ne s'intéressera pas ici – est celle qui procède par image et par métaphore et plus généralement par un emploi dérivé des termes du langage. L'analogie consiste à faire basculer le régime de signification du langage, d'un niveau ordinaire où il désigne des réalités inférieures à un niveau dérivé où il renvoie à des réalités supérieures. On peut donc se servir du langage, mais improprement, pour lui faire signifier non pas les réalités qu'il désigne ordinairement, mais leur cause transcendante, qu'il ne saurait nommer adéquatement.

Proclus envisage aussi la négation comme un mode d'utilisation impropre du langage. En ce sens, elle est aussi un mode de remontée (*anodou tropos*). Elle se distingue pourtant de l'analogie en ce qu'elle n'emprunte pas la voie de la conversion (*epistrophè*), mais celle de la procession (*proodos*). Comment cette distinction métaphysique se manifeste-t-elle dans le langage ? Précisément dans la différence entre analogie et négation. Il faut donc comprendre la différence logique ou sémantique entre ces deux modes de remontée. L'usage analogique du langage opère un transfert de signification, de l'inférieur au supérieur ou de l'effet à la cause. En quoi la négation modifie-t-elle le sens des termes ? Quelle transformation sémantique opère-t-elle ?

On voit déjà que l'apophatisme proclien n'a rien à voir avec ce qu'on appelle couramment « théologie négative ». À savoir, une remontée vers le premier principe par la négation systématique de tous ses prédicats – comme par une sorte d'approximation asymptotique. Au contraire, on se situe dans la perspective inverse : celle de la production des choses à partir du premier principe. La négation vise donc moins à saisir approximativement le premier principe, qu'à exprimer sa productivité. La négation est l'expression impropre de l'Un en tant que cause de la multiplicité et de la procession des êtres.

Que signifie, alors, précisément, le lien entre négation et productivité, que Proclus pose au niveau du premier principe ? La théorie de Proclus est fondée sur une remarque exégétique :

> En premier lieu donc, il faut affirmer au sujet de la première hypothèse qu'elle contient autant de conclusions établies négativement que l'hypothèse qui la suit en contient d'établies affirmativement ; car, la deuxième hypothèse montre la procession des mondes entiers à partir de l'Un, tandis que la première hypothèse montre que l'Un est transcendant à toutes les classes divines ; et, à elles deux, elles rendent évident pour tout le monde que la cause de tout l'univers est nécessairement supérieurs à ses propres produits. En effet, puisque l'Un est cause de tous les dieux, il les transcende tous ; et du fait qu'il leur est transcendant par sa supériorité, de ce fait il donne à tous l'être[12].

■ 12. Proclus, *Théologie platonicienne*, II, 10, *op. cit.*, p. 62.

Ce qui est nié au sujet de l'Un dans la première hypothèse du *Parménide* est affirmé de lui dans la deuxième hypothèse. Proclus interprète cette différence en disant que la première hypothèse parle de l'Un transcendant et absolu (l'un qui n'est pas), alors que la deuxième hypothèse parle de l'Un en tant qu'il engendre les choses divines (l'un qui est). L'Un qui est, c'est la production et la mise en ordre de ce qui est par l'intermédiaire des classes divines ou hénadiques. Le passage de l'Un à l'être, de l'hénologie à l'ontologie, correspond donc au passage de la négation à l'affirmation.

Comment passe-t-on de la négation à l'affirmation ? Non pas de façon schématique, par inversion ou par symétrie, mais de façon dynamique, par la puissance même des négations. Les négations de la première hypothèse ne sont pas le contraire des affirmations, mais leurs causes. À cet égard, Proclus formule une distinction technique importante.

> En troisième lieu, outre ce qui a été dit, je définis au sujet du mode des négations qu'elles ne sont pas privatives de ce sur quoi elles portent, mais productives de ce qui est une sorte de contraire, car du fait que le premier principe n'est pas multiple, le multiple procède de lui, et du fait qu'il n'est pas un tout, la totalité procède de lui, et ainsi de suite ; je définis aussi que, si l'on veut obéir à Platon et ne rien ajouter à l'Un, il convient de s'en tenir aux négations ; car quoi que l'on ajoute à l'Un ; on le diminue, et en fin de compte on le rend non un, mais on fait de l'Un un effet ; car ce qui n'est pas seulement un, mais qui est aussi autre chose outre le fait d'être un, a l'un par participation[13].

Les négations utilisées dans la première hypothèse du Parménide ne sont pas des négations ordinaires. Proclus cherche à penser un autre sens de la négation, non pas privative (*steretikè*) mais productive (*gennètikè*). Dans le cas de l'Un, la négation n'exprime pas une privation. Il ne s'agit toutefois pas non plus de ce qu'on appelle, dans la tradition de la théologie médiévale, l'éminence (*via eminentiae*). La négation est causale. La cause d'une réalité particulière ne saurait être cette réalité ou en participer : ce qui cause le multiple n'est pas multiple, ce qui cause la totalité n'est pas un tout, etc. On pourrait énumérer toute la liste des négations de la première hypothèse, jusqu'à la négation de l'être. La cause de toute chose n'est rien – elle n'est, littéralement, rien du tout. Il faut donc tout nier de l'Un, non pas pour dire que l'Un manque de tout, mais qu'il cause chacune des réalités qui composent la totalité de ce qui est. Chaque négation est donc la cause de l'affirmation qui lui fait pendant. En niant l'être au sujet de l'Un, on l'affirme pour lui-même. Si l'Un n'est pas ou n'a pas l'être, alors l'être doit être reporté sur son propre plan, au niveau de ce qui est. En suivant cette logique, on conclura que dire que l'Un est indicible – nier de lui toute dicibilité – c'est fonder l'ordre même du langage.

On peut envisager la théorie proclienne de la négation productive comme un commentaire et une tentative d'explication logique de la phrase de Plotin : « l'Un donne ce qu'il n'a pas ». Comment le premier principe peut-il donner ce qu'il ne possède pas ? Précisément par négation. C'est en ne possédant

■ 13. Proclus, *Théologie platonicienne, op. cit.*, p. 63.

rien qu'il donne tout. Ce qui est nié au sujet du premier principe doit pouvoir être affirmé d'autre chose. La négation produit donc l'affirmation comme l'Un produit l'être. En ce sens, il s'agit de penser le fondement même de l'ontologie : de l'être et du langage qui l'exprime.

On passe donc, imperceptiblement et indistinctement, de l'herméneutique à la métaphysique. N'y a-t-il pas là un cercle ? Pour pouvoir dire que la négation n'est pas privative, mais productive, ne faut-il pas supposer que l'Un est au-delà de l'être, qu'il est le premier principe ? Or, cela n'est-il pas précisément ce que le *Parménide* est censé révéler ? La métaphysique néoplatonicienne se réclame d'un texte dont l'exégèse présuppose cette métaphysique elle-même. Certes, mais il faut rappeler que le discours proclien n'est pas démonstratif, mais herméneutique. Il ne cherche pas tant à prouver ce qu'il avance qu'à dégager le sens du texte platonicien. Le problème du néoplatonisme est donc de rendre compte, au moyen d'un langage qui exprime l'être, d'une réalité qui n'est pas. Si le *logos* est fondamentalement ontologie, alors il ne peut y avoir, à proprement parler, d'hénologie. Le discours sur l'Un est toujours impropre. Il passe donc par des voies détournées : l'analogie ou la négation. Par la négation, on cherche à parler de l'Un en tant que cause, c'est-à-dire à exprimer linguistiquement ce qui fonde le langage lui-même en tant qu'il le fonde.

La difficulté est donc d'ordre linguistique. Comment comprendre l'idée selon laquelle la négation est la cause de l'affirmation ? Ou, pour le dire autrement, l'idée selon laquelle l'indicible est la cause du dicible ? C'est ce que nous allons tenter d'établir pour finir.

La signification pure

Nous pouvons retenir deux idées de la théorie proclienne de l'apophatisme et tenter d'en développer les implications philosophiques.

Premièrement, au sujet de l'Un ou du premier principe en général, qu'il ne peut y avoir qu'un discours impropre. Autrement dit, que l'Un soit indicible signifie qu'on ne peut en parler que de façon inadéquate. Donc, ce que manifeste l'usage de la négation – ou, dans une autre perspective, celui de l'analogie – c'est, au fond, l'indicibilité même de l'Un.

Deuxièmement, au sujet de la négation en particulier, que ce qu'on dit négativement de l'Un, on le dit positivement de l'être. Avant de le dire positivement de l'être, il faut le dire négativement de l'Un. La possibilité d'un langage affirmatif portant sur des réalités existantes suppose donc un langage négatif qui ne porte pas sur ce dont il parle. La première hypothèse apparaît donc comme une « répétition générale » de la deuxième hypothèse, dans laquelle le langage ne fonctionne pas encore tout à fait, dans laquelle on ne parle pas encore vraiment.

Nous voudrions approfondir ces arguments à partir d'une remarque de Proclus, dans la partie finale du *Commentaire sur le* Parménide, dont on n'a conservé que la traduction latine :

Ce n'est pas la même chose d'être en rapport avec l'Un et d'être à propos de l'Un. De fait, il n'y a pas de discours à propos de l'Un – en effet, il est indéterminable –, mais il y en a un en rapport avec l'Un, quand nous disons qu'il est indicible. C'est pourquoi les négations qui ont été formulées ne sont pas à propos de l'Un, mais en rapport avec lui. Ces dernières ne s'assimilent donc en rien ni aux négations qui concernent les choses intelligibles ni à celles qui concernent les choses sensibles. Car celles-ci sont à propos de ces choses auxquelles appartiennent vraiment les négations, alors que celles-là ne sont en aucune manière à propos de l'Un [*Aliud enim est esse de uno et aliud esse circa unum. Etenim sermo circa unum quidem non est – indeterminabile enim est –, de uno autem est, ipsum hoc dicentibus nobis quod indicibile. Quare et dicte abnegations non sunt circa unum, sed de uno. Neque ergo hiis que intelligentiam neque hiis que sensibilium abnegationibus nichil ipse asismilantur. Hee quidem enim circa hec illa sunt quorum utique et sunt abnegations, hee autem nullatenus sunt circa unum*][14].

Proclus distingue deux régimes du discours, selon qu'on ne fait que parler de l'Un (*esse de uno*) ou qu'on en dit vraiment quelque chose (*esse circa unum*), selon qu'on l'évoque ou qu'on l'exprime.

Cette distinction renvoie à une série d'oppositions utilisées souvent par Proclus : *peri to en/peri tou enos, epi tou enos/peri autou, peri ekeinès ereis/ auten ouk ereis*, etc. Toutes ces formules signifient, en grec, plus ou moins la même chose. À savoir, la différence entre un discours qui exprime directement son objet et un discours qui n'en parle qu'indirectement. L'opposition vient de Plotin, qui distingue le fait de s'exprimer à propos de l'Un (*legein peri autou*) et le fait de l'exprimer (*legein auto*)[15]. L'usage de la proposition *peri* avec le génitif, en grec, indique le caractère indirect ou périphérique – et ici, impropre – du discours au sujet de l'Un.

Cette distinction s'applique au cas des négations. En effet, quand on parle de l'Un, même négativement, on ne dit rien de lui. La différence entre négation privative et négation productive repose sur une telle distinction. En effet, si les négations appliquées à l'Un ne sont pas des négations privatives, c'est-à-dire des négations ordinaires, c'est parce qu'elles ne sont pas employées ordinairement.

Si l'on dit que l'arbre n'est pas fleuri, on entend par là que l'arbre n'a pas de fleurs. Ce qui se traduit, logiquement et ontologiquement, par le fait que le prédicat « fleuri » ne s'applique pas au sujet « arbre » en raison d'une privation. Autrement dit, on emploie la négation de façon ordinaire, tout simplement parce que c'est bien de l'arbre que l'on parle. Par contre, quand on dit que l'Un n'est pas, on n'entend pas que l'Un n'aurait pas le prédicat « étant » en raison d'une privation. Car la négation ne s'applique pas adéquatement à l'Un. On se situe sur un autre régime de discours. On ne parle pas de l'Un, mais on parle à son sujet – on ne dit rien de l'Un, mais on ne fait qu'en parler. Autant de formules approximatives pour dire que

---

14. Proclus, *Commentaire sur le Parménide*, VII, K-L 70, 79-85, C. Steel (éd.), trad. fr. *Proclus, Commentaire sur le* Parménide *de Platon, Traduction de Guillaume de Moerbeke*, Louvain, Presses universitaires de Louvain, 1985, p. 518. Nous traduisons.

15. Cf. *Ennéades*, V, 3 [49], 14. Sur le sens de cette distinction, *cf.* Ph. Hoffmann, « L'expression de l'indicible dans le néoplatonisme grec, de Plotin à Damascius », dans C. Lévy et L. Pernot (éd.), *Dire l'évidence (philosophie et rhétorique antiques). Actes du Colloque de Créteil et de Paris, 24-25 mars 1995*, Cahiers de philosophie de l'Université de Paris XII-Val de Marne 2, 1997, p. 335-390.

le langage, dans ce cas, ne porte pas sur l'objet dont il parle. Seule cette différence de régime discursif permet de neutraliser la négation privative, c'est-à-dire la signification ordinaire de la négation.

De ce point de vue, le concept de négation productive représente une tentative de rendre compte de l'usage de la négation en régime de discours impropre. Qu'est-ce qu'une négation si elle n'est pas l'expression d'une privation ? De même qu'on peut dire qu'une affirmation impropre n'est pas l'attribution d'un prédicat à un sujet, mais, par exemple, une métaphore, on peut dire qu'une négation impropre n'est pas la manifestation d'une privation, mais l'indice d'une production ou d'une causalité. Plus précisément, la négation inadéquatement appliquée à l'Un est l'indice d'une affirmation adéquatement appliquée à l'être.

Proclus dit qu'en parlant de l'Un, on ne fait que parler de nos propres conceptions (*in nobis conceptus*) à son sujet. Or, ces conceptions ou ces significations qui ne sont pas valables pour le premier principe, dans la première hypothèse du *Parménide*, sont valables pour des réalités de second rang, dans la deuxième hypothèse. Autrement dit, ce qu'on dit négativement du premier principe vaut positivement pour ce dont il est le principe. La négation n'opère pas la suppression d'un prédicat, mais elle en déplace la référence – de la première à la deuxième hypothèse, de la cause à l'effet, de l'Un à l'être. Or, le référent de second rang n'existe pas – pas encore – quand on parle du premier principe, puisqu'il est précisément produit par l'opération de négation. Il faut donc considérer que la négation fait valoir un prédicat à la fois comme inadéquat au sujet de la proposition négative et comme adéquat au sujet de la proposition affirmative. En parlant de l'Un, on exprime des conceptions qui ne s'appliquent qu'à l'être. Il ne s'agit cependant pas d'un transfert de signification de type métaphorique, puisque ces conceptions sont précisément niées. Si la prédication analogique élève, pour ainsi dire, la signification, la prédication négative la laisse intacte. La négation ne transforme pas le sens. Elle se contente d'en suspendre l'application. En parlant de l'Un, on exprime donc des conceptions relatives à l'être, sans les appliquer, ni à l'Un ni à l'être.

> En parlant de l'Un, on ne fait que parler de nos propres conceptions à son sujet

L'apophatisme met donc en place un jeu complexe entre la négation, l'affirmation et la signification. La négation fait apparaître, à un premier niveau, une signification qui ne peut être appliquée qu'à un niveau second, de façon affirmative. Autrement dit, la négation fait apparaître une signification pure ou neutre, qui rend possible l'affirmation. En la coupant de toute prédication ou de toute référence, la négation suspend ou isole la signification et la manifeste dans sa pureté et dans sa neutralité. C'est donc elle qui institue et garantit tout usage positif des significations dans le discours affirmatif[16].

■ 16. Sur le rapport entre négation et signification, *cf.* P. Virno, *Essai sur la négation, Pour une anthropologie linguistique*, trad. fr. J.-C. Weber, Paris, Éditions de l'Éclat, 2016 (en particulier p. 41-84).

La négation productive opère cependant de façon rétroactive. Elle emprunte à l'ontologie des concepts qu'elle utilise pour parler de l'Un, sans les lui appliquer, mais précisément en les niant à son sujet. On ne dispose pas d'un langage propre à l'hénologie. C'est la condition métaphysique du langage lui-même : il ne peut dire que ce qui est, il est voué à l'être. C'est précisément ce qu'exprime le concept néoplatonicien de procession : l'être et le langage apparaissent toujours après-coup, ils ne se tiennent jamais au point d'où ils procèdent. Du point de vue de la procession, on ne peut que parler rétroactivement de l'Un. C'est-à-dire négativement. On comprend mieux maintenant le lien entre procession et négation : la négation permet d'utiliser le langage de l'ontologie en opérant une disjonction entre signification et référence. Elle permet d'exprimer la signification en suspendant la référence à l'être aussi bien que la référence à l'Un. Elle permet donc de parler rétroactivement de l'Un à partir de l'être.

Une telle disjonction entre signification et référence n'est pas thématisée par le néoplatonisme. C'est nous qui l'énonçons au moyen de catégories modernes. En effet, la sémantique platonicienne est fondée sur la référence uniquement : ce qui garantit le sens du langage, c'est-à-dire de la prédication, ce sont les Idées, en tant que substrats purement intelligibles. On parle donc des choses sensibles au moyen des Idées, mais comment parler des Idées elles-mêmes ? Certes, toute la philosophie platonicienne parle des Idées – non sans préciser, comme dans la *Lettre VII*, que les Idées sont au-delà de toute nomination et de toute définition. En ce sens, la théorie des Idées est méta-linguistique. C'est ce qui apparaît clairement dans des textes comme le *Théétète* ou le *Sophiste*[17]. C'est pourquoi, dès lors qu'il faut rendre compte des Idées elles-mêmes, à savoir, de l'élément du sens, on touche aux limites du discours. En effet, comment parler de ce qui garantit le sens et l'existence des Idées ? Cela, précisément, ne peut pas se dire. La *République* exprime l'au-delà de l'être au moyen de la métaphore du Bien comme soleil. Le *Parménide* parle de l'Un-qui n'est-pas au moyen de la négation. Ce sont les deux voies exposées par Proclus. Le néoplatonisme ne fait, en un sens, que développer une difficulté interne et peut-être insoupçonnée de la pensée de Platon.

La négation, si on l'entend, comme le fait Proclus, dans son sens productif et impropre, apparaît alors comme un indice d'indicibilité. Elle affecte les propositions ontologiques d'un coefficient d'indicibilité pour en neutraliser la signification. Là où il n'y a plus d'autres principes pour rendre compte des principes, le langage fait défaut. Cela ne signifie cependant pas qu'on cesse de l'utiliser, mais qu'on l'utilise autrement. Que le Bien soit un principe indicible signifie ceci : que le langage ne peut plus faire référence à rien pour rendre compte de lui-même. Ce que fait apparaître la négation, ce sont des significations pures qui n'ont plus aucune référence.

L'apophatisme permet donc de suspendre le fonctionnement du langage que pourtant il utilise, pour exhiber l'indicibilité qui fonde toute dicibilité.

■ 17. Pour une lecture du *Sophiste* dans une perspective proche de la nôtre, *cf.* P. Virno, *Essai sur la négation, Pour une anthropologie linguistique, op. cit.*, p. 85-125.

Conclusion

Nous avons essayé de mettre en évidence un paradigme néoplatonicien de l'apophatisme. Nous pouvons en rappeler les traits principaux.

1) La négation n'exprime pas la privation, mais montre l'impropriété du discours.

2) La négativité du discours indique l'absence de toute référence, mais pas l'absence de signification. Au contraire, le discours négatif fait apparaître la pureté du sens.

3) La limite entre le dicible et l'indicible ne passe pas entre le langage et son dehors, mais au sein du langage – entre la négation et l'affirmation, entre la neutralité de la signification et la possibilité de la référence.

4) L'indicible fonde le dicible en tant qu'il est la présupposition fondamentale – la première hypothèse – de tout langage.

Il nous semble que ce modèle apparaît historiquement dans le néoplatonisme. Peut-être qu'il se mélange à d'autres formes de réflexion sur l'indicible, plus mystiques par exemple. C'est ce que d'autres études pourraient essayer de démêler. Nous avons seulement cherché à le faire apparaître dans sa pureté conceptuelle.

Ce paradigme ne s'est pas maintenu pur dans l'histoire de la pensée. Il nous semble cependant qu'il demeure pertinent. Il pourrait nous aider à nous défaire d'une illusion tenace : l'impression que l'indicible serait le dehors ou l'autre du langage, le silence où il viendrait toucher à sa limite. Or, l'indicible ne saurait être le dehors absolu du langage. Il est bien plutôt sa fêlure interne. En effet, ce qui n'a rien à voir avec le langage n'a tout simplement rien à voir avec le langage. La réalité non-linguistique n'est pas indicible, elle ne relève tout simplement pas du langage. La différence entre le dicible et l'indicible, en revanche, passe entre une proposition qui peut être dite et une proposition qui ne peut pas être dite. C'est-à-dire entre du langage et du langage. Cette différence peut sans doute être articulée de beaucoup de manières différentes, elle n'en demeure pas moins toujours interne au langage.

La philosophie du vingtième siècle, de Bergson à Derrida, en passant par Heidegger et Wittgenstein, n'a cessé de rejouer le problème de l'apophatisme. Non pas tant en affirmant l'existence d'un principe transcendant et ineffable, qu'en cherchant à sélectionner et à discriminer dans le discours ce qui peut être dit et ce qui ne peut pas l'être, c'est-à-dire ce qui ne peut pas l'être proprement.

À cet égard, la philosophie de Wittgenstein est peut-être la plus explicite. La prétendue « mystique » du *Tractatus logico-philosophicus* enveloppe une opération de tri entre les propositions signifiantes et les propositions insignifiantes. Malgré son injonction au silence, ce sont surtout les secondes qui intéressent le philosophe dans la suite de sa réflexion. Il s'agit avant tout de comprendre de quoi l'on parle quand on utilise des propositions qui n'ont qu'un sens apparent. C'est sans doute la raison pour laquelle sa réflexion prend la forme d'une théorie « grammaticale ». Certaines propositions ne parlent pas de ce dont elles ont l'air de parler, mais jouent le rôle de règles pour l'usage d'autres propositions. Les analyses wittgensteiniennes opèrent très souvent en neutralisant le sens obvie des propositions pour en exhiber le rôle « grammatical », c'est-à-dire presque transcendantal.

Certes, il n'y a pas de théologie négative chez Wittgenstein – alors qu'il y en a une chez Heidegger ou Derrida. Il y a cependant une opération tout à fait similaire à celle de l'apophatisme : la soustraction d'une proposition à son régime normal et la mise en suspens de son sens. Cette opération, le néoplatonisme la rend visible dans son usage de la négation. Wittgenstein passe par d'autres voies, mais pour affirmer quelque chose de semblable : telle proposition n'a pas le sens qu'elle semble avoir, elle ne dit pas ce qu'elle semble dire et c'est cela qui règle l'usage d'autres propositions. Ici aussi, l'indicibilité est la condition de la dicibilité. À cet égard, ce qu'il y a de commun à Wittgenstein et au néoplatonisme, c'est une espèce de sémantique négative : c'est là où il n'y a plus de sens que le sens apparaît comme tel[18].

Une telle mise à distance du langage pousse sans doute à chercher un point de fuite et risque fort de réactiver une illusion d'extériorité ou de transcendance. Or, ce qui est en jeu dans une telle mise à distance n'est pas la séparation entre l'intérieur et l'extérieur du langage, mais plutôt son partage interne. Si le paradigme néoplatonicien peut encore nous intéresser, c'est donc moins en raison de son sens aigu de la transcendance et de l'ineffabilité du premier principe, qu'en raison de sa compréhension de la principialité de l'indicible. C'est-à-dire de la nécessité de fonder ce qui peut être dit sur ce qui ne peut pas l'être. C'est cette nécessité qu'il faut interroger.

Ghislain Casas

---

18. Sur le rapprochement entre Wittgenstein et le néoplatonisme, *cf.* P. Hadot, *Wittgenstein et les limites du langage*, Paris, Vrin, 2004.

Les limites du langage

QU'EST-CE QU'UNE THÉOLOGIE NÉGATIVE ?

Olivier Boulnois

La théologie des noms divins, chez Denys, n'est pas une théologie négative mais une méditation de la transcendance. L'expression a été ajoutée dans les manuscrits anciens, mais en symétrie avec la théologie affirmative. Cette symétrie repose sur celle, plus générale, entre l'affirmation et la négation. Réduire la pensée de Denys à l'affirmation, comme le fait la théologie médiévale, ou à la négation, comme le fait la philosophie contemporaine, est donc un double contresens. Si la limite de toute pensée est « dans le langage », comme dit Wittgenstein, la pensée de Dieu doit la tracer depuis l'intérieur du langage.

L a parole, la pensée et l'expérience du monde sont liées les unes aux autres. Les limites de notre expérience sont aussi les limites de notre langage. Comme dit la dernière proposition du *Tractatus Logico-philosophicus* : « Sur ce dont on ne peut parler, nous devons garder le silence »[1]. Le silence est ainsi le dernier mot du traité, la reconnaissance consciente que les limites de la pensée sont identiques aux limites du langage. Selon Wittgenstein, ce silence exprime la fonction critique de la philosophie : soit nous avons affaire à des énoncés falsifiables, et il revient à la science de les vérifier ou de les falsifier, soit nous avons affaire à des énoncés infalsifiables, et alors on ne peut rien en dire. Cette limitation retourne contre Kant sa propre critique : au lieu d'admettre une distinction entre connaître et penser, entre analytique et dialectique, il faut (selon le Wittgenstein du *Tractatus*) affirmer qu'hors de la connaissance, il n'y a rien à dire.

■ 1. L. Wittgenstein, *Logisch-philosophische Abhandlung* § 7 : « Wovon man nicht sprechen kann, darüber muss man schweigen » (*Werkausgabe*, I, Frankfurt am Main, Surkhamp, 2006, p. 84). J'utilise, en la corrigeant, la traduction de P. Klossowski, *Tractatus Logico-Philosophicus*, Paris, Gallimard, 1961, p. 177 (il vaut mieux traduire *schweigen* par « faire silence », et non par « se taire » : le dernier mot du *Tractatus* est « silence » – *Schweigen*).

Cette critique n'est pas une refondation, mais un rejet de toute métaphysique, comme l'enseigne l'antépénultième proposition :

> La méthode correcte de la philosophie serait proprement celle-ci : ne rien dire sinon ce qui se laisse dire, donc des propositions des sciences de la nature – donc quelque chose qui n'a rien à voir avec de la philosophie – et puis à chaque fois qu'un autre voudrait dire quelque chose de métaphysique, lui démontrer qu'il n'a pas donné de signification à certains signes dans ses propositions[2].

Ainsi, pour Wittgenstein, la métaphysique est située au-delà des possibilités du langage, donc de la science; il faut donc la détruire. Mais par une extraordinaire contradiction performative, dans l'avant-dernière proposition, le texte s'auto-détruit; il proclame que toute la réflexion philosophique n'est qu'une échelle à retirer lorsqu'on s'est élevé à la chose même[3]. C'est pourquoi Wittgenstein disait lui-même que son travail était en réalité éthique et mystique. Il s'agit d'un travail de thérapie par lequel chacun rejoint le monde en ayant conscience des limites du langage et de la science.

La fonction de la philosophie est bien de « tracer des limites à la pensée ». Mais comme Wittgenstein le remarque dès l'« Avant-propos » (*Vorwort*), une telle entreprise peut se prendre en deux sens : au premier sens, la pensée est un champ qui préexiste et que nous délimitons, mais alors, il nous faut être capable de penser des deux côtés de cette limite, c'est-à-dire de penser l'impensable aussi bien que le pensable, ce qui est contradictoire; il faut donc prendre la tâche de la philosophie au sens où elle exprime la limite immanente, constitutive de la pensée. Celle-ci est le langage. C'est pourquoi nous ne traçons pas directement les limites de la pensée (*Denken*), mais plutôt celles de « l'expression des pensées » (*Gedanken*) : « La limite ne pourra donc être tracée que dans le langage, et ce qui se trouve au-delà de la limite sera simplement du non-sens »[4]. Mais pouvons-nous éviter de chercher à penser l'impensable? Et seul ce qui peut être dit a-t-il un sens?

La question de Dieu est précisément de cet ordre : s'il est impensable et indicible, cela signifie-t-il qu'il faut, sur lui, garder le silence? Parmi les objets qui échappent à toute expérience possible, Dieu est le plus remarquable qu'on puisse concevoir. J'entends par là le Dieu que l'on atteint par la foi : non pas simplement l'objet de notre représentation la plus haute (acte d'être, étant suprême, ou *causa sui*), mais celui qui est le centre d'une existence croyante,

2. L. Wittgenstein, *Tractatus Logico-Philosophicus*, § 6.53 : « Die richtige Methode der Philosophie wäre eigentlich die : Nichts zu sagen, als was sich sagen lässt, also Sätze der Naturwissenschaft – also etwas, was mit Philosophie nichts zu tun hat – und dann immer, wenn ein anderer etwas Metaphysisches sagen wollte, ihm nachzuweisen, dass er gewissen Zeichen in seinen Sätzen keine Bedeutung gegeben hat » (p. 84; trad. fr. p. 176).

3. *Ibid.*, § 6.54 : « Meine Sätze erläutern dadurch, dass sie der, welcher mich versteht, am Ende als unsinnig erkennt, wenn er durch sie – auf ihnen – über sie hinausgestiegen ist. (Er muss sozusagen die Leiter wegwerfen, nachdem er auf ihr hinaufgestiegen ist). Er muss diese Sätze überwinden, dann sieht er die Welt richtig » (p. 84). – « Mes propositions sont élucidantes en ce que celui qui me comprend les reconnaît à la fin pour dépourvues de sens, si, à travers elles – sur elles – il est monté pour les dépasser. (Il doit pour ainsi dire jeter l'échelle, après être monté sur elle [phrase absente de la traduction P. Klossowski]). Il doit surmonter ces propositions, alors il voit correctement le monde. » (trad. fr. p. 177).

4. *Ibid.*, « Vorwort », p. 9 : « Das Buch will also dem Denken eine Grenze ziehen, oder vielmehr – nicht dem Denken, sondern dem Ausdruck der Gedanken. [...] Die Grenze wird also nur in der Sprache gezogen werden können und was jenseits der Grenze liegt, wird einfach Unsinn sein ».

où s'unissent la prière, l'amour et la vénération – celui qui donne au croyant une « expérience de sécurité absolue »[5]. Quel type de discours correspond à cette forme de vie ? Si l'on peut penser quelque chose comme un Dieu, son essence est d'être non seulement « tel qu'on ne puisse rien penser de plus grand », mais aussi « plus grand que tout ce qui peut être pensé » – pour reprendre les deux expressions de saint Anselme[6], donc au-delà de la limite du pensable et de son expression dans le langage.

On ne peut donc pas poser la question de Dieu sans élucider les deux problèmes posés par la sévère thérapie critique de Wittgenstein : peut-on *éviter* de penser l'impensable ? Le sens le plus haut ne réside-t-il pas précisément dans ce qu'on ne peut *pas* dire ?

L'attitude qui désigne la transcendance de Dieu sur le langage est appelée « théologie négative » par les historiens, cette expression désignant la méthode qui propose de penser Dieu en niant de lui tout prédicat concevable. Or la question a divisé le Moyen Âge : Thomas d'Aquin commence son traité des *Noms divins*, dans la *Somme de théologie*, par un prologue extrêmement critique : « De Dieu, nous ne pouvons pas savoir ce qu'il est, mais <seulement> ce qu'il n'est pas »[7]. – À quoi Duns Scot répond : « Les négations, ce n'est pas ce que nous aimons souverainement »[8]. La question est également essentielle à la philosophie du XXᵉ siècle, puisque deux interprétations de la théologie négative s'affrontent : pour l'une, la théologie négative a une puissance de négativité infinie, irréductible à toute parole affirmative, à toute théologie spéculative et positive, pour l'autre, elle doit toujours se ramener à l'affirmation. Peut-on se borner à dire ce que Dieu n'est pas, ou bien toute négation suppose-t-elle fondamentalement une affirmation ?

Pour répondre à cette question, il faut examiner dans l'ordre quatre questions :

1) Qu'est-ce que parler ? tout discours doit-il manifester une vérité ?

2) Qu'est-ce que nier ? qu'est-ce que la négation ?

3) Qu'est-ce qu'un discours sur Dieu (une théologie) ?

4) Qu'est-ce qu'une théologie négative ?

En effet, en l'absence d'une élucidation du concept de négation, nous risquons de nous méprendre radicalement sur le sens et le statut de la nomination de Dieu.

La parole

Qu'est-ce que parler ? Tout discours doit-il manifester une vérité ? Est-il possible de signifier sans révéler la nature des choses ? Ici, il nous faut

▓ 5. L. Wittgenstein, « Vortrag über Ethik » [1929-1930], dans *Vortrag über Ethik und andere kleine Schriften*, Frankfurt am Main, Surkhamp, 1995, trad. fr. J. Fauve, « Conférence sur l'éthique », dans *Leçons et conversations*, Paris, Gallimard, 1971, p. 151.

▓ 6. Anselme, « Quo nihil maius cogitari possit » (Proslogion 2 ; F. S. Schmitt (ed.), Edinburgh, Opera Omnia, 1938, I, p. 101 ; trad. fr. M. Corbin, dans *L'Œuvre de Anselme de Cantorbéry*, Paris, Le Cerf, 1986, I, p. 245) et « majus quam cobitari possit » (*Proslogion 15* ; F. S. Schmitt (ed.), *op. cit.*, p. 112 ; trad. fr. Corbin, *op. cit.*, p. 266).

▓ 7. Thomas, *Summa theologiae* I, q. 3, prol. : *De Deo scire non possumus quid sit, sed quid non sit.*

▓ 8. J. Duns Scot, *Ordinatio* I, d. 3, § 10 (Vat. III, 5 ; trad. fr. O. Boulnois, *Sur la connaissance de Dieu et l'univocité de l'étant*, Paris, P.U.F., 1988, p. 85 modifiée) : *Negationes etiam non summe amamus.*

revenir aux origines de la problématique. Selon Aristote, la parole (*logos*) est formée de propositions complexes, composées d'éléments signifiants. Elle est susceptible d'être vraie ou fausse, et prend la forme d'affirmations ou de négations : « un homme existe », ou « un homme n'existe pas ».

Cependant, « ce n'est pas toute parole (*logos*) qui est dévoilante (*apophantikos*), mais celle dans laquelle il y a vérité ou fausseté. Or on ne peut le dire de toutes les paroles. Par exemple, la prière est une parole, mais elle n'est ni vraie ni fausse »[9]. Toute parole articulée en une proposition signifie quelque chose. Mais, même si elle est signifiante, elle n'est pas nécessairement déclarative, révélatrice de la nature des choses. Une parole qui dévoile (*apophantikos logos*) est un énoncé qui fait voir quelque chose dans son unité avec autre chose ; à ce titre, elle peut être vraie ou fausse. Mais il existe des énoncés qui ne sont ni vrais ni faux. Ce sont les paroles simplement signifiantes (*logoi semantikoi*), qui relèvent de la poétique et de la rhétorique : celle-ci examine ce qui a pour but de disposer l'auditeur, de susciter des émotions (*pathemata*), des affections de l'âme. Il faut donc distinguer deux sortes de parole : la parole dévoilante (*apophantikos logos*), qui peut être vraie ou fausse, et la parole poétique, qui est une signifiance au-delà du vrai et du faux.

> **Avoir un sens et être vrai ou faux sont deux choses radicalement différentes**

Pour qu'une parole ait du sens, et donne lieu à une pensée, il suffit qu'elle fasse surgir une image (*phantasia*) mais il n'est pas nécessaire qu'elle renvoie à un être réellement existant. *Avoir un sens et être vrai ou faux sont donc deux choses radicalement différentes*. Dès le départ, il nous faut abandonner la problématique de Wittgenstein dans le *Tractatus*.

Aristote distingue cinq fonctions du discours : l'énonciation, la prière, l'ordre, l'interrogation et l'invocation. Seul le discours d'énonciation peut être vrai ou faux. Les autres énoncés, qui ne sont ni vrai ni faux, s'enracinent dans la fonction pragmatique du discours. C'est ce que souligne Thomas d'Aquin dans son commentaire : outre le discours par lequel la raison conçoit en elle-même la vérité de la chose, il existe

certains discours signifiant l'ordre selon lequel la raison dirige les autres. Or un homme est dirigé par la raison d'un autre à trois choses : d'abord à être attentif par l'esprit, et c'est le rôle du discours appellatif (*vocativus*) ; en second lieu à répondre par la voix, et c'est le rôle du discours interrogatif ; en troisième lieu à exécuter <quelque chose> dans une action –, et pour les inférieurs, c'est le rôle du discours impératif, mais pour les supérieurs, c'est le rôle du discours de prière (*deprecativus*), auquel se ramène aussi le discours optatif, car celui-ci, par rapport à un homme supérieur, n'a pas d'autre force motrice que l'expression de son désir[10].

■ 9. Aristote, *De l'interprétation*, ch. 4, 17 a 2-4 : ἀποφαντικὸς δὲ οὐ πᾶς, ἀλλ᾽ ἐν ᾧ τὸ ἀληθεύειν ἢ ψεύδεσθαι ὑπάρχει· οὐκ ἐν ἅπασι δὲ ὑπάρχει, οἷον ἡ εὐχὴ λόγος μέν, ἀλλ᾽ οὔτ᾽ ἀληθὴς οὔτε ψευδής.
■ 10. *Expositio Peryermeneias* I, 7, *Opera Omnia* I*, 1, *op. cit.*, p. 37, l. 75-88 : « Necesse fuit ut [...] essent alique orationes significantes ordinem rationis secundum quem alia dirigit. Dirigitur autem ex ratione unius hominis alius homo ad tria : primo quidem ad attendendum mente, et ad hoc pertinet uocatiua oratio ; secundo ad respondendum uoce, et ad hoc pertinet oratio interrogatiua ; tercio ad exequendum in opere, et

Dans tous les cas, ce discours est adressé à quelqu'un. Il veut provoquer une modification sur l'interlocuteur. Mais dans le cas de la prière (comme dans celui de l'impératif), il s'agit d'obtenir un résultat pratique : l'exécution d'une action.

Comme exemple de proposition qui a un sens sans être vraie ou fausse, Aristote nomme précisément la parole adressée à Dieu, la prière. Pourquoi la prière n'est-elle n'est vraie ni fausse ? On peut envisager trois raisons.

1) On pourrait penser que la prière est un cri, une plainte, une interjection, c'est-à-dire une émission de voix qui n'est ni vraie ni fausse. Mais dans ce cas, on ne pourrait pas la classer du côté des énoncés signifiants. Un gémissement de douleur exprime la souffrance de celui qui le pousse, mais il n'énonce rien, il ne signifie rien de manière articulée. Thomas d'Aquin dit ainsi que le gémissement est plutôt le fondement de la prière qu'une prière[11]. Même s'il peut être tenu par Dieu pour une prière, parce qu'il exprime un besoin fondamental, ce n'est pas un énoncé signifiant. – Cette hypothèse n'est donc pas pertinente.

2) La prière est fondamentalement une *demande*, et les demandes ne sont ni vraies ni fausses. L'homme demande ce qu'il désire sans pouvoir l'atteindre par ses propres forces, mais qu'un autre peut lui procurer. La demande est une forme de question, mais au lieu d'avoir pour réponse une parole (quelle heure est-il ?), elle attend un geste (pouvez-vous me donner de quoi manger ?). La demande a une finalité pratique : le demandeur s'efforce d'obtenir du destinataire une action qui ne peut venir que de lui, il cherche donc à le persuader et à l'émouvoir. C'est pourquoi la prière s'exprime souvent à l'optatif : celui qui prie n'a pas d'autre force pour *mouvoir* son interlocuteur que l'é-*motion* qu'il peut produire en exprimant son désir.

3) Enfin, il existe une raison propre à la prière : celle-ci n'a pas seulement pour but de disposer l'interlocuteur, Dieu, à nous accorder ce que nous demandons. Elle a aussi pour but de *nous modifier nous-mêmes*. La prière accorde l'homme à la volonté de Dieu. C'est un énoncé auto-performatif, qui a pour but d'agir sur nous-mêmes. Et comme tous les énoncés performatifs, celui-ci n'est ni vrai ni faux.

Ainsi, la parole adressée *à Dieu* (la prière) fait signe, mais elle n'est ni vraie ni fausse. Demande ou exercice spirituel, c'est une forme d'action, sur Dieu comme sur nous-mêmes. Elle relève finalement de la praxis. En revanche, la parole *sur Dieu* est orientée vers le savoir : il s'agit d'une tout autre attitude, d'une attitude théorique, qui est fondamentalement vraie ou fausse.

Dès lors, toutes les formes de parole ne sont pas soumises à l'exigence de dire le vrai. Nous pouvons parler pour dire la vérité, mais aussi parler pour appeler autrui, pour l'interroger, lui ordonner une action, lui demander

---

ad hoc pertinent quantum ad inferiores oratio inperatiua, quantum autem ad superiores oratio deprecatiua, ad quam etiam reducitur oratio optatiua, quia respectu superioris homo non habet uim motiuam nisi per expressionem sui desiderii ».

■ 11. Thomas, *Super Sent.*, lib. 4 d. 15 q. 4 a. 1 qc. 2 ad 3. « Gemitus sive fletus non est oratio per essentiam, sed est quasi fundamentum orationis. Superflua enim videtur petitio, ubi necessitas deest; et ideo recognitio suae miseriae, qua indigentem se aliquis videt, et sibi subvenire non potest, quae gemitum in affectu facit, quasi oratio reputatur a Deo ».

quelque chose, ou encore pour l'émouvoir. Et même s'ils ne sont ni vrais ni faux, ces actes de parole ont tous un sens.

La négation

Mais quelles sont les sortes de *logoi apophantikoi*, d'énoncés dévoilants ? Si l'on suit le fil conducteur de l'exposé aristotélicien, celui-ci nous conduit immédiatement au problème de l'affirmation et de la négation : « Un énoncé dévoilant unique est d'abord affirmation, *ensuite* négation »[12]. Seule la parole scientifique, qui s'efforce de manifester la vérité, la parole scientifique, peut être vraie ou fausse. Elle procède par mode d'affirmation *puis* de négation. Car selon Aristote, « la négation est l'énoncé dévoilant qu'une chose est séparée d'une autre »[13]. Elle divise ou sépare deux termes, tandis que l'affirmation les rassemble. Mais le terme « ensuite » (*eita*) signifie-t-il qu'il y a une antériorité logique de l'affirmation ? Ou bien affirmation et négation sont-elles sur le même plan ?

La plupart des interprètes (notamment saint Thomas) comprennent cette succession comme fondée dans la nature des choses : l'affirmation précède la négation[14]. Thomas en donne trois raisons, qui correspondent aux trois aspects de l'énoncé. 1) Du point de vue de l'expression grammaticale, l'affirmation est plus simple, car la négation ajoute une particule supplémentaire ; 2) du point de vue de la pensée, l'affirmation compose les termes, tandis que la négation les divise, or l'unité du composé est antérieure à l'acte par lequel la pensée sépare ses éléments ; 3) du point de vue de la réalité, l'affirmation renvoie à un être, la négation à un non-être, or l'être est antérieur au non-être[15].

On peut interpréter en ce sens une remarque d'Aristote. Dans le *Traité de l'interprétation*, Aristote souligne que : « Si on a "le bien est bien" et "le bien n'est pas mal", [...] il s'agit pour le premier énoncé d'un attribut essentiel et pour le second d'un attribut accidentel »[16] ; mais puisque ce qui est essentiel est antérieur à ce qui est accidentel, l'affirmation (« le bien est bien ») est antérieure à la négation correspondante (« le bien n'est pas mal »). On aurait donc ici indirectement un argument pour l'antériorité de l'affirmation sur la négation.

Pourtant, le terme « ensuite » peut tout simplement indiquer une succession dans l'ordre d'exposition. En effet, pour Aristote, il existe une équivalence universelle entre les affirmations et les négations qui rend vaine toute tentative d'établir une antériorité : « On pourrait aussi bien nier tout

▨ 12. Aristote, *De l'interprétation* 5, 17 a 8-9 : Ἔστι δὲ εἷς πρῶτος λόγος ἀποφαντικὸς κατάφασις, εἶτα ἀπόφασις·

▨ 13. Aristote, *De l'interprétation* 6, 17 a 25-26 : ἀπόφασις δέ ἐστιν ἀπόφανσις τινὸς ἀπὸ τινός ; trad. fr. C. Dalimier, *Catégories, Sur l'interprétation*, Paris, GF-Flammarion, 2007, p. 275 modifiée.

▨ 14. Aristote semble le sous-entendre en *Métaphysique* Γ, 4, 1008 a 17-18 ; voir aussi *De l'interprétation* 14, 23 b 16.

▨ 15. Thomas, *Expositio Peryermeneias* I, 8, *op. cit.*, p. 39, l. 22-34 : « Ex parte igitur uocis, affirmatiua enunciatio est prior quia est simplicior : negatiua enim enunciatio addit supra affirmatiuam particulam negatiuam ; ex parte etiam intellectus affirmatiua enunciatio, que significat compositionem intellectus, est prior negatiua, que significat diuisionem eiusdem : diuisio autem naturaliter posterior est compositione, nam non est diuisio nisi compositorum, sicut non est corruptio nisi generatorum ; ex parte etiam rei, affirmatiua enunciatio, que significat esse, prior est quam negatiua, que significat non esse, sicut habitus naturaliter prior est priuatione ».

▨ 16. Aristote, *De l'interprétation* 14, 23 b 15 -16 : εἰ οὖν τὸ ἀγαθὸν καὶ ἀγαθὸν καὶ οὐ κακόν ἐστιν, καὶ τὸ μὲν καθ' αὑτὸ τὸ δὲ κατὰ συμβεβηκός ; trad. fr. C. Dalimier, Paris, Flammarion, 2007, p. 327.

ce qu'on a affirmé qu'affirmer tout ce qu'on a nié. Si bien qu'il est manifeste qu'à toute affirmation correspond une négation opposée et à toute négation une affirmation <opposée> »[17]. – Il n'y a pas de sens à séparer le discours affirmatif du discours négatif : quelle que soit notre affirmation, elle s'oppose à une négation qui n'est pas moins sensée. On doit donc comprendre que (malgré une antériorité grammaticale) dans son essence, *l'affirmation n'est pas plus fondamentale que la négation*.

Or *ce qui est en jeu dans toute l'histoire de l'interprétation de la théologie négative*, c'est l'admission ou non de ce principe : *l'affirmation est antérieure à la négation*. « Il n'y a pas à distinguer si Dieu peut être connu négativement ou affirmativement, car la négation n'est connue que par une affirmation, selon le *Peri Hermeneias* II, à la fin, et la *Métaphysique* IV »[18]. Ici, la thèse de Scot est que l'énoncé sur Dieu aura beau être négatif, son sens et son contenu seront connaissables à partir d'un fondement de nature affirmative. Si la négation est prise au sens d'une négation « dite de quelque chose » (comme dans l'expression : « cette rose n'est pas rouge »), je devrais rechercher le substrat dont il est entendu que cette négation est vraie (la rose)[19]. Par conséquent, toute négation correctement construite repose sur une affirmation plus fondamentale. Appliqué à la nomination de Dieu, ce principe signifie que « nous ne connaissons les négations dites de Dieu que par le moyen d'affirmations » sous-jacentes[20] ; par nos énoncés négatifs, nous écartons en réalité ce qui est incompatible avec des affirmations préalables.

Or la question de la négation a été ranimée avec le renouvellement des études aristotéliciennes à la fin du XIXe siècle, notamment chez Brentano. Le problème était précisément de savoir si l'affirmation est antérieure à la négation ou si une attitude est aussi fondamentale que l'autre. – Si l'on pose l'antériorité de l'affirmation, on pourra toujours ramener une négation à une affirmation antérieure. « Cette rose n'est pas rouge » signifiera : cette rose peut être de toutes les couleurs sauf rouge. La négation est intégrée au contenu du jugement. Elle n'en est qu'une détermination conceptuelle. – Tandis que s'il n'y a pas de priorité de l'affirmation sur la négation, ce sont deux attitudes aussi originaires l'une que l'autre.

Comme le remarque Brentano, les énoncés dévoilants sont orientés vers une connaissance de la vérité. Mais comment justifier la vérité d'un énoncé comme « il n'y a pas de dragon » ? On ne peut pas parler d'adéquation entre le jugement et la chose : il n'y a pas de chose, donnée effectivement (*in*

■ 17. Aristote, *De l'interprétation* 6, 17 a 30-33 : ἄπαν ἂν ἐνδέχοιτο καὶ ὃ κατέφησέ τις ἀποφῆσαι καὶ ὃ ἀπέφησε καταφῆσαι· ὥστε δῆλον ὅτι πάσῃ καταφάσει ἐστὶν ἀπόφασις ἀντικειμένη καὶ πάσῃ ἀποφάσει κατάφασις.

■ 18. J. Duns Scot, *Ordinatio* I, d. 3, § 10 (Vatican, Opera Omnia, 1954 ; t. III, p. 4) ; trad. fr. O. Boulnois, *op. cit.*, p. 85 (modifiée) : « Non est dintinguendum quod Deus possit cognosci negative vel affirmative, quia negatio non cognoscitur nisi per affirmationem, II Perihermeneias in fine et IV Metaphysicae ».

■ 19. *Ibid.*, I, d. 3, § 10 (III, 5) ; trad. fr. p. 86 (modifiée) : « Si intelligitur ut negatio dicta de aliquo, tunc quaero illum conceptum substratum de quo intelligitur ista negatio esse vera ». « Si elle est entendue comme une néga-tion dite de quelque chose, je recherche ce concept substrat dont il est entendu que cette négation est vraie ».

■ 20. *Ibid.*, I, d. 3, § 10 (III, 4) ; trad. fr. p. 85 (modifiée) : « Nullas negationes cognoscimus de Deo nisi per affirmationes ».

Wiklichkeit gegeben), qui concorderait avec le jugement que j'ai formulé[21]. Tout jugement associe plusieurs représentations, et il n'y a pas de représentation négative. Par conséquent, la négativité est mon rapport extérieur au jugement, elle n'appartient pas à son contenu. Ici, « il n'y a pas de dragon » signifie que face au jugement : « il y a un dragon », je marque mon rejet. Mais dans l'énoncé : « il n'y a pas de dragon », on ne peut pas parler d'adéquation entre le jugement et la chose. Autrement dit : « dans le jugement, il ne s'agit pas toujours de choses réelles »[22]. La proposition négative est vraie en vertu de quelque chose *qu'il n'y a pas*.

La négation nous fait ainsi entrer dans l'irreprésentable. Comme le remarque Wittgenstein, il est facile de représenter deux hommes en train de se battre. Mais si je représente deux hommes qui ne se battent pas, on verra toujours ce qu'ils font (ils se tiennent debout ou bien ils jouent aux quilles), mais non ce qu'ils ne font pas[23]. Pour cela il faut ajouter un commentaire, ou un signe : il faut avoir un langage. Comme dit encore Wittgenstein : « Il y a là un grand mystère. C'est le mystère de la négation : cela ne se passe pas ainsi et pourtant nous pouvons dire *comment* cela ne se passe *pas* »[24].

Par conséquent, pour Brentano, l'affirmation et la négation sont des actes symétriques et de même rang : l'affirmation implique un acte d'assentiment (*Zustimmung*), la négation un acte de rejet (*Verwerfung*). À la représentation d'un terme vient s'ajouter une deuxième relation intentionnelle envers l'objet représenté, celle de l'acceptation ou du refus. Selon l'exemple de Brentano, celui qui nomme Dieu donne une représentation de Dieu ; celui qui dit : « il y a un Dieu », exprime sa foi en lui[25]. Cette polarité vaut aussi pour nos émotions et pour toute la vie psychique : le désir est une sorte d'affirmation, et la haine une sorte de négation[26].

Au contraire, les remarques de Bergson sur l'idée de néant supposent la priorité de l'affirmation :

■ 21. F. Brentano, « Über den Begriff der Wahrheit » § 42 et 43, dans *Wahrheit und Evidenz*, O. Kraus (ed.), Hamburg, Meiner, 1930, p. 3-29, ici p. 22 ; trad. fr. M. de Launay et J.-C. Gens, « Le concept de vérité », dans *L'Origine de la connaissance morale*, Paris, Gallimard, 2003, p. 93-115 (p. 109). – Même remarque chez Wittgenstein, *Tractatus logico-philosophicus* 4.0621 : « dem Zeichen " ~" in der Wirklichkeit nichts entspricht. Dass in einem Satz die Verneinung Vorkommt, ist noch kein Merkmal seines Sinnes » (p. 31) – « au signe "~" rien ne correspond dans la réalité. Que la négation intervienne dans une proposition ne caractérise pas son sens pour autant » (trad. fr. P. Klossowski, *op. cit.*, modifiée, p. 80).

■ 22. *Ibid.*, § 58, p. 28 ; trad. fr. p. 114 (*reale Dinge*).

■ 23. Contrairement à ce que dit Wittgenstein, *Notebooks 1914-1916*, 1.11.14, G. H. von Wright et E. Anscombe (eds.), Oxford, Blackwell, 1961, p. 13 : « Dass zwei Leute nicht kämpfen, kann man darstellen indem man sie nicht kämpfend darstellt und auch so, indem man sie kämpfend darstellt und sagt, das Bild zeige, wie es sich nicht verhält » ; trad. fr. G.-G. Granger, *Carnets 1914-1916*, Paris, Gallimard, 1971, p. 59, modifiée : « On peut représenter le fait que deux hommes ne se battent pas en les représentant ne se battant pas, mais aussi en les représentant en train de se battre, et en disant que l'image montre ce qui n'a pas lieu ». En effet, les représenter en train de ne pas se battre, c'est les représenter en train de faire autre chose – et il faut, pour dire qu'ils ne se battent pas, ajouter une autre relation – tandis que les représenter en train de se battre, c'est encore exiger une autre relation pour introduire l'idée de négation, introduite par un commentaire oral, ou par un signe – par exemple en les barrant d'une croix –.

■ 24. *Ibid.*, 15.11.14, p. 30 : « Hier ist ein tiefes Geheimnis. Es ist das Geheimnis der Negation : es verhält sich nicht so, und doch können wir sagn, wie es sich nicht verhält » ; trad. fr. p. 70, modifiée.

■ 25. F. Brentano, *Vom Ursprung sittlicher Erkenntnis*, Leipzig, Duncker & Humblot, 1889, § 20, p. 15 ; trad. fr. M. de Launay, J.-C. Gens, *L'Origine de la connaissance morale, op. cit.*, p. 51. *Cf.* J. Benoist, « La théorie phéno-ménologique de la négation, entre acte et sens », *Revue de métaphysique et de morale*, 30/2 (2001), p. 21-35.

■ 26. Mais l'inverse n'est pas vrai, *cf.* F. Brentano, *Vom Ursprung sittlicher Erkenntnis, op. cit.*, n. 22, p. 55 ; trad. fr. citée p. 50 (c'est une remarque inspirée d'Aristote).

Nier consiste toujours à écarter une affirmation possible. [...] Tandis que l'affirmation porte directement sur la chose, la négation ne vise la chose qu'indirectement, à travers une affirmation interposée. Une proposition affirmative traduit un jugement porté sur un objet ; une proposition négative traduit un jugement porté sur un jugement. *La négation diffère donc de l'affirmation proprement dite en ce qu'elle est une affirmation de second degré : elle affirme quelque chose d'une affirmation qui affirme quelque chose d'un objet*[27].

Cette analyse célèbre est d'une grande faiblesse : Bergson pense précisément le néant comme simple négation *de quelque chose ;* si nous nions une chose, cela veut dire que nous visons cette chose, mais que nous constatons son absence, et que le cadre (les autres choses) demeure. C'est-à-dire que, pour Bergson, *la négation du tout n'est pas pensable.* On ne peut penser qu'un néant fini, qu'un néant de quelque chose. Pour lui, toute négation est négation d'une représentation, or on ne peut se représenter la totalité, on ne peut donc pas se représenter le néant. Bergson reste enfermé dans l'espace de la représentation. Mais il ne demande jamais : pouvons-nous penser au-delà des limites de la représentation ? Car penser le néant, c'est précisément penser ce que nous ne pouvons pas nous représenter. Or c'est possible, grâce au langage : nous pouvons dire le non-être, sans restriction.

En sens contraire, afin de penser le néant sans les limites du langage, Heidegger affirme que : « *C'est le néant lui-même qui néantit.* / Le néantir n'est pas un accident fortuit, mais [...] c'est lui qui révèle l'étant dans sa parfaite *étrangeté* jusqu'alors voilée, qui le révèle comme radicalement autre »[28]. En faisant du néant la source de toute négation, à l'aide du concept actif de « néantir », et en lui donnant la même radicalité qu'à l'étant, Heidegger considère que la négation qui néantit est aussi fondamentale que l'affirmation de ce qui est. Mais il faut pour cela penser le langage comme autre chose qu'une représentation. Tant qu'on se représentera la parole comme une image adéquate du réel, on ne comprendra pas qu'elle puisse dévoiler son propre sens.

Au contraire, Frege maintient, comme Bergson, que toute pensée est fondamentalement affirmative : « La réponse à une question est un énoncé (*Behauptung*), fondé sur un jugement, que la question reçoive une réponse positive ou négative (*wenn die Frage bejaht, als auch wenn sie verneint wird*) »[29]. Car la négation reste un contenu de pensée, une opération objective qui peut faire l'objet d'une écriture logique. Une proposition négative est encore une pensée. Il n'y a pas de pensée négative. La négation est une opération particulière opérée sur un contenu positif préexistant. Ainsi, « une négation peut figurer d'une manière ou d'une autre dans une proposition, sans que la pensée soit pour autant une pensée négative »[30]. D'ailleurs une formulation

27. H. Bergson, *L'évolution créatrice*, dans *Œuvres*, Paris, P.U.F., 1970, p. 738, (les italiques sont de Bergson).

28. M. Heidegger, *Was ist Metaphysik ?* [1929], Frankfurt am Main, Klostermann, 1969[15,] p. 34 : « Das Nichts selbsts nichtet. / Das Nichten ist kein beliebiges Vorkommnis, sondern [...] offenbart es dieses Seiende in seiner vollen bislang verborgenen Befremdlichkeit als das schlechthin Andere » ; trad. fr. H. Corbin (modifiée), « Qu'est-ce que la métaphysique ? », *Questions* I, Paris, Gallimard, 1968, p. 61-62.

29. G. Frege, « La négation » [1923], *Écrits logiques et philosophiques*, trad. fr. C. Imbert, Paris, Seuil, 1971, p. 195, modifiée.

30. G. Frege, *Écrits logiques et philosophiques, op. cit.*, p. 204.

négative et une formulation affirmative peuvent signifier la même chose. Frege prend pour exemple : (1) « le Christ est immortel » ; (2) « le Christ vit éternellement ». Une formule est négative (« im-mortel »), l'autre est positive, et pourtant elles expriment une même vérité. Il s'agit de la *même pensée, mais* exprimée tantôt par une affirmation, tantôt par une opération de négation. Une expression peut avoir la forme grammaticale d'une négation et recéler un sens positif. Dire que la rose n'est pas rouge, c'est faire une opération positive de soustraction à la rose. La négation peut donc être un contenu de la proposition, ce n'est pas une attitude fondamentale devant le jugement. La négation est un simple connecteur logique. Elle porte sur le contenu jugé, elle n'est pas un aspect de l'acte de juger lui-même.

Freud se rattache clairement à ce primat de l'affirmation. Dans son article sur la négation, Freud évoque des patients qui déclarent : « *"vous demandez qui peut être cette personne dans le rêve. Ma mère, ce n'est pas elle"*. Nous rectifions : donc, c'est sa mère. Nous prenons la liberté, lors de l'interprétation, de faire abstraction de la négation et d'extraire le pur contenu de l'incident »[31]. Sous la négation formulée par l'énoncé du patient, l'analyste déchiffre une *affirmation*. C'est pourquoi la tradition française comprend cette négation comme une *dénégation*, un déni de la vérité profonde (mais l'allemand *Verneinung* veut dire simplement « négation »). Autrement dit, ce que met au jour Freud, c'est que le dynamisme du désir est toujours positif, tandis que celui du refoulement est négatif[32]. En cela, il reste profondément aristotélicien : pour Aristote, la poursuite est une forme d'affirmation du désir, et la fuite une forme de négation[33]. Mais la fuite, chez Freud, est intériorisée sous la forme d'un refoulement. Le désir pose des objets que j'aimerais absorber parce que je les trouve bons. La négation refoule les objets qui me semblent mauvais ou répugnants. Freud en déduit que les deux

---

■ 31. S. Freud, « La négation » (*Die Verneinung*, 1925), *Gesammelte Werke*, London-Frankfurt am Main, S. Fischer, 1948, p. 11-15, ici p. 11 ; trad. fr. *Œuvres complètes XVII, 1923-1925*, Paris, P.U.F., 1992, p. 167-171, ici p. 167 (modifiée). Il vaudrait la peine de rechercher quand et comment la « négation » selon Freud, par assimilation aux concepts de rejet (*Verwerfung*) et de refoulement (*Verdrängung*) est devenue une « dénégation » pour la psychanalyse de langue française. J. Lacan a certainement joué un rôle essentiel dans cette torsion interprétative, dès la conférence de 1951, *Some reflections on the ego* : « What we have been able to observe is the privileged way in which a person expresses himself as the ego ; it is precisely this – *Verneinung*, or denial » (*International Journal of Psychoanalysis* 34, 1953, p. 11-17, ici p. 11). – « Ce que nous avons été capables d'observer dans cette voie privilégiée [du langage] par laquelle une personne s'exprime en tant qu'Ego : c'est précisément cela – *Verneinung* – le déni ». *Cf.* aussi « Réponse au commentaire de Jean Hyppolite », *Écrits* I [1966], Paris, Seuil, 2001, p. 385 et 386. Pourtant, la première traduction, de H. Hoesli, *Revue française de psychanalyse* VII, 2, 1934, p. 174-177, traduisait correctement *Verneinung* par « négation », et c'est ce que fait encore la traduction des *Œuvres complètes* (citée ici). Mais l'interprétation lacanienne a rejailli sur la traduction elle-même : la trad. de H. Francoual, « Freud en poche », Paris, Inpress, 2017, s'intitule *La (dé)négation* ; l'article « Dénégation » de A.-M. Leriche, *Encyclopaedia universalis* (https ://www.universalis.fr/encyclopedie/denegation/ consulté le 3 mars 2019), suppose cette traduction sans la justifier.

■ 32. S. Freud : « Comme c'est la tâche de la fonction intellectuelle du jugement, d'affirmer ou de nier des contenus de pensée, les remarques précédentes nous ont conduits à l'origine psychologique de cette fonction. Nier quelque chose dans le jugement, veut dire au fond : c'est quelque chose que je préférerais par-dessus tout refouler » (dans *Gesammelte Werke, op. cit.*, p. 12 ; trad. fr. citée, p. 168).

■ 33. *De l'Âme* III, 7, 431 a 8-14 : ὅταν δὲ ἡδὺ ἢ λυπηρόν, οἷον κατάφασα ἢ ἀπόφασα διώκει ἢ φεύγει· « Quand <il y a> de l'agréable ou du douloureux, comme si elle affirmait ou niait, l'âme poursuit ou fuit ». (cf. *Éthique à Nicomaque*, VI, 2, 1139 a 21-22 : ἔστι δ' ὅπερ ἐν διανοίᾳ κατάφασις καὶ ἀπόφασις, τοῦτ' ἐν ὀρέξει δίωξις καὶ φυγή·« ce que sont, dans la pensée, l'affirmation et la négation, la poursuite et la fuite le sont dans le désir »).

fonctions du jugement : l'attribution et la position d'existence, se déduisent psychologiquement de notre histoire personnelle. Mais le refoulement et la négation restent des formes dérivées, et *le désir et l'affirmation sont premiers.*

Or ce court article est à l'origine des plus hautes spéculations sur la négation et la théologie négative au XXᵉ siècle, celles de Jean Hyppolite, Lacan et Derrida.

En effet, Jean Hyppolite a proposé une interprétation de ce texte dans le séminaire de Lacan (reproduite dans le *Séminaire* I). Hyppolite tire parti du fait que Freud décrit la dénégation comme une « *Aufhebung* du refoulement, mais non pour autant une acceptation du refoulé » : le patient qui accepte de dire : « ce n'est pas ma mère », commence à dépasser le refoulement (puisqu'il nomme l'objet du désir), mais il ne reconnaît pas encore son désir (puisqu'il nie cet objet). Or Freud, en utilisant *Aufhebung*, utilise un terme caractéristique de la pensée de Hegel : « C'est le mot dialectique de Hegel, qui veut dire à la fois nier, supprimer et conserver, et foncièrement soulever »[34]. Le travail de l'analyse rejoint le mouvement de la conscience dans la phénoménologie de l'esprit, c'est-à-dire la récupération de la négativité dans une affirmation supérieure. L'affirmation est première et elle a le dernier mot.

> **La négation serait simplement une affirmation d'ordre supérieur**

Derrida transpose ces analyses à son interprétation de la théologie négative. Celle-ci est un analogon et une ébauche de sa propre démarche. La différance ne saurait être exposée. Elle ne saurait devenir présente, manifeste. Elle n'est pas, elle n'existe pas, elle ne relève d'aucune catégorie de l'étant. Elle a toutes les propriétés d'une théologie négative. Néanmoins Derrida refuse de la nommer ainsi[35]. En effet, il critique la théologie négative comme une pensée concurrente : il montre qu'elle confirme la métaphysique néoplatonicienne au lieu de s'en affranchir. Dès *L'Écriture et la différence*, Derrida procède en deux temps, caractéristiques d'une rivalité mimétique : 1) *Réduction de la théologie négative à l'onto-théologie.* 2) Description de sa propre démarche comme *plus apophatique encore* que la théologie négative.

1) Dans la conférence « Comment ne pas parler », Derrida cite un sermon de Maître Eckhart, *Quasi stella matutina*, où celui-ci déclare : « Quand j'ai dit que Dieu n'était pas un être et était au-dessus de l'être, je ne lui ai pas par là contesté l'être, au contraire, je lui ai attribué *un être plus élevé* »[36].

■ 34. J. Hyppolite, « Commentaire parlé sur la *Verneinung* de Freud », dans J. Lacan, *Écrits* I [1966], Paris, Seuil, 1999³, p. 527-537, ici p. 529. Sur cette interprétation (forcée), voir O. Boulnois, « Les noms divins. Négation ou transcendance ? », *Revue de théologie et de philosophie* 150, 2019, p. 315-333 (p. 329).

■ 35. J. Derrida, « Comment ne pas parler. Dénégations », *Psyché*, Paris, Galilée, 2003, p. 540 : « ce que j'écris ne relève pas de la "théologie négative" [...]. Elle semble réserver, au-delà de toute prédication positive, au-delà de toute négation, au-delà même de l'être, quelque suressentialité, un être au-delà de l'être ».

■ 36. Maître Eckhart, *Deutsche Werke* I, Predigt 9, J. Quint (ed.), Stuttgart, Kohlhammer, 1958, p. 146 : « Daz ich aber gesprochen hân, got ensî niht ein wesen und sî über wesene, hie mite enhân ich in niht wesen abegsprochen, mêr : ich hân ez in im gehœhet » (traduction J. Ancelet-Hustache, Paris, Seuil, 1974, p. 101). – Eckhart venait pourtant d'écrire : « Ich spræche als unrehte, als ich got hieze ein wesen, als ob ich die sunnen hieze bleich oder swarz. Got enist weder diz noch daz. » (p. 146). « Je parlerais aussi faussement si je nommais Dieu un être que si je disais du soleil qu'il est blême ou noir » (trad. fr. p. 101). Derrida privilégie la seconde partie du texte, et omet la première ; mais, comme nous le verrons, il faut les penser *ensemble*.

La négation serait simplement une affirmation d'ordre supérieur. Et Derrida commente : « Cette théologie négative est encore une théologie, et, *dans sa lettre du moins*, il s'agit pour elle de se libérer et de reconnaître la transcendance ineffable d'un étant infini »[37]. La théologie négative reste affirmative, c'est encore une théologie, donc une onto-théologie, donc une métaphysique.

2) Puis Derrida poursuit : « Ici, la pensée de l'être, quand elle va au-delà des déterminations ontiques, n'est pas une théologie négative ni même une ontologie négative ». Dès lors, Derrida peut affirmer que la pensée de la différance est *plus radicale encore* que la théologie négative, puisqu'elle ne vise plus secrètement une affirmation, et encore moins l'affirmation de la positivité suprême, celle de Dieu. C'est donc la théologie négative qu'il retourne contre elle-même afin de fonder sa propre pensée. La pensée de la différence n'est pas une métaphysique, mais elle accomplit, comme était censé le faire la théologie négative, et *mieux que la théologie négative*, la libération d'une pensée hors de la métaphysique.

Mais la remarque de Derrida n'en est pas moins *elle-même une dénégation* (ce « n'est *pas* une théologie négative »). Derrida est pris lui-même à son propre piège. Il le reconnaît d'ailleurs lui-même plus tard, son rapport à Dieu est celui de la dénégation : « Le nom de Dieu (je ne dis pas Dieu, mais comment éviter de dire ici Dieu dès lors que je dis le nom de Dieu ?) ne peut se *dire* que dans la modalité de cette dénégation secrète : je ne veux surtout pas dire ça »[38]. Autrement dit, Derrida lui-même *pense la théologie négative sur le mode de la dénégation :* la théologie négative recèle une affirmation cachée, elle ne réussit pas à être ce qu'elle prétend être, tandis que la pensée de la « différance » y parvient – accomplissant du même coup une libération de la métaphysique[39]. Par essence, il faut que la théologie négative ne soit qu'une dénégation (et dissimule une positivité cachée) pour que la pensée de la différence réussisse. Le dépassement de la théologie négative est essentiel au projet derridien.

Ce qui décide du sens de la philosophie de Heidegger et Derrida est donc la question du primat de l'affirmation sur la négation : la théologie se réduit-elle finalement à l'affirmation d'une présence, ou bien la négation se situe-t-elle au même degré de radicalité que l'affirmation ? Une méprise sur le statut de la négation, comme une méprise sur le statut de la théologie négative, font tomber ou tenir la pensée du dépassement de la métaphysique. Il n'en va pas seulement du statut de la philosophie contemporaine, mais aussi de celui de la théologie occidentale. Pour répondre à cette question, il nous faut maintenant étudier ce qu'est une théologie négative.

La *théologie*

Appliquée à la question de Dieu, la pensée de la négation nous introduit à certaines questions fondamentales. Comment pouvons-nous parler de Dieu ? Par hypothèse, si Dieu est Dieu, il est infiniment au-delà de tout ce

---

37. J. Derrida, *L'Écriture et la différence*, Paris, Seuil, 1967, p. 217. L'interprétation est soutenable jusqu'au moment où Derrida attribue à Eckhart le nom de Dieu selon Duns Scot (étant infini)...
38. J. Derrida, « Comment ne pas parler. Dénégations », *op. cit.*, p. 558.
39. *Cf.* O. Boulnois, « Les noms divins. Négation ou transcendance ? », *op. cit.*, p. 326.

que nous pouvons dire et penser dans une théologie. Certes, dans la parole qui lui est adressée, qu'il s'agisse d'une prière ou d'une invocation, il n'est pas question de vérité ni de fausseté. Mais dans les énoncés théoriques, quel rapport pouvons-nous avoir au vrai et au faux ? Quelle est donc la forme d'énoncé qui convient à Dieu : faut-il user de l'affirmation ou de la négation ? Et si l'on use des deux, ne tombe-t-on pas dans une contradiction ?

Tout d'abord, qu'est-ce qu'une théologie ? Depuis Platon, la *theologia* désigne le discours qui parle de Dieu :

> Ô Adimante, nous ne sommes poètes, ni toi ni moi, en ce moment, mais fondateurs de cité ; en cette qualité, il nous appartient de connaître les modèles (*tupous*) suivant lesquels les poètes doivent *composer leurs mythes* (*mythologein*), et leur défendre de s'en écarter ; mais ce n'est pas à nous d'en composer.
> — C'est juste, dit-il, mais je voudrais savoir précisément quels sont ces modèles qu'il faut suivre pour *parler des dieux* (*peri theologias*).
> — Voici l'idée que je m'en fais, dis-je. Il faut toujours représenter le dieu comme il se trouve être, quel que soit le genre de poésie, épique, lyrique ou tragique, où on le met en scène[40].

La *theologia* est, au sens étymologique, la *parole sur les dieux*, elle est clairement *une forme de mythologie*. Selon Socrate, il importe de fonder la cité sur la vérité, c'est-à-dire sur des modèles. Les mythologues ou « théologiens » (*theologoi*) doivent se conformer à des modèles vrais, et ils ne doivent pas s'en écarter. Lorsque Platon critique la *theologia*, il ne critique pas toute la religion grecque, mais les discours inconvenants sur les dieux ; cela ne veut pas non plus dire qu'il veut élever la *theologia* au statut de science, mais qu'il veut au moins régler ce discours poétique sur les dieux sur la vérité.

De la même façon, chez Aristote, la *theologia* désigne aussi les récits des poètes sur les dieux ; le *theologos* n'est pas un « théologien » (au sens d'une science théorique), mais l'auteur d'un discours sur les dieux – c'est pourquoi je traduirai « *théologue* » :

> Les poètes proches d'Hésiode, et tous les *théologues*, se sont seulement préoccupés de ce qui pouvait les persuader eux-mêmes, et ils ne se sont pas souciés de nous, car en faisant des principes les dieux et les rejetons des dieux, ils affirment que sont mortels les êtres qui ne goûtent ni au nectar ni à l'ambroisie, manifestement *comme si, en disant ces noms, ils parlaient de choses connues* ; pourtant, sur l'intérêt même de ces causes, ils ont tenu des propos qui nous dépassent, car, si les dieux le consomment par plaisir, le nectar et l'ambroisie ne sont en rien cause de leur être ; si en revanche, ils le sont, comment les dieux seraient-ils éternels s'ils ont besoin de nourriture ?

▨ 40. Platon, *République* II, 379 a : « Ὦ Ἀδείμαντε, οὐκ ἐσμὲν ποιηταὶ ἐγώ τε καὶ σὺ ἐν τῷ παρόντι, ἀλλ' οἰκισταὶ πόλεως· οἰκισταῖς δὲ τοὺς μὲν <u>τύπους</u> προσήκει εἰδέναι ἐν οἷς δεῖ μυθολογεῖν τοὺς ποιητάς, παρ' οὓς ἐὰν ποιῶσιν οὐκ ἐπιτρεπτέον, οὐ μὴν αὐτοῖς γε ποιητέον μύθους.
Ὀρθῶς, ἔφη· ἀλλ' αὐτὸ δὴ τοῦτο, οἱ τύποι περὶ θεολογίας τίνες ἂν εἶεν ; Τοιοίδε πού τινες, ἦν δ' ἐγώ· οἷος τυγχάνει ὁ θεὸς ὤν, ἀεὶ δήπου ἀποδοτέον, ἐάντε τις αὐτὸν ἐν ἔπεσιν ποιῇ ἐάντε ἐν μέλεσιν ἐάντε ἐν τραγῳδίᾳ ».

Mais ceux qui *usent d'une apparence de sagesse fondée sur les mythes* ne méritent pas un examen sérieux[41].

Le *theologos* est un poète ancien, qui parle des dieux, comme Homère ou Hésiode. Or ceux-ci se sont davantage préoccupés d'eux-mêmes, c'est-à-dire de persuasion rhétorique, que de nous, c'est-à-dire de science de la vérité. Ainsi, ils ont pris les principes de la nature pour des dieux. Ce qu'il y a de fondamentalement critiquable dans l'attitude des théologues, c'est le fait qu'ils usent des mots comme s'ils connaissaient leur signifié. La tâche du philosophe est justement de critiquer ces noms, utilisés sans connaissance de cause. Car sans connaissance, les noms utilisés dans les mythes ne donnent qu'un savoir sophistique (*sophizein*).

La *theologia*, comme récit mythologique, doit donc être distinguée de la science du divin, *epistémè théologikè*, telle qu'Aristote en fait la théorie en *Métaphysique* E. Celle-ci étudie la nature selon les règles de la science, et culmine dans la contemplation du divin transcendant, séparé de la matière et du mouvement.

Théologie négative

Qu'est-ce que la théologie négative ? L'expression est extrêmement répandue dans la littérature récente sur la connaissance de Dieu, afin de désigner la démarche de l'esprit visant sa transcendance à travers des négations[42], mais a-t-elle un fondement dans la réflexion antique et médiévale ?

Il est essentiel de souligner que c'est précisément dans la continuité de la *theologia*, comme discours imagé apparenté à la mythologie, et non de la science théologique (*epistémè theologikè*), que surgit la « théologie négative ». En effet, chez Denys l'Aréopagite, *theologia* évoque la « parole divine », c'est-à-dire les énoncés révélés tels qu'ils sont présentés dans l'Écriture par des auteurs inspirés, les « saints oracles ».

Or c'est dans ce contexte que surgit l'expression : « théologie négative ». L'expression apparaît dans un intertitre donné par la traductrice (Y. de Andia) :

Quelles sont les théologies affirmatives et quelles sont les *théologies négatives*. Dans les *Esquisses théologiques*, nous avons célébré les <vérités> les plus éminentes de la *théologie affirmative* (*kataphatikè theologia*) : comment la nature divine et bonne est dite unitaire, comment elle est dite trinitaire, ce qu'on appelle en elle paternité et filiation, ce que veut signifier la théologie de l'Esprit, comment du bien sans matière et sans partie sont nées les lumières au cœur de la Bonté, et comment <sont> ces lumières inséparables de la

---

■ 41. Aristote, *Métaphysique* B, 4, 1000 a 9-19 : « οἱ μὲν οὖν περὶ Ἡσίοδον καὶ πάντες ὅσοι θεολόγοι μόνον ἐφρόντισαν τοῦ πιθανοῦ τοῦ πρὸς αὑτούς, ἡμῶν δ᾽ ὠλιγώρησαν θεοὺς γὰρ ποιοῦντες τὰς ἀρχὰς καὶ ἐκ θεῶν γεγονέναι, τὰ μὴ γευσάμενα τοῦ νέκταρος καὶ τῆς ἀμβροσίας θνητὰ γενέσθαι φασίν, δῆλον ὡς ταῦτα τὰ ὀνόματα γνώριμα λέγοντες αὑτοῖς· καίτοι περὶ αὑτῆς τῆς προσφορᾶς τῶν αἰτίων τούτων ὑπὲρ ἡμᾶς εἰρήκασιν· εἰ μὲν γὰρ χάριν ἡδονῆς αὐτῶν θιγγάνουσιν, οὐθὲν αἴτια τοῦ εἶναι τὸ νέκταρ καὶ ἡ ἀμβροσία, εἰ δὲ τοῦ εἶναι, πῶς ἂν εἶεν ἀΐδιοι δεόμενοι τροφῆς· –ἀλλὰ περὶ μὲν τῶν μυθικῶς σοφιζομένων οὐκ ἄξιον μετὰ σπουδῆς σκοπεῖν. » (trad. fr. M.-P. Duminil et A. Jaulin, Paris, Flammarion, 2008, p. 135, légèrement modifiée)

■ 42. Voir P. Hadot, « Théologie négative », *Encyclopaedia Universalis* (Paris, 1995, t. 22, p. 495-497) : Denys expose « la voie apophatique d'accès au principe de toutes choses » (p. 497 a). Grâce à ses écrits, « les théologiens scolastiques […] pratiquèrent à leur tour, avec certaines corrections, la théologie négative » (*ibid.*).

permanence en lui, permanence qui est coéternelle à leur jaillissement ; comment Jésus suressentiel a pris substance véritablement humaine ; et tout le reste de ce qui a été mis en lumière par les Paroles <divines> été célébré selon les *Esquisses théologiques*[43].

Trois points méritent d'être soulignés. 1) Tout d'abord, théologie *affirmative* et théologie *négative* apparaissent dans le titre du chapitre, tel que le donne la traduction d'Y. de Andia, qui suit une tradition fondée sur la totalité des manuscrits. Mais l'édition critique du texte grec ne le donne pas : selon elle, les chapitres n'ont pas de titre[44]. Pour l'édition critique, *la théologie négative n'est pas une expression de Denys*. On peut faire valoir en ce sens que c'est une expression maladroite, qui correspond mal au contenu du chapitre, comme je vais le montrer. Non seulement elle désigne une négation, mais chez Denys, cette négation n'existait tout simplement pas. La théologie négative serait alors une trace invisible, l'effacement d'elle-même.

2) Même si, fort justement, le titre (d'authenticité douteuse) met sur le même plan affirmation et négation, seule sa première moitié est fondée. Le seul fondement pour ce titre est un passage où l'expression « théologie affirmative » apparaît. Bien sûr, c'est au sens où la *theologia* est l'Écriture sainte ; et l'adjectif « *affirmative* » (*kataphatikè*) sert à désigner les passages où l'Écriture énonce positivement certaines propriétés de Dieu. Denys veut simplement dire que l'Écriture contient des énoncés dont *la forme grammaticale* est affirmative, ceux qui indiquent que Dieu est un et trine, que Jésus s'est incarné, etc. (les éléments principaux de la dogmatique chrétienne). Ils appartiennent à une branche de la théologie que Denys appelle les *Hypotyposes théologiques* : on peut penser aux traités sur *La Trinité* qui commencent à apparaître à l'époque.

3) En revanche, l'expression « théologie négative » n'apparaît pas chez Denys. Seule l'expression « retranchement divin » surgit à la fin du chapitre :

Mais pourquoi donc, diras-tu, alors que nous posons les positions divines (*theias theseis*) à partir de ce qui est tout à fait primordial, commençons-nous <maintenant>, à partir des dernières, les *retranchements divins* (*theias aphaireseôs*) ? Parce que, pour poser ce qui est au-delà de toute position, il fallait établir l'affirmation fondamentale (*hypothetikè*) à partir de ce qui en

43. Denys, *Théologie mystique* III (1032 D ; A. M. Ritter (éd.), Paris, Le Cerf, 2016, p. 146 ; trad. fr. Y. de Andia, modifiée, SC 579, p. 307) : « Ἐν μὲν οὖν ταῖς Θεολογικαῖς Ὑποτυπώσεσι τὰ κυριώτατα τῆς καταφατικῆς θεολογίας ὑμνήσαμεν, πῶς ἡ θεία καὶ ἀγαθὴ φύσις ἑνικὴ λέγεται, πῶς τριαδικὴ· τίς ἡ κατ' αὐτὴν λεγομένη πατρότης τε καὶ υἱότης· τί βούλεται δηλοῦν ἡ τοῦ πνεύματος θεολογία· πῶς ἐκ τοῦ ἀΰλου καὶ ἀμεροῦς ἀγαθοῦ τὰ ἐγκάρδια τῆς ἀγαθότητος ἐξέφυ φῶτα καὶ τῆς ἐν αὐτῷ καὶ ἐν ἑαυτοῖς καὶ ἐν ἀλλήλοις συναϊδίου τῇ ἀναβλαστήσει μονῆς ἀπομεμένηκεν ἀνεκφοίτητα· πῶς ὁ ὑπερούσιος Ἰησοῦς ἀνθρωποφυϊκαῖς ἀληθείαις οὐσίωται καὶ ὅσα ἄλλα πρὸς τῶν λογίων ἐκπεφασμένα κατὰ τὰς Θεολογικὰς Ὑποτυπώσεις ὕμνηται » (Je souligne).

44. L'édition A. M. Ritter, *Corpus Dionysiacum* II, Berlin-New York, De Gruyter, 1991, p. 146 (apparat critique) place les *Capitula* parmi les variantes rejetées (*cf.* la n. 1 d'Y. de Andia, SC 579, p. 288), bien qu'ils soient présents dans tous les manuscrits. L'éditeur ne s'explique pas sur ce rejet. Sans doute considère-t-il qu'il s'agit d'un paratexte, d'un travail de scribe qui ne revient pas à l'auteur, suivant une définition restreinte (hypercritique) de l'auteur... L'option d'Y. de Andia, qui rétablit les titres dans la traduction, est donc tout à fait défendable (mais il serait plus cohérent de rétablir aussi le texte grec). Sur le fond, le jugement de P. Rorem, *Pseudo-Dionysius. A Commentary on the Texts and an Introduction to their Influence*, New York-Oxford, Oxford University Press, 1993, reste pertinent (p. 194) : « The title of chapter 13 is misleading in one sense, but ultimately very helpful. In the text itself, the author rarely uses the term *theology* in the plural, and he never attaches to the adjective *negative*. But the entire discussion of affirmation and negation is approaching its climax ».

est plus proche; mais pour nier ce qui est au-delà de toute négation, il faut nier à partir de ce qui est le plus éloigné de lui. N'est-il pas vrai que Dieu est davantage Vie et Bonté qu'air et pierre? Et est-il davantage vrai qu'« il n'est pas ivre ou rancunier », plutôt que « on ne peut ni le dire ni le penser »?[45].

Il est donc clair que le concept de « théologie négative » a été inséré dans les manuscrits, par voie de symétrie avec le concept de théologie affirmative, en s'appuyant sur l'existence chez Denys de l'expression « affirmation divine ». Mais l'expression est le paratexte d'un scribe : sa première attestation véritable se trouve chez Maxime le Confesseur (ce qui nous donne une indication sur le milieu d'où la formule a surgi)[46]. En second lieu, Denys parle à cet endroit de « retranchement » (*aphairesis*) et non de « négation » (*apophasis*) : il s'agit d'une soustraction qui souligne la transcendance du Simple, et non d'une simple négation symétrique de l'affirmation[47]. Par conséquent, la négation ne saurait décrire l'ensemble de sa démarche : *on ne peut nullement résumer la méthode de Denys par le concept de « théologie négative »;* elle résulte plutôt de l'utilisation cumulative de l'affirmation et de la négation, en vue de leur commun dépassement.

Même si c'est un ajout d'authenticité douteuse, ce titre de chapitre (avec la mention symétrique d'une théologie affirmative et d'une théologie négative) était connu de tous les auteurs anciens. Il est passé chez les traducteurs latins (Hilduin, Érigène, Sarrazin), mais *toujours en conservant la symétrie entre la « théologie négative » et la « théologie affirmative »*[48]. Cela explique qu'au Moyen Âge, si l'expression existe bien chez les commentateurs, nul ne songe à résumer la démarche de Denys sous le nom de théologie négative[49].

---

45. Denys, *Théologie mystique* III (1033 C; A. M. Ritter (éd.), *op. cit.*, p. 147; trad. fr. Y. de Andia citée, modifiée) : « Διὰ τί δὲ ὅλως, φής, ἀπὸ τοῦ πρωτίστου θέμενοι τὰς θείας θέσεις ἀπὸ τῶν ἐσχάτων ἀρχόμεθα τῆς θείας ἀφαιρέσεως; Ὅτι τὸ ὑπὲρ πᾶσαν τῶν ἐσχάτων ἀρχόμεθα τῆς θείας ἀφαιρέσεως; Ὅτι τὸ ὑπὲρ πᾶσαν τιθέντας θέσιν ἀπὸ τοῦ μᾶλλον αὐτῷ συγγενεστέρου τὴν ὑποθετικὴν κατάφασιν ἐχρῆν τιθέναι· τὸ δὲ ὑπὲρ πᾶσαν ἀφαίρεσιν ἀφαιροῦντας ἀπὸ τῶν μᾶλλον αὐτοῦ διεστηκότων ἀφαιρεῖν. Ἦ οὐχὶ μᾶλλόν ἐστι ζωή καὶ ἀγαθότης ἢ ἀήρ καὶ λίθος; Καὶ μᾶλλον οὐ κραιπαλᾷ καὶ οὐ μηνιᾷ ἢ οὐ λέγεται οὐδὲ νοεῖται ».

46. Maxime le Confesseur, *Ambigua* (PG 91, 1081 B) : « Ὑπεξηρημένης οὖν τῆς ἄκρας καὶ ἀποφατικῆς τοῦ Λόγου θεολογίας. » – « la théologie suprême et négative du Verbe ». Sur cette notion, voir le commentaire d'Y. de Andia, « Transfiguration et théologie négative chez Maxime le Confesseur et Denys l'Aréopagite », *Denys et sa postérité en Orient et en Occident*, Paris, Institut d'études augustiniennes, 1997, p. 291-326. Dans l'*Ambiguum* VI, Maxime identifie la négation et la théologie mystique : « La lumière de la face du Seigneur [...] appartient à la théologie mystique selon la négation (*kat apophasin*) » (CCSG 18, 85; PG 91, 1168 A). – L'expression devient fréquente chez Grégoire Palamas.

47. *Cf.* l'introduction d'Y. de Andia citée, p. 271 : « la négation [*aphairesis*] qui dépasse la contradiction de la négation et de l'affirmation est mise en relation avec un double dépassement de la Cause qui est dite à la fois "au-dessus des privations et au-dessus de toute négation aussi bien qu'affirmation". [...] le dépassement de la position et de la négation fonde la transcendance pure de la Cause »; sur l'*aphairesis*, voir p. 271, n. 1 et 298, n. 1.

48. Cf. *Dionysiaca*, P. Chevallier (éd.), Bruges, Desclée de Brouwer, 1937, t. I, p. 584 : toutes les traductions ont, sous diverses formes, le titre « Quae sunt kataphatikai theologiae, et quae sunt apophatikae » (Jean Scot), « Quae sunt affirmativae theologiae, quae negativae » (Jean Sarrazin).

49. Jean Scot Érigène parle de « théologie kataphatique » et « apophatique » (en grec : « ita fit ut et *kataphatikè* non confirmet quod *apophatikè* abnegat, neque *apophatikè* abnegat quod *kataphatikè* affirmat », Préface à la *Versio Maximi* PG 91, 1061), cf. *Periphyseon*, I, 461 B : « Duas namque, ni fallor, sublimissimas theologiae partes esse diximus [...] apertissime, ut dictum est, bipertitam theologiam asserit [Dionysius] esse, id est in *kataphatikèn et apophatikèn* » (É. Jeauneau (ed.), Turnhout, Brepols, 1996, CCLCM 161, 30) – ou de « deux parties principales de la théologie » : « affirmativa quidem, quae a graecis *kataphatikè* dicitur, et abnegativa, quae *apophatikè* vocatur » (*Periphyseon* I, 458 AB; CCLCM 161, 26). – Albert commente également : « Quia tractatus iste procedit per negationes, ut prius dictum est, ideo intendit ponere principaliter modum divinarum negationum; et quia modus negationis cognoscitur per modum affirmationis, ideo praemittit modum divina-

Il est difficile d'expliquer sous l'effet de quelles déformations herméneutiques cette expression s'est mise à désigner l'ensemble de la démarche des noms divins. J.-L. Marion subodore qu'elle est moderne[50]. En effet, elle ne semble pas encore acquise à l'époque de la traduction française de Mgr Darboy (1845)[51]. Les deux premières utilisations connues de l'expression *pour désigner l'ensemble de la démarche des noms divins* datent toutes deux de 1917 : en latin chez R. Otto, à propos ... du bouddhisme[52] ; mais aussi en russe chez S. Boulgakov[53].

La théologie négative écarte de Dieu ce qui est dissemblable

Denys se situe dans la ligne de la première hypothèse du Parménide (interprété par Proclus). Si l'Un est, « il n'est personne qui le nomme, qui le dise, qui le conjecture ou le connaisse » (142 a). Denys propose ici une *articulation herméneutique* des différents noms divins. Il échelonne ici, non pas des sciences, mais des types de discours de l'Écriture : le discours biblique affirmatif sur Dieu (la « théologie affirmative ») reprend des énoncés grammaticalement affirmatifs pour les attribuer au Principe au-delà de toute chose ; le « retranchement divin » reprend des énoncés négatifs, pour écarter de Dieu tout ce qu'il n'est pas. Tandis que la théologie affirmative s'approche de Dieu par ressemblance, la théologie négative écarte de Dieu ce qui en est dissemblable. Denys insiste sur l'idée que le discours doit commencer par les affirmations les plus proches de l'excellence de Dieu pour les lui attribuer, tandis que les négations partent de ce qui est plus éloigné de lui pour l'en retrancher. Mais l'une et l'autre visent le Principe comme étant au-delà de leur propre discours : au-delà de l'affirmation pour l'une, au-delà de la négation pour l'autre.

rum affirmationum. Et hoc patet ex titulo : *Quae sunt affirmativae theologiae et quae negativae ? »* (*Opera omnia* XXXVII, 2, Münster im Westfalen, Aschendorff, 1978, p. 468 ; trad. fr. E.-H. Wéber, *Commentaire de la « Théologie mystique » de Denys le pseudo-aréopagite*, Paris, Le Cerf, 1993, p. 130).

■ 50. J.-L. Marion, *De surcroît*, Paris, P.U.F., 2001, p. 157 : « on ne s'étonnera pas que le tout-venant du commentarisme s'obstine à invoquer cette formule chez des auteurs qui, à notre connaissance, l'ignorent superbement [les Pères de l'Église et les médiévaux...]. Au point que l'on peut raisonnablement supposer que cette formule n'a rien que de très moderne ».

■ 51. G. Darboy aperçoit bien que la pensée de Denys ne se réduit pas à la théologie négative : « Il y a donc deux théologies, ou manières de s'exprimer touchant les attributs divins : l'une affirmative, l'autre négative » (G. Darboy, *Œuvres de saint Denys l'Aréopagite*, Paris, Sagnier et Bray, 1845, p. CXV).

■ 52. R. Otto, *Das Heilige* [1917], Breslau, Trewendt und Granier, 1922[9], p. 49 ; trad. fr. A. Jundt, *Le sacré*, Paris, Payot, 1949, ch. 7, § 10, p. 67 : « Je garde le souvenir très vivant d'un entretien avec un moins bouddhiste qui, avec une inflexible logique, avait exposé à mon intention sa theologia negativa et les arguments à l'appui de sa doctrine de l'*Anâtmatâ* et de l'universelle vacuité. Mais quand il en vint au dernier point, à la question de savoir ce qu'est le Nirvana lui-même, après de longues hésitations, il murmura enfin cette seule réponse : *"Bliss, unspeakable"* (Béatitude inexprimable [glose du traducteur]) » (indication donnée par T.-D. Humbrecht, *Théologie négative et noms divins chez saint Thomas d'Aquin*, Paris, Vrin, 2006, p. 41, n. 3).

■ 53. S. Boulgakov, *La lumière sans déclin*, Moscou, 1917 (trad. fr. C. Andronikof, Lausanne, l'Âge d'homme, 1990) : le chapitre 2 de la Première partie (« le néant divin »), s'intitule : « La théologie négative (apophatique) », p. 107 : « Dans le domaine de la première pensée, la théologie apophatique est caractérisée par une négation absolue : tout son contenu est épuisé par le signe *non (a)*, ou par celui de *sur (hyper)*, qu'elle accole indifféremment à toutes les définitions possibles de la divinité. [...] On trouve aussi chez de nombreux penseurs spéculatifs l'idée d'une *théologie négative*, comme facteur dialectique de la philosophie religieuse » ; p. 120 : « Le vrai père de la *théologie négative* dans la philosophie et la mystique chrétienne est le mystérieux auteur [...] dont la tradition attribue les écrits à Denys l'Aréopagite » ; p. 123 : « Seul un NON absolu : tel est le contenu de la *théologie négative* de l'Aréopagite ».

En somme, Denys parle bien de *théologie affirmative*, mais pas de « théologie négative », et surtout (quelles que soient les étiquettes), ces deux termes désignent des moments de sa méthode, qui s'équilibrent mais doivent être dépassées par la transcendance même qu'elles visent. On ne peut donc nullement réduire la pensée de Denys à une théologie négative.

Ainsi, contrairement à une vulgate scolaire, Denys ne distingue pas « trois voies », d'affirmation, de négation et d'éminence, mais *deux*, et il s'agit plutôt de *manières de parler* :

> Il aurait été nécessaire à la fois de poser et d'affirmer d'elle [la Cause première], en tant que Cause de toutes choses, toutes les affirmations au sujet des étants, et, *plus proprement encore*, de les nier toutes, en tant qu'elle est supérieure à tout, sans aller croire que les négations contredisent les affirmations, mais <en croyant> que, plus excellemment, elle est au-dessus des privations, elle qui est au-dessus de toute négation aussi bien qu'affirmation[54].

L'*unique* transcendance réelle de Dieu est visée à travers deux *modes du discours*, l'affirmation et la négation : la démarche de Denys ne peut absolument pas se laisser résumer par l'appellation de théologie négative[55]. Ici, il ne s'agit plus d'énoncés négatifs ou positifs au départ, mais de savoir qu'à partir d'une affirmation comme la bonté, il faut : 1) affirmer que Dieu est bon ; 2) nier que Dieu soit bon ; 3) savoir que la négation (2) est *plus propre* que l'affirmation (1) parce que Dieu est supérieur à toute bonté – ce qui fonde la supériorité de la théologie négative sur la théologie affirmative ; 4) ne pas croire que l'affirmation (1) contredise la négation (2) : en Dieu, il n'y a pas de contradiction entre ces deux propositions, car Dieu est au-delà de l'affirmation et de la négation.

Il s'agit donc d'un tétralemme[56] :

Dieu est bon (A)
Dieu n'est pas bon (non-A) (et (2) est plus propre que (1))
Dieu est bon et non-bon (A et non-A) : pas de contradiction.
Dieu n'est ni bon ni non-bon (ni A ni non-A) : il est au-delà.

La pensée de Denys est donc un véritable *Discours de la méthode* pour toute nomination de Dieu. C'est d'ailleurs ainsi qu'il a été reçu au Moyen Âge. Clairement, il s'agit pour lui de dépasser le régime de ce qui peut être expérimenté : l'étant. Il faut donc simultanément dépasser le langage et la pensée qui dévoilent l'étant dans sa vérité. La progression est rigoureuse : 1) puisque le monde provient de Dieu par causalité et participation et que

---

■ 54. *Théologie mystique* I, 2, 1000 B (SC 579, 297-299, je souligne). *Cf.* l'introduction d'Y. de Andia, p. 267 : « Denys ne distingue pas trois voies mais deux méthodes théologiques ».

■ 55. L'analyse de Mgr Darboy est donc parfaitement exacte : G. Darboy, *Œuvres de saint Denys l'Aréopagite*, *op. cit.*, p. CXV : « Il y a donc deux théologies, *ou manières de s'exprimer* touchant les attributs divins : l'une affirmative, l'autre négative. La première, comme le mot l'indique, consiste à tout affirmer de Dieu ; la seconde consiste précisément à tout nier de Dieu ».

■ 56. Le *Parménide* de Platon est l'archétype de ce tétralemme (si on le lit, à la suite de Proclus, comme un ensemble de thèses, et non comme un exercice dialectique), mais on trouve aussi des tétralemmes dans le scepticisme antique (Aristoclès), dans la pensée indienne et le bouddhisme.

celui-ci le précontient dans sa pensée, on pourra commencer par le nommer en tant que cause, en affirmant des perfections positives (la bonté). Mais : 2) il importe et il est préférable d'y joindre aussitôt la négation : il faut écarter de Dieu tout ce qui n'est pas lui, faute de quoi on reste dans l'idolâtrie. Et pourtant : 3) Dieu est infiniment au-delà de tout étant, de toute pensée et de toute nomination ; c'est pourquoi il n'y a pas vraiment de contradiction. Dire que Dieu est bon et non-bon serait contradictoire, mais en réalité, cette proposition signifie que Dieu n'est ni bon ni non-bon, parce qu'il est au-delà. Et sur ce point, il n'y a aucune contradiction. Autrement dit, il faut traverser toutes les couches de notre expérience, dépasser l'étant et le langage, pour penser Dieu comme au-delà de toutes choses.

Pourquoi cet équilibre a-t-il été rompu ? Deux principes ont battu en brèche l'analyse dionysienne : 1) Le primat de l'affirmation sur la négation (attribué à tort à Aristote). 2) L'apparition de la théologie comme science, à partir du XIIIe siècle. Chez Thomas d'Aquin, la théologie était encore soumise à l'éminence des noms divins comme à un cadre herméneutique. Mais peu à peu, l'exigence de la science a dévoré le cadre où elle s'inscrivait : chez les plus grands théoriciens de la théologie comme science, la négation s'est réduite à un mode, et le substrat positif l'a emporté. Avec Duns Scot, l'univocité métaphysique s'est imposée à la théologie elle-même, et la transcendance de Dieu a été sacrifiée sur l'autel du concept, c'est pourquoi la négation a été réintégrée dans l'affirmation. – La réduction de la pensée de Denys à la théologie négative ne fait que renverser cette déformation. Mais elle n'est pas un retour à sa démarche authentique.

Le dernier mot de la théologie n'est ni l'affirmation, ni la négation, car il n'y a pas d'antériorité de l'une sur l'autre. Il revient à l'éminence absolue de Dieu, qui dépasse affirmation et négation en les renvoyant dos à dos. L'expression « théologie négative », souvent utilisée pour désigner cette méthode, est donc impropre. Elle n'a d'ailleurs aucun fondement textuel. Pour Denys, la « théologie affirmative » (terme qu'il emploie) et la théologie négative (terme qu'il n'emploie pas) désignent des clés herméneutiques, des manières de déchiffrer l'Écriture sainte, mais aucun de ces termes ne caractérise sa méthode dans son ensemble. Ainsi, les noms ne nous conduisent pas à la connaissance, mais au dépassement de toute connaissance, à « l'inconnaissance » de Dieu[57]. Plutôt que « théologie négative », il faudrait la nommer « théologie de la transcendance ». Par conséquent, toutes les analyses selon lesquelles la « théologie négative » aurait engendré la « négation de la théologie »[58] (y compris celle de Derrida) sont nulles et non avenues : la théologie négative, de concert avec la théologie affirmative, vise un objet

■ 57. *Théologie mystique* I, 1 (PG 3, 588 A).
■ 58. Par exemple, C. Wackhenheim, « Actualité de la théologie négative », *Revue des sciences religieuses* 59, 1985, p. 147-161 (p. 160-161) : « La théologie négative a-t-elle engendré, de fait, une négation de la théologie ? ». P. Hadot étend cette négation à Dieu même : « Car, si l'on appelle traditionnellement "théologie négative" une méthode de pensée qui se propose de concevoir Dieu en lui appliquant des propositions qui nient tout prédicat concevable, il devrait en résulter logiquement que la théologie négative niât de son objet la divinité même, puisqu'il s'agirait encore d'une détermination concevable » (« Théologie négative », *op. cit.* p. 495).

qui la dépasse éminemment[59]. Seule cette conscience de l'excès de son objet sur son discours peut fonder son épistémologie particulière.

Et pourtant, cela ne veut pas dire que l'on renonce à penser Dieu. Bien au contraire, nous devons utiliser des noms divins, parce que l'Écriture n'en manque pas, et parce que nous sommes sur un plan où il y a principalement de l'être et du langage. Mais il nous faut savoir que nos noms sont tout à fait provisoires et inadéquats. Telle est la condition de tout discours cohérent sur Dieu, qui ne se réduit pas à la construction d'une théologie comme science. Nous devons user du langage, pour dépasser le langage, ce qui est encore user du concept, pour dépasser le concept. Mais c'est aussi reconnaître qu'on ne sort pas des limites du langage. Si la limite est « dans le langage », comme le dit Wittgenstein, il revient à la théologie de la tracer de l'intérieur.

Olivier Boulnois
EPHE, PSL, LEM (UMR 8584)

■ 59. Mais la réciproque est vraie : comme le montre le cas de Duns Scot, la théologie comme science a pu venir à bout de la théologie des noms divins.

DOSSIER

Les limites du langage

LIMITES DU LANGAGE ET CRÉATION DU MONDE DANS LA LITTÉRATURE RABBINIQUE

David Lemler

Au-delà du problème factuel de savoir comment le monde est venu à l'existence, le questionnement sur la création du monde engage une réflexion sur les limites du langage : tout discours sur la création s'efforce – de manière toujours aporétique – de ressaisir dans le langage l'avènement d'un monde dont l'existence conditionne tout énoncé pourvu de sens. Les discussions sur la création du monde au sein du judaïsme rabbinique, en mêlant hypothèses sur la manière dont la création s'est opérée avec des réflexions sur l'impossibilité de la dire adéquatement en proposent une intéressante illustration.

L a position majoritaire du judaïsme rabbinique à propos de la création du monde est une question débattue. De fait, la diversité des positions exprimées sur cette question dans le vaste *corpus* rabbinique classique[1] oriente les discussions des commentateurs vers la recherche des courants de l'Antiquité tardive (gnosticisme, platonisme, stoïcisme et Pères de l'Église) qui ont pu influencer les rabbins ou avec lesquels ils entretiennent une polémique implicite. Un des problèmes essentiels porte sur l'origine de la doctrine de la création *ex nihilo*. Parce qu'une telle idée est, à l'exception de quelques passages sur lesquels nous reviendrons, absente des sources rabbiniques, les interprètes tendent à considérer que cette idée s'est imposée tardivement au judaïsme rabbinique sous une

---

1. On inclut dans la période classique du judaïsme rabbinique, les recueils d'enseignements oraux des rabbins qui constituent la base de la tradition juive : le Talmud et les recueils classiques du Midrash, compilés entre le IIe et environ le VIe siècle de l'ère chrétienne et produits dans des académies d'étude en Galilée et en Babylonie. Sur la diversité des thèses figurant dans la littérature rabbinique classique sur la question de la création, voir A. Altmann, « A Note on the Rabbinic Doctrine of Creation », *Journal of Jewish Studies*, vol. 7, 1956, p. 195-206. Sur l'évolution de l'idée de création dans l'histoire de la tradition, voir G. G. Scholem, « La création à partir du néant et l'autocontraction de Dieu », dans *De la création du monde jusqu'à Varsovie*, Paris, Le Cerf, 1990, p. 32-59.

influence extérieure, principalement celle des Pères[2]. Les rabbins – groupe à la croisée d'influences orientales et hellénistiques – auraient majoritairement adhéré à une version de la création à partir d'un matériau préalable ou de l'émanation : doctrines attestées aussi bien dans les cosmogonies orientales que dans la pensée platonicienne et néo-platonicienne.

Une dimension essentielle du traitement rabbinique de la question de la création est cependant peu soulignée par les commentateurs. Les sources rabbiniques associent systématiquement leurs réflexions sur la création de considérations sur la manière dont il est permis voire possible d'en parler. Il y a là l'indice du fait que le problème de la cosmogonie ne saurait se ramener à une polémique doctrinale concernant l'origine du monde ou le principe de la réalité ; elle engage tout autant une réflexion sur la manière dont le langage se rapporte à lui-même en tant qu'il est capable de signifier, de faire sens et de faire signe vers. Abordées à la lumière de la problématique des limites du langage, les discussions cosmogoniques des rabbins s'avèrent des investigations méta-discursives, susceptibles d'alimenter les réflexions du présent dossier.

Création absolue et limites du langage

Réfléchissant dans sa *Conférence sur l'éthique* aux usages de certains termes qui reviennent à transgresser les limites du langage, Wittgenstein convoque l'idée de création du monde. S'il est possible de s'étonner qu'un chien est plus grand que ce à quoi on se serait attendu, il est abusif de se dire « étonné » que le monde existe : la condition même de l'étonnement est l'existence de quelque chose de quoi s'étonner. Il ajoute toutefois que « l'expression correcte dans le langage du miracle de l'existence du monde [ceci que l'existence du monde est étonnante], n'est aucune proposition *du* langage, mais l'existence même du langage »[3]. C'est dire que l'idée de création du monde sous la forme radicale de la création absolue (*ex nihilo* et *ex tempore*) – forme qui fait de l'existence du monde un miracle – implique non seulement une thèse sur le monde incapable par ses propres ressources de rendre compte de sa propre existence[4], mais met également le langage aux prises avec ses propres limites. Car dire la création reviendrait à dire, dans un énoncé signifiant, la signifiance même du langage ou, dit autrement, dire la création du monde suppose l'existence du langage, donc du monde.

■ 2. E. E. Urbach, *Les Sages d'Israël : conceptions et croyances des maîtres du Talmud*, Paris, Le Cerf, 1996, chap. 9 semble supposer l'adhésion précoce des rabbins à la création *ex nihilo*, mais sans y apporter de véritable preuve. Pour la thèse d'une origine chrétienne de la thèse, voir notamment D. Winston, « The Book of Wisdom's Theory of Cosmogony », *History of Religion*, vol. 11, n°1, 1971, p. 185-202 et M. R. Niehoff, « Creatio *ex nihilo* Theology in *Genesis Rabbah* in Light of Christian Exegesis », *Harvard Theological Review*, vol. 99, n°1, 2006, p. 57-59. J. Costa, « Le récit de la création dans l'exégèse des rabbins et des Pères de l'Église : essai de comparaison », dans M.-A. Vannier (dir.), *Judaïsme et christianisme dans les commentaires patristiques de la Genèse*, Berne, Peter Lang, 2014, p. 13-42 contraste la nette affirmation de la création *ex nihilo* chez les Pères et les formulations contradictoires et confuses des rabbins et conclut que la thèse ne jouait pas initialement pour les seconds un rôle fondamental, avant qu'elle ne s'impose au Moyen Âge.

■ 3. L. Wittgenstein, « Conférence sur l'éthique », trad. fr. É. Rigal, dans *Philosophica III*, Mauvezin, T.E.R., 2001, p. 18.

■ 4. S. Nordmann, *Phénoménologie de la transcendance : création, révélation, rédemption*, Dol-de-Bretagne, Écarts, 2012, II, 3, p. 20-21. Et plus généralement sur le concept de création *ex nihilo*, P. Clavier, *Ex nihilo*, 2 vol., Paris, Hermann, 2011.

De là d'une part que toute l'histoire du concept de création *ex nihilo* est en même temps l'histoire des diverses tentatives pour l'énoncer adéquatement, à travers des formules controuvées. Thomas d'Aquin, s'inspirant de Maïmonide, reprenant lui-même la terminologie inventée au sein de la théologie rationnelle du *kalâm*, parlait ainsi d'une *création après le non étant* (*post non esse*) pour éviter les ambiguïtés du *ex* de la provenance qui implique que le néant pourrait être quelque chose (une matière informe notamment)[5]. De là également que l'absence de l'énoncé clair de l'idée de création absolue dans un discours ne faisant pas usage d'artifices terminologiques, mais se limitant à ce que Wittgenstein appellerait « langage naturel » ne signifie pas l'absence de l'idée en tant que telle. Or la littérature rabbinique classique, même lorsqu'elle se penche sur des questions théologiques ne construit pas de terminologie conceptuelle : elle expose l'idée sous la forme d'une parabole ou d'un récit (*aggada*, plur. *aggadot*). Elle est dès lors par nature incapable d'énoncer l'idée de création absolue, puisque l'idée d'origine radicale ne saurait être racontée. Si elle constitue l'affirmation de l'avènement de toute chose, elle met en péril les conditions même de la narration qui consiste en un discours énonçant le passage d'un état de choses à un autre. Le narrateur ne saurait ainsi se projeter dans un avant le monde, lorsque tout énoncé suppose un monde sur lequel il porte et à partir duquel il est produit. Le récit de l'origine radicale doit donc être un « récit-limite » qui fait signe vers elle, plutôt qu'il ne la décrit. En tant que récit d'origine, il repose en revanche nécessairement sur l'analogie de l'expérience de la génération au sein du monde physique (transformation d'éléments préexistants). Toute tentative d'expliciter ou d'expliquer le récit obscur de l'origine est vouée à amplifier cette analogie avec le connu et le représentable et, par conséquent, à se donner un matériau ou un temps « d'avant » le monde.

Partant, nous soutiendrons ici une thèse paradoxale, déclinée en une version faible (a) et une version forte (b) : si la plupart des *aggadot* traitant de la création induisent l'existence d'éléments ou d'un matériau préalable, a) cela ne permet pas de déduire que les rabbins n'envisagent pas l'idée de création absolue, b) tout au contraire, il convient d'aborder leurs discours comme autant d'énoncés où s'éprouve l'incapacité du langage à énoncer l'origine radicale et, à travers elle, sa propre signifiance. Nous nous proposons ici de déployer cette thèse à l'appui de la lecture de certains des textes rabbiniques les plus célèbres sur la question.

Discours sur la création et mépris du créateur

Dès sa strate la plus ancienne, la *mishna*, recueil d'enseignements juridiques (*halakhiques*) compilés au IIe siècle de l'ère chrétienne, la littérature rabbinique réserve le discours sur la création du monde à un enseignement ésotérique.

■ 5. H. A. Wolfson, « The Meaning of *Ex Nihilo* in the Church Fathers, Arabic and Hebrew Philosophy, and St. Thomas », *in* U. T. Holmes, Jr. et A. J. Denomy (dir.), *Medieval Studies in Honor of Jeremiah Denis Matthias Ford*, Cambridge, Harvard University Press, 1948, p. 355-370.

On n'explique pas […] l'Œuvre du Commencement devant deux personnes, ni le Char divin devant un seul, à moins qu'il ne soit sage et qu'il comprenne par sa propre intelligence.

Quiconque scrute quatre choses, mieux aurait valu qu'il ne vienne pas au monde : ce qu'il y a au-dessus, ce qu'il y a en dessous, ce qu'il y a avant et ce qu'il y a après.

Quiconque n'a pas d'égard pour son créateur, mieux aurait valu qu'il ne vienne pas au monde (*Mishna, Ḥaguiga*, II, 1).

Dans ce texte principiel, les limitations apportées à l'enseignement portant sur la création (désignée ici par l'expression « Œuvre du Commencement ») ou sur la nature de Dieu (désignée ici par l'expression « Char divin », généralement interprété comme une référence à la vision d'Ezechiel, chapitre 1) sont motivées par le « mépris du créateur » auxquels de tels enseignements pourraient conduire. Selon Moshe Halbertal, le mépris dont Dieu pourrait faire l'objet si l'enquête sur le « Char divin » n'était pas réservée à une élite provient de sa nature même : saisir la divinité par le biais d'une représentation visuelle peut conduire à la mépriser, en ce sens qu'on l'envisage alors comme un corps que l'on peut dominer du regard. C'est donc un motif intrinsèque qui justifie l'enseignement ésotérique du côté du Char : la tentative de se représenter la divinité doit être réservée à ceux-là seuls qui sont capables de se donner une représentation de la divinité sans la réduire à cette représentation[6]. Concernant l'Œuvre du Commencement, Halbertal semble comprendre ce « mépris » d'une tout autre façon, comme provenant du fait que, pour certains rabbins, la création s'est *effectivement* opérée à partir d'un matériau incréé. Cette vérité de fait doit être cachée au vulgaire, qui risquerait d'y voir le signe d'une limitation de la puissance divine[7]. L'ésotérisme paraît alors s'imposer pour des raisons extrinsèques. Ce n'est pas qu'un discours sur la création est nécessairement inadéquat en ce sens qu'il est fondamentalement incapable de rendre compte de la création du monde, de même que le langage est fondamentalement inapte à discourir sur Dieu. C'est au contraire que la manière dont la création s'est effectivement déroulée – et dont le discours peut adéquatement rendre compte – n'est pas à la gloire du créateur et doit à ce titre être cachée.

Pourtant, la formulation du texte précédemment cité suggère que le motif de l'enseignement ésotérique doit être rigoureusement le même concernant chacun des deux domaines. Ceci n'est possible que de deux façons. Soit, il faut soutenir que le Char divin enseigne que Dieu est *effectivement* un corps et que la création s'est *effectivement* opérée à partir d'un matériau. L'ésotérisme sert alors de noble mensonge destiné littéralement à sauver la face divine. Soit on dira que, de même que se livrer à l'interprétation du Char risque nécessairement de faire *croire* que Dieu est un corps, du fait du recours à des termes corporels (ce qui est inévitable, s'agissant d'une description), de même, l'interprétation de l'Œuvre du Commencement risque de faire *croire* que le

---

■ 6. M. Halbertal, *Concealment and Revelation : Esotericism in Jewish Thought and its Philosophical Implications*, Princeton, Princeton University Press, 2009, p. 14.

■ 7. *Ibid.*, p. 16.

monde a été créé *ex aliquo*, en l'inscrivant dans un cadre spatio-temporel et en supposant un principe matériel (ce qui est inévitable, s'agissant d'une narration). Soumettons cette seconde hypothèse à l'épreuve de quelques textes.

> *Quiconque scrute quatre choses, il aurait mieux valu qu'il ne vienne pas au monde : [ce qu'il y a au-dessus, ce qu'il y a en dessous, ce qu'il y a avant et ce qu'il y a après].* Va pour « ce qu'il y a au-dessus », « ce qu'il y a au-dessous », « ce qu'il y a après » : on comprend fort bien [qu'il aurait mieux valu que quiconque spécule à leur sujet ne vienne pas au monde]. Mais concernant « ce qu'il y a avant » – ce qui eut lieu, eut lieu ! [Et on ne voit pas à quel titre, il faudrait interdire une quelconque enquête sur le passé.]
>
> Rabbi Yoḥanan et Resh Laqish disaient tous deux : C'est comme un roi de chair et de sang qui aurait dit à ses serviteurs : « Construisez-moi un grand palais sur des immondices ». Ceux-ci ayant fait la construction, le roi ne voudrait pas que l'on fasse mention du nom de l'immondice (Talmud de Babylone, *Ḥaguiga*, 16a).

Ce texte talmudique, qui propose un commentaire de la *mishna* précédemment citée, semble impliquer que pour Rabbi Yoḥanan et Resh Laqish (deux maîtres du IIIe s.) le monde ayant été créé « sur » ou « à partir » d'un « immondice », il ne convient pas d'en faire état. Parmi les quatre questions spéculatives contre lesquelles les rabbins mettent en garde, celle qui porte sur le passé se voit ici assigner un statut épistémique totalement différent des trois autres. « Ce qui eut lieu, eut lieu » – autrement dit, le passé est connu et, accessible à quiconque veut le connaître (par différence avec le futur), ou du moins connaissable et cela n'a apparemment pas de sens de vouloir y barrer l'accès. À travers leur parabole, Rabbi Yoḥanan et Resh Laqish paraissent livrer une description de la création telle qu'elle s'est opérée. Ce qui eut lieu, eut lieu, certes ! Mais ce qui eut lieu est problématique et doit être tu. C'est précisément la modalité de la création qui est indigne de la souveraineté de Dieu et qui requiert d'être voilée. On abreuvera donc les habitants du palais d'un noble mensonge par omission en s'abstenant de mentionner que le palais gît sur un tas d'ordures. Tel le palais, l'Univers muni de son ordre et de sa perfection, repose sur des fondations ignobles.

S'il en va bien ainsi, toutefois, l'enseignement de Rabbi Yoḥanan et de Resh Laqish constitue une contradiction performative. Car, justifiant la limitation de l'interrogation sur « ce qu'il y avait avant » par le fait que « ce qu'il y avait avant » est indigne du souverain, ils exposent précisément ce qu'il y a d'indigne dans les fondations du monde. Énonçant qu'il ne convient pas de mentionner le « nom de l'immondice », ils ne font rien d'autre que de le mentionner. Du reste, si le problème est bien de « faire mention du nom de l'immondice », il devient incompréhensible que le texte biblique lui-même ait mentionné l'état primordial de la terre en Gn 1, 2 : *tohu, bohu,* abîme et obscurité.

Notre hypothèse invite à renverser cette logique, en soutenant que le problème qu'il y a à s'interroger sur « ce qu'il y avait avant » ne réside pas dans « ce qu'il y avait avant » mais dans le fait de *s'interroger* dessus. Ce n'est pas la manière effective dont s'est opérée la création qui conduit à mépriser le créateur. C'est au contraire la manière dont l'imagination et le langage humains rendent compte inévitablement de cette création. Rabbi Yoḥanan et Resh Laqish n'énoncent pas, à travers leur parabole, la manière dont la création s'est produite (à partir d'un matériau préalable). Ils affirment que poser la question de « ce qu'il y avait avant le monde » conduit à se représenter la création d'une manière telle qu'elle est indigne du souverain du palais. Leur propos même en constitue la preuve par l'exemple : parce qu'ils ne recourent pas à une terminologie technique mais à une analogie imaginative, ils ne peuvent que représenter la création comme s'étant produite *ex materia*. De même qu'ils ne parviennent pas à rendre compte analogiquement de la création absolue de l'Univers, par un défaut structurel du langage, de même, quiconque s'interrogera sur la création en viendra à produire un discours potentiellement « méprisant » pour le châtelain. La réponse de Rabbi Yoḥanan et de Resh Laqish revient alors à nier le présupposé de la question. On peut certes dire que « Ce qui eut lieu, eut lieu » à propos de tout événement passé, se produisant dans le monde. Mais s'agissant de ce qu'il y avait avant le monde, il n'y a précisément pas de *ce qui*. C'est en essayant de se représenter ou de dire cette absence de *ce qui* que l'on en vient à se le représenter comme le degré minimal de l'être, comme une entité à la frange de l'être et du non-être, une matière informe, un tas d'immondice. On comprend alors que, dans la perspective des deux maîtres, le texte biblique ait pu mentionner le « nom de l'immondice ». C'est là en quelque sorte une concession à l'imagination, qui doit se donner un substrat pour se représenter un procès quelconque de génération. Si le texte biblique a donné à voir la création comme une création à partir du *tohu bohu*, c'est qu'on ne saurait se représenter une création autrement. Pour affirmer la création, il fallait la décrire ; pour la décrire, il fallait lui prêter un substrat matériel.

> **Faudrait-il taire la création car la dire met en doute son caractère absolu ?**

On peut trouver une confirmation d'une telle lecture dans un autre passage talmudique, légiférant sur les modalités de la lecture synagogale de certains passages du Pentateuque. À l'époque talmudique, il était d'usage, lors de la lecture publique des textes bibliques, d'accompagner l'énoncé de chaque verset d'une traduction en araméen, de manière à ce qu'il soit compris par l'auditoire qui ne parlait plus l'hébreu. Un texte du traité talmudique *Meguilla*[8], nous apprend que certains passages étaient lus mais n'étaient pas traduits, au motif qu'ils risquaient de suggérer aux ignorants des idées fausses ou ambiguës. Le Talmud cite alors un enseignement qui précise que « L'Œuvre du Commencement est lue et traduite » mais s'interroge immédiatement sur la nécessité de fournir une telle précision[9].

Seules les exceptions à l'usage habituel – c'est-à-dire ici les passages qui sont lus *sans* être traduits – mériteraient en principe d'être expressément

---

■ 8. *Mishna*, *Meguilla*, IV, 8.
■ 9. Talmud de Babylone, *Meguilla*, 25a.

mentionnés. Si un enseignement juge nécessaire de préciser que le récit de la création du monde est bien traduit, c'est que l'on serait enclin à penser que la traduction desdits passages risque de conduire le vulgaire à une méprise, sans quoi l'enseignement serait vain ou redondant. On aurait de bonnes raisons de présumer que l'accès aux versets concernés doit être réservé à l'élite cultivée qui maîtrise l'hébreu. Or, en l'occurrence, ne pas traduire les premiers versets de la Genèse témoignant de l'origine divine de toute chose revient à priver le vulgaire de l'idée même de création. En quoi consiste, dès lors, l'erreur dans laquelle il pourrait tomber en entendant la traduction du récit de la création, erreur suffisamment grave pour laisser penser qu'il vaudrait mieux lui dissimuler le fait même que le monde a été créé ? Le Talmud poursuit :

> C'est que l'on pourrait croire que [les fidèles] en viendront à s'interroger : qu'y a-t-il au-dessus, en-dessous, avant et après ? Il fallait donc enseigner [que l'on doit traduire le récit de la création] (Talmud de Babylone, *Meguilla*, 25a-b).

Le problème de la traduction du récit de la création tient donc aux questions qu'il pourrait éveiller, celles précisément que proscrit la *mishna* du traité *Ḥaguiga* citée plus haut. Traduire en araméen le récit de la création risque de conduire les fidèles à dénigrer le créateur, car ils en viendront à se demander ce qu'il y avait avant la création, quel matériau existait avant le monde. Alors, selon la parabole de Rabbi Yoḥanan et de Resh Laqish, il y aurait lieu de craindre que l'on en vienne à rappeler au roi « le nom de l'immondice » sur lequel repose son palais[10]. Il fallait donc préciser que, *malgré ce risque*, le récit de la création doit être traduit. Les Sages du Talmud procèdent ici à un calcul de coût (ou plus précisément de risque) et d'avantage. Il ne s'agit pas de nier que la traduction du récit de la création entraînera la question de son avant et conduira à « mentionner l'immondice », car le récit de la création lui-même le mentionne (en la figure du *tohu bohu*). Il s'agit au contraire de l'assumer, parce que c'est là la seule façon de raconter la création. Le fait même de raconter la création absolue de toute chose risque nécessairement de conduire à désabsolutiser la création en lui donnant un principe matériel incréé. À cet égard, la conclusion du Talmud est surprenante : on ne prend pas ce risque en ligne de compte et le récit de la création est donc livré en araméen.

Les Sages semblent ainsi tracer une ligne de démarcation nette entre la narration permise et l'enquête interdite sur la création, tout en reconnaissant que la première risque de mener à la seconde. Traduire revient à préférer que le texte soit entendu avec ses ambiguïtés plutôt que tout simplement tu. Faudrait-il taire la création car la dire revient à mettre en doute son caractère absolu ? Cela reviendrait tout bonnement à se passer de l'idée de création, ce que les Sages refusent. En d'autres termes, si l'idée de création absolue doit être affirmée, ce ne pourra être qu'en la mettant en péril, qu'en la relativisant, en laissant entendre qu'elle s'est opérée à partir d'une matière préexistante, ou au sein d'un cadre temporel préalable, qui échappent eux à l'acte créateur, trahissant par là même l'idée qu'il s'agit d'affirmer. Plutôt que de la taire et

---

■ 10. Voir, *ad. loc.*, les gloses de Rashi, s.v. *Ma'aseh Bere'shit.*

de la perdre pour le commun des fidèles, les Sages préfèrent livrer la création à son imaginaire, au prix inévitable de son appauvrissement.

Ouverture de Rav Huna au nom de Bar Kappara : *Que deviennent silencieuses les lèvres menteuses [qui parlent du juste, du retiré, avec superbe et mépris !]* (Ps 31, 19) – qu'elles se nouent deviennent muettes et se taisent [...]. *Qui parlent du juste* – le Juste de la vie des mondes. *Du retiré* – qui a retiré de Ses créatures. *Avec superbe* (*be-ga'awa*), c'est étonnant ! Pour s'enorgueillir (*le-hitga'ot*) en disant : « Je sais expliquer l'Œuvre du Commencement » ! *Et mépris*, c'est étonnant ! En méprisant Ma gloire.

Car, comme le dit Rabbi Yossi bar Ḥanina : quiconque se glorifie de l'humiliation de son prochain n'a pas de part au Monde à venir. À plus forte raison donc quiconque se glorifie [aux dépens] de la Gloire du Lieu.

Que dit la suite *Combien grande est ta bonté, Tu l'as cachée pour ceux qui Te craignent* (Ps 31, 20) : pour ceux qui Te craignent et non pour ceux qui dédaignent de Te craindre. Qu'à ceux-ci, commenta Rav, ne s'appliquent pas les mots « combien grande est ta bonté » !

Dans le cours ordinaire du monde, si un roi de chair et de sang construit un palais sur un site où se trouvent des égouts, des immondices et des tas d'ordures, quiconque vient lui dire : « Ce palais est construit sur des égouts, des immondices et des ordures », celui-ci est à coup sûr coupable. De même, si quelqu'un vient dire : « Ce monde a été créé au milieu du *tohu* et du *bohu* », n'est-il pas lui aussi coupable ? C'est étonnant !

Dire de Rav Huna au nom de Bar Kappara : Si le texte ne l'avait lui-même spécifié nous n'aurions pu le dire : *Au commencement de la création par Dieu [du ciel et de la terre].* D'où viennent-ils ? *La terre était tohu et bohu* (Gn 1, 2) (*Gn Rabba*, 1, 5[11]).

Cet extrait du *Midrash Rabba* sur la Genèse (recueil d'homélies rabbiniques compilé vers le Vᵉ siècle) propose la même parabole que celle de Rabbi Yoḥanan et Resh Laqish et explicite que « l'immondice », « les égouts » et « les ordures », sur lesquels repose « le palais », ne sont autres que le *tohu* et le *bohu*, « au milieu » desquels le monde a été créé. Il semble bien, ici encore, que le *midrash* vienne livrer une vérité de fait à propos de la création, qui ne se serait pas opérée de rien, mais au sein d'une réalité préalable. La fin du *midrash* le confirme d'ailleurs, où Bar Kappara (maître du début du IIIᵉ s.) affirme que l'Écriture même l'énonce et que c'est l'unique raison pour laquelle nous sommes autorisés à le dire, tant cela paraît indigne de la « Gloire du Lieu ».

Toutefois la réflexion que propose ce *midrash* sur les défauts de tout discours sur la création impose d'aborder cette « vérité de fait » avec prudence. Ce texte relève du genre de la *petiḥa* (ouverture), qui consiste à faire entrer en résonance le verset du Pentateuque sur lequel porte le *midrash* (ici Gn 1, 1) avec un autre verset, apparemment sans rapport, tiré des autres parties de la Bible hébraïque (ici Ps 31, 19). Alors que le verset des Psaumes condamne les ennemis de David qui médisent du roi, le *midrash* lui fait dire

---

11. *Midrach Rabba*, Genèse, vol. 1, trad. fr. B. Maruani et A. Cohen-Arazi, Lagrasse, Verdier, 1987, p. 38-39 (traduction légèrement modifiée).

que prétendre expliquer l'Œuvre du Commencement revient à manquer de respect vis-à-vis du créateur, qui a « retiré » de ses créatures la possibilité même de connaître et d'énoncer la création. Les « lèvres » qui discourent sur la création, ainsi, sont nécessairement « mensongères ». Pourtant Bar Kappara, celui-là même à qui est attribuée cette *petiḥa*, conclut en commentant l'Œuvre du Commencement, pointant que, s'il s'agissait en effet de barrer tout accès à l'acte de création, dont les modalités ne sont pas à la gloire du créateur, les versets eux-mêmes auraient en bonne logique dû – eux-mêmes – les taire. Bar Kappara semble donc se contredire : affirmant, d'une part, qu'il est impossible et, de ce fait même, condamnable de discourir sur la création (car cela entraînera un mépris du créateur), tout en ne se privant pas, d'autre part, de produire un tel discours. Par son caractère contradictoire[12], ce texte montre avec vigueur toute la tension paradoxale du problème. Bar Kappara y énonce concomitamment l'impossibilité pour l'homme de parler adéquatement de la création du monde et de se la représenter *et* le fait que le texte biblique lui-même n'hésite pourtant pas à la décrire en employant, selon une formule talmudique, « le langage des hommes »[13]. Si l'on ne peut parler de la création sans en venir à mépriser le créateur, il faut pourtant en parler pour en livrer l'idée même.

Proclamation et description

Un philosophe fit à Rabban Gamliel la remarque suivante. Certes, lui dit-il, votre dieu est un grand peintre, mais il fut aidé par des pigments admirables : le *tohu* et le *bohu*, la ténèbre, le souffle, l'eau et l'abîme. Il répondit : Que cet homme rende l'âme ! Un verset stipule la création de chacun d'entre eux. Du *tohu* et du *bohu*, il est dit *Il fait la paix et crée le mal* (Is 45, 7). De la ténèbre : *Il forme la lumière et crée la ténèbre* (*ibid.*). De l'eau : *Louez-Le, cieux des cieux et vous, les eaux* (Ps 148, 4), et pourquoi ? *Car il commanda et ils furent créés* (Ps 148, 5). Du souffle : *car voici, Il forme les monts et crée le souffle* (Am 4, 13). Et des abîmes : *Je suis née (la Sagesse) quand l'abîme n'existait pas* (Pr 8, 24) (*Gn Rabba*, 1, 9[14]).

Cet extrait est un des rares textes au sein de la tradition rabbinique où l'admission de l'idée de création *ex nihilo* est explicite. Il témoigne surtout du fait qu'elle était contestée, sur la base des versets eux-mêmes. Le « philosophe » non-juif n'argumente pas sur le terrain de l'argumentation philosophique, mais sur celui de l'exégèse biblique. Il est un lecteur attentif des versets. Si ce *midrash* donc peut offrir une preuve en faveur de l'admission de la

---

■ 12. Dans le Talmud de Jérusalem (*Ḥaguiga*, II, 1, 10a), une version parallèle de ce texte dissout la contradiction en dissociant les deux moments du *midrash* : le commentaire de Ps 31, 19, sur les « lèvres menteuses », associé à la question de la création du monde, est attribué à Rav, tandis que la conclusion, qui suggère que le monde a été créé à partir ou au milieu du *tohu* et du *bohu* est attribuée à Bar Kappara. Voir E. E. Urbach, *Les Sages d'Israël, op. cit.*, p. 783, n. 51. *Cf.* M. R. Niehoff, « Creatio *ex nihilo* Theology in *Genesis Rabbah* in Light of Christian Exegesis », art. cit., p. 57-59, qui soutient que cette contradiction reflète un travail éditorial tardif visant à accommoder l'enseignement de Bar Kappara dans un contexte de large admission de l'idée de création *ex nihilo* (position critiquée dans J. Costa, « Le récit de la création dans l'exégèse des rabbins et des Pères de l'Église : essai de comparaison », art. cit., p. 27, n. 59).
■ 13. Talmud de Babylone, *Yevamot*, 71a *et passim*.
■ 14. Trad. cit., p. 41 (légèrement modifiée).

création *ex nihilo* au sein de la tradition rabbinique au Ier siècle, époque où Gamliel II dirigeait l'assemblée de Yavné[15], cette preuve est paradoxale, puisqu'elle constitue en même temps l'aveu que cette thèse n'est sans doute pas celle que recèlent les versets du début de la Genèse selon leur sens littéral. Rabban Gamliel peine du reste à défendre sa lecture *ex nihiliste* : il est obligé de rechercher dans les livres d'Isaïe, des Psaumes ou d'Amos la preuve de la création des éléments mentionnés en Gn 1, 2, sans que ces preuves scripturaires soient du reste contraignantes. *Midrash* singulier donc, qui entend établir une certaine lecture des versets en concédant qu'elle n'est pas naturelle ou du moins qu'elle est controversée.

Si la création absolue s'affirme chez Rabban Gamliel II tout en exhibant qu'elle n'est pas énoncée clairement par le texte biblique, un maître plus tardif Rav (maître babylonien, IIIe siècle) semble au contraire soutenir que le récit biblique de la Genèse ne prête à aucune confusion.

> Rav Yehuda dit au nom de Rav : Dix choses furent créées le premier jour : le ciel et la terre, le *tohu* et le *bohu*, la lumière, l'obscurité, le souffle, l'eau, la mesure du jour et la mesure de la nuit. Le ciel et la terre, puisqu'il est écrit *Au commencement, Dieu créa le ciel et la terre* (Gn 1, 1) ; le *tohu* et le *bohu*, puisqu'il est écrit *La terre était tohu et bohu* (Gn 1, 2) ; la lumière et l'obscurité, l'obscurité, puisqu'il est écrit *et l'obscurité était à la surface de l'abîme* (ibid.), la lumière, puisqu'il est écrit *Dieu dit « qu'il y ait de la lumière »* (Gn 1, 3) ; le souffle et l'eau, puisqu'il est écrit *Et le souffle de Dieu planait à la surface de l'eau* (Gn 1, 2) ; la mesure du jour et la mesure de la nuit, puisqu'il est écrit : *Et il y eut un soir et il y eut un matin, jour un* (Gn 1, 4) (Talmud de Babylone, *Ḥaguiga*, 12a).

Nul besoin d'aller chercher un quelconque verset d'Amos ou d'Isaïe pour attester la création du *tohu* et du *bohu*, du souffle ou des autres éléments mentionnés en Gn 1, 2. Les versets Gn 1, 1-4 semblent, pour Rav, affirmer la création de toute chose[16]. « La terre était *tohu* et *bohu* » désigne un état initial du monde *après* l'acte initial de création. Cette interprétation, qui a le mérite d'accorder l'idée de création absolue avec le texte de la Genèse, semble toutefois contradictoire : comment comprendre qu'un créateur réputé tout-puissant ait créé le monde dans un premier temps dans un état imparfait ? Un second enseignement rapporté au nom de Rav dans la même page du Talmud reflète cette difficulté.

> Rav Yehuda dit au nom de Rav : au moment où le Saint, béni soit-Il, créa (*bara'*) le monde, ce dernier ne cessait de s'étendre comme se dévident deux écheveaux, jusqu'au moment où le Saint, béni soit-Il, le somma (*ga'ar*) de s'arrêter (Talmud de Babylone, *Ḥaguiga*, 12b[17]).

▤ 15. M. R. Niehoff, « Creatio *ex nihilo* Theology in *Genesis Rabbah* in Light of Christian Exegesis », art. cit., p. 45-55, affirme là encore que ce *midrash* attribue rétrospectivement à Rabban Gamliel une thèse que les rabbins admettront plus tard aux IIIe et IVe siècles sous l'influence des Pères de l'Église.

▤ 16. Notons, cependant, l'absence de « l'abîme » (*tehom*) parmi les êtres créés le premier jour.

▤ 17. Cf. *Gn Rabba*, 10, 3.

La formulation de ce second enseignement est particulièrement ambiguë. Deux actes divins sont mentionnés : celui de « créer » le monde, celui de le « réprimander ». Ces deux actes encadrent la description d'un état primordial du monde consistant en un mouvement d'expansion permanent. La difficulté réside dans la compréhension de la chronologie de ce scénario cosmogonique : l'acte de création précède-t-il cet état du monde ou, à l'inverse, cet état précède-t-il l'acte de création ? Dans le premier cas, on aurait là la formulation d'une forme de « double création » : création initiale d'un monde chaotique, puis, dans un second temps, mise en forme (ici, limitation) de cet état primordial du monde. Dans le second cas, la « création » consiste en une intervention divine dans un monde préexistant et ne doit donc plus s'entendre dans un sens absolu, ce qui semble contradictoire avec l'enseignement précédent de Rav lui-même. Mais, même selon sa première compréhension, ce texte semble relativiser la création : Rav affirmerait une création absolue, postulant un *instant* d'une création à partir de rien, mais décrirait néanmoins la création comme un processus démiurgique de mise en ordre[18]. Dans cette perspective, l'origine radicale de toute chose ne semble pouvoir qu'être énoncée ou proclamée, tandis que toute tentative de la décrire revient à la diluer dans une analogie qui la relativise.

Avant et après la création : l'ouverture du sensé

Cette disjonction entre proclamation de la création et description cosmogonique, repose sur un écueil propre au langage qui, pour autant qu'il fait sens, dispose un monde auquel il se réfère[19]. Mais s'il est possible de proclamer la création, mais impossible de la décrire, c'est que tout discours interrompt un silence préalable, dont il est la condition, mais qui ne saurait être énoncé.

> Rabbi Yona dit au nom de Rabbi Levi : Pourquoi le monde a-t-il été créé avec la lettre BEIT (ב) ? C'est que de même que le BEIT est fermé de tous côtés et ouvert vers l'avant, de même, tu n'es pas autorisé à demander : qu'y a-t-il au-dessous, au-dessus, avant et après ? [Tu l'interrogeras uniquement sur] ce qui est ultérieur au jour de la création du monde.
> Bar Kappara a dit : *Interroge donc les premiers jours qui t'ont précédé* (Dt 4, 32) — tu peux proposer une explication de ce qu'il y a depuis le jour où ils furent créés, mais tu ne chercheras pas à expliquer ce qu'il y avait avant ; *depuis l'extrémité du ciel, jusqu'à l'extrémité du ciel* (*id.*) — tu peux proposer

▓ 18. Voir la critique ironique que le philosophe et exégète Isaac Abravanel (xvᵉ-xvıᵉ s.), *Commentaire du récit de la création : Genèse 1 : 1 à 6 : 8*, Lagrasse, Verdier, 1999, p. 9-11, adresse aux tenants de l'idée de « double création » notamment le grand commentateur Namanide (xıııᵉ s.).

▓ 19. R. Naiweld, « Le rien d'avant le monde. Dieu et Torah dans la lecture rabbinique de la création du monde », dans B. Bakhouche, *Science et exégèse : les interprétations antiques et médiévales du récit biblique de la création des éléments (Genèse 1, 1-8)*, Turnhout, Brepols, 2016, p. 47 soutient que la spécificité de la cosmogonie rabbinique est de situer le paradigme du monde, non dans un Logos divin qui ne s'articule pas en mots, mais dans un texte dont les hommes disposent. Identifier le rien d'avant le monde avec la Torah, n'est-ce pas une autre manière de dire le cercle herméneutique dans lequel le langage est enfermé : incapable de sortir de lui-même pour saisir son propre fondement.

une explication, mais tu ne chercheras pas à expliquer et enquêter sur ce qu'il y avait avant elles (*Gn Rabba*, 1, 10[20]).

La lettre ב ouvre l'intervalle de l'énonçable. Elle signifie en sa graphie même que le domaine de référence du langage a un terme de départ absolu. Ce ב matérialise la limite du sensé. Il inaugure le livre tout en montrant le silence qui le précède. S'il n'a pas commencé par la première lettre de l'alphabet, le *alef* qui ne se prononce pas, mais par la deuxième – telle semble être la question sous-jacente du *midrash* –, c'est précisément pour indiquer que ce qui s'énonce ne vient qu'après autre chose, qui ne se peut que tout à la fois taire et montrer[21]. Une distinction cruciale est donc posée entre l'avant l'instant de la création, ininterrogeable, et l'après, sur lequel le discours est possible. On pourra donc expliquer l'Œuvre du Commencement, mais à la condition expresse de garder à l'esprit que ce dont on traite est toujours quelque chose qui relève du monde déjà créé et non pas de ce qu'il « y » avait avant. Dès lors, la divergence entre ceux qui interdisent (selon une lecture stricte de l'interdit de la *mishna* de Ḥaguiga) et ceux qui autorisent l'enquête sur l'Œuvre du Commencement est très subtile. Les uns comme les autres considèrent que le problème principal que pose une telle enquête réside dans la prétention qui pourrait en découler de dire l'avant qui ne saurait se dire ou dans l'erreur que l'on pourrait commettre en pensant que ce que l'on peut énoncer dans le langage (comme par exemple la description de l'état primordialement imparfait du monde) est ce qui était *avant* le monde. Mais les uns en tirent qu'il vaut mieux interdire toute enquête sur la genèse du monde, tandis que les autres se refusent à frustrer la soif humaine de connaissance, faisant confiance à la capacité de l'enquêteur de se prémunir de l'illusion d'accéder à ce qui échappe, par sa nature même, à l'intelligence humaine. Il n'est peut-être pas anodin que Bar Kappara, qui soutient ici la permission d'interpréter les six jours de la création, se signale par ailleurs par l'importance qu'il accorde à la science astronomique et par son regard favorable sur la langue grecque[22]. Ce qui est en jeu dans l'autorisation d'expliquer l'Œuvre du Commencement et l'interdit d'étudier ce qu'il y avait avant est une culture de l'intelligence et de la connaissance aussi étendue que possible, au risque d'en affronter la limite.

Conclusion : dire, taire, murmurer

Il va de soi qu'on ne saurait prétendre rendre compte de tous les textes rabbiniques portant sur la création du monde à partir de notre hypothèse de lecture. Il ne s'agit pas de nier qu'une diversité de vues ait existé parmi les rabbins sur la question. Mais il est frappant de constater que même des textes qui résistent à une lecture *ex nihiliste* n'en recèlent pas moins un trait que nous avons repéré dans les textes précédents et qui gît au cœur de notre

---

■ 20. Trad. citée, p. 42.

■ 21. L. Wittgenstein, *Tractatus logico-philosophicus*, § 6.522 et 7. Pour A. Neher, *L'exil de la parole : du silence biblique au silence d'Auschwitz*, Paris, Seuil, 1970, p. 67-69, le silence dont témoigne le « pro-logue » chaotique de la création en Gn 1, 2, est la condition de la « Parole » et ce qui la menace constamment d'engloutissement.

■ 22. Talmud de Babylone, *Shabbat*, 75a et Talmud de Jérusalem, *Meguillah*, I, 9, 10a (cf. *Gn Rabba*, 36, 8).

hypothèse, à savoir l'association d'un discours sur les modalités de la création avec un discours réflexif sur le statut problématique d'un tel discours. Ainsi, ce *midrash* déployant le thème du « manteau de lumière » :

> Rabbi Shimeon ben Yehoṣadaq interrogea Rabbi Shemuel bar Naḥman en lui disant : Parce que j'ai entendu sur toi que tu es un maître dans la *aggada*, [dis-moi] d'où la lumière a été créée ? Il lui répondit : [Cela nous] enseigne que le Saint, béni soit-Il, s'est enveloppé en elle comme dans un manteau et il a fait briller l'éclat de Sa splendeur d'une extrémité du monde à l'autre. Il la lui a dite dans un murmure. Il lui dit : Il y a un verset explicite [à ce sujet] : *Il se revêt de la lumière comme un manteau* (Ps 104, 2) et toi, tu me [la] dis dans un murmure, c'est étonnant ! Il répond : De même que je l'ai entendue dans un murmure, de même, je te la dis dans un murmure (*Gn Rabba*, 3, 4[23]).

Si la lumière est bien le premier être à avoir été créé, le présent enseignement ne manque pas de poser quelques difficultés. Il suppose, en effet, que le « monde » existait déjà au moment de la « création » de la lumière. Il semble, en outre, mettre en doute l'idée même que la lumière ait été créée, selon ce qui ressort du *hiatus* manifeste entre la question de Rabbi Shimeon ben Yehoṣadaq et la réponse de Rabbi Shemuel bar Naḥman (deux maîtres des IIIe et IVe siècles). Ce dernier paraît sous-entendre que précisément le fait que l'on soit incapable d'expliquer « d'où » la lumière a été créée, signifie qu'elle n'a pas été créée du tout et qu'au contraire elle existait déjà avant la « création du monde », qui a consisté dans le fait que le créateur a illuminé un monde déjà existant de quelque façon. José Costa soutient ainsi, à partir de l'étude d'une dizaine de variantes de ce *midrash*, qu'il reflétait probablement une réflexion sur l'articulation des notions d'émanation (tirant son origine dans l'époque hellénistique, sous l'influence probable du néo-platonisme) et de création[24].

Mais, si ce *midrash* atteste l'existence d'une tension entre différentes thèses et la tentative de la résoudre par une forme de syncrétisme doctrinal, il n'en présente pas moins une tension se situant à un autre niveau également. Alors qu'un verset décrit explicitement la « création » de la lumière comme le revêtement divin d'un manteau lumineux, Rabbi Shimeon ben Yehoṣadaq présente cette image comme l'objet d'un enseignement ésotérique. Les motifs du comportement de Rabbi Shimeon ben Yehoṣadaq restent mystérieux. Répéter l'énoncé d'un verset en un murmure revient à pointer que le verset a un contenu problématique, mais en même temps que ce contenu, qui devrait être tu, doit malgré tout être formulé. On pourrait comprendre que ce qui doit être tu est que la lumière n'a *en effet* pas été créée, ce qui risque de porter atteinte à la puissance et à l'unité divine, en postulant une hypostase quasi-divine et un intermédiaire entre Dieu et sa création. Comme « l'immondice » de la parabole du palais, le manteau de lumière que Dieu a *effectivement* revêtu devrait être caché au grand nombre pour ne pas jeter une ombre sur Sa splendeur même. Mais s'il s'agit de dissimuler une vérité de fait, on s'étonne

■ 23. Trad. cit., p. 58-59.
■ 24. J. Costa, « Émanation et création : le motif du manteau de lumière revisité », *Journal for the Study of Judaism*, vol. 42, n°2, 2011, p. 218-252. La présente traduction est empruntée à cet article.

avec Rabbi Shemuel bar Naḥman que le psalmiste ait pu l'énoncer dans un verset explicite, visible de tous. Comme dans le cas de « l'immondice », il s'agit peut-être de pointer, à travers l'écart entre l'écriture et le murmure que le verset s'exprime de manière inadéquate, parce que son objet ne peut qu'être montré dans le discours sans pouvoir proprement être dit.

David Lemler
Université de Strasbourg

DOSSIER

Les limites du langage

CHANGER LES RÔLES

Charles Travis

Entre 1892 et 1895, Frege écrit : « Les concepts ne peuvent jamais être dans les mêmes relations que les objets. Penser qu'ils le peuvent ne serait pas faux mais impossible ». Certains y voient quelque chose de romantique ou de mystérieux : la structure du sens serait manifeste, mais resterait indicible. Or, Frege s'est trompé. Au fond, il confond le catégoriel et le relationnel. Cet article cherche d'abord à comprendre les raisons de cette distinction, puis à expliquer la confusion qui en résulte.

Trad. fr. par B. Ambroise, A. Jomat et J.-M. Roux[1]

Dans ce que Frege semblait envisager comme une suite aux trois essais datant des années 1891-1892, « Fonction et concept », « Sens et référence », et « Concept et représentation », il écrit :

Les concepts et les objets sont fondamentalement différents et ne peuvent tenir la place l'un de l'autre. […] Les concepts ne peuvent jamais être dans les mêmes relations que les objets. Penser qu'ils le peuvent ne serait pas faux mais impossible[2].

Ce passage, que je qualifierai désormais de « maxime », affirme avec force et clarté une position théorique particulière et ses conséquences, dont relèvent certaines des meilleures idées du moment. La conception qui en découle doit permettre d'identifier des limites aux différentes manières de faire sens, et donc aux différentes façons de représenter l'état des choses,

---

1. Cet essai est une version condensée et traduite en français d'un chapitre extrait du prochain livre de Charles Travis, *Frege : The Pure Business of Being True*, à paraître prochainement chez Oxford University Press.

2. G. Frege, « Ausführungen über Sinn und Bedeutung », *in* H. Hermes, F. Kambartel et F. Kaulbach (dir.), *Nachgelassene Schriften*, Hambourg, Felix Meiner, 1983, p. 130 ; trad. fr. J. Bouveresse, « Précisions sur sens et signification », dans Ph. De Rouilhan et C. Tiercelin (dir.), *Écrits posthumes*, Nîmes, J. Chambon, 1994, p. 141 – trad. modifiée.

c'est-à-dire aussi aux différents états possibles dans lesquels les choses peuvent être. Elle permet ainsi de concevoir des illusions de sens.

Cora Diamond, par exemple, écrit la chose suivante :

> La pensée porte sur les choses, mais l'ordre logique inhérent à n'importe quel type de portée n'est pas lui-même quelque chose sur quoi puisse porter la pensée. Les distinctions entre les fonctions et les objets, entre les fonctions de premier et second ordre, etc. sont profondément ancrées dans la nature des choses [... Celles-ci] apparaissent clairement dans un langage qui les marque systématiquement, au moyen d'expressions qui rendent évident le type logique de ce qu'elles désignent. Mais dans ce langage, aucune expression ne se réfère à ces distinctions logiques[3].

On cesse ainsi d'avoir un discours sensé lorsque, par exemple, on essaie de *dire* quelle est la structure la plus générale de la pensée articulée ou, du moins, quelles sont les distinctions les plus fondamentales entre ses constituants. Il a été suggéré qu'une tentative de ce type reviendrait à essayer de saisir la pensée en-dehors de la pensée elle-même, et donc sans y penser ou, pour prendre une image que Frege utilisait à d'autres fins, à essayer de sauter au-dehors de son propre corps[4].

Je pense qu'il ne serait pas difficile de mettre deux philosophes d'accord sur le fait qu'une grande proportion de la philosophie se ramène à du verbiage – le désaccord entre eux portant alors seulement sur les parties qui en sont. La maxime énoncée ci-dessus nous offre un outil pour éliminer une forme de ce verbiage, qu'il est peut-être possible de généraliser en suivant les suggestions de Diamond. Jusqu'ici, on peut comprendre les raisons de l'attractivité de cette maxime. Elle véhicule de plus, que ce soit voulu ou non, une aura de romance et de mystère abyssal, l'ordre des choses étant tel qu'il soit impossible de dire ce qu'il est lui-même, aussi tentant cela soit-il d'essayer.

Toutefois, il est possible que cette maxime ne soit que l'élaboration d'une intuition plus fondamentale – et tout à fait correcte – relative à la deuxième des distinctions les plus fondamentales de Frege : celle distinguant le cas particulier et la généralité qui est instanciée par lui. Supposons que, pour commencer, nous limitions notre attention aux pensées complètes et au fait, pour chacune d'elles, d'être purement et simplement vraie (ou fausse). Une pensée complète représente un certain quelque chose, qui n'est pas encore articulé à autre chose, dans un certain état possible pour lui. Nous pourrions simplement en parler comme « des choses » (au sens de la *masse* de choses), ou « des choses telles qu'elles sont ».

Nous avons donc ici une relation entre, d'un côté, un représentant (ou une représentation) – qui représente quelque chose dans un certain état possible pour lui – et, dans le rôle du représenté, une masse inarticulée. C'est de manière intrinsèque que le représentant a une généralité exclusive – à savoir quelque chose qui détermine quand le représenté *serait* tel qu'il est représenté,

■ 3. C. Diamond, « What does a Concept Script Do ? », in *The Realistic Spirit*, Cambridge (Mass.), MIT Press, 1991, p. 141.

■ 4. Voir G. Frege, *Grundgesetze der Arithmetik*, vol. 1, Jena, Hermann Pohle, 1893, p. XVII.

sachant qu'il existe un nombre indéfini de façons dont il peut l'être ou ne pas l'être. Alors qu'il appartient (ici) au représenté de n'avoir *aucune* généralité. (La généralité trouve ici son origine dans l'articulation.) Nous avons donc quelque chose comme une différence catégorielle entre les deux côtés de la relation. Si on comprend « catégorie » de façon conventionnelle, on en vient à supposer qu'il s'ensuit que, par principe, on ne puisse pas prédiquer une même chose de ce qui relève de deux catégories différentes. (Voir Descartes sur le corps et l'esprit.)

Supposons maintenant que nous nous intéressions, non plus aux pensées complètes, mais aux constituants, produits de leurs décompositions. Nous obtenons alors, d'un côté, les sous-pensées spécifiquement prédicatives (qui ne sont pas elles-mêmes des pensées complètes) et, de l'autre, ce qu'elles représentent comme étant tel ou tel, autrement dit : les objets. Si l'on prenait la structure relevée dans le cas des pensées complètes et qu'on l'appliquait à ce nouveau cas, il serait raisonnable de dire la chose suivante : la différence qui existe entre une sous-pensée prédicative et un objet est d'ordre catégoriel ; dès lors, si nous considérons que la généralité est la caractéristique propre [*Merkmal*] du prédicat, alors le propre [*Merkmal*] des objets est d'en manquer. Rien ne peut jamais tomber sous des objets et ils ne peuvent pas être satisfaits, alors que des prédicats peuvent (au moins) être satisfaits. Par conséquent, si nous avons toujours la conception traditionnelle des catégories à l'esprit, nous pouvons être relativement convaincus de la chose suivante : ce qu'on peut prédiquer d'un objet ne peut pas être prédiqué d'un « concept », et réciproquement.

L'intuition qu'on garde, qui provient du cas des pensées complètes et qu'on retient ici dans le cas des sous-pensées spécifiques, veut qu'on trouve au cœur de la représentation-comme [*representing-as*] la distinction entre une généralité et ce qui en est un cas particulier, ou une instance – et que, si on trouve d'un côté de cette distinction la généralité, un cas particulier est, pour sa part, profondément concret. Pour l'instant, ce que nous avons mis de l'autre côté de cette distinction par rapport à une sous-pensée spécifiquement prédicative, c'est un objet. Dès lors, nous devrions dire qu'il appartient au fait d'être un objet d'être dénué de généralité. Si on peut entrer en collision avec le type d'objet que nous avons à l'esprit, alors c'est évidemment exact. Mais nous devons nous souvenir que, *comme Frege lui-même* le soulignait, un objet avec lequel nous sommes susceptibles d'entrer en collision est un cas très particulier d'objet au sens logique du terme. Étant donné notre objectif, insister dès le début sur le fait que tout objet est comme Sid[5] en ce qui concerne la généralité, ce serait commettre une pétition de principe.

Il sera utile ici de nous rappeler que, dans le phénomène général consistant à représenter-comme, et plus particulièrement dans le phénomène consistant à être vrai-de, le représentant entretient deux relations différentes avec le représenté. Premièrement, le représentant représente un *objet* (ou n'importe

---

■ 5. NdT : Sid et Pia sont des figures récurrentes dans les exemples inventés par Charles Travis tout au long de son œuvre. Il se trouve en outre que Sid, comme nombre de personnages de l'auteur, aime boire et manger. Mais le fait qu'il s'agisse ici de Sid, de Pia, et de bouchons, plutôt que de Robert, Cécile et de hochets, n'a aucune incidence philosophique.

quel multiple de celui-ci) comme étant tel ou tel. L'objet peut être tel qu'il est représenté, ou pas. Ici, nous pouvons parler de la relation consistant à *tomber sous* (sur laquelle on en dira plus ci-dessous). Deuxièmement, il y a la relation d'instanciation : un objet, tel qu'il est, peut ou non être un cas de *ce qui* était prédiqué, c'est-à-dire être tel ou tel. Ce qui instancie le fait d'être (pour une chose quelconque) d'une certaine façon est (ici) un objet *tel qu'il est*. Qu'on puisse ou non entrer en collision avec lui, ce que nous avons est dépourvu de généralité et aussi concret qu'il soit possible de l'être. Ici, du moins, on préserve alors notre intuition en ce qui concerne le fait de représenter-comme en général. On n'a donc pas besoin de tout faire reposer sur la relation consistant à tomber-sous.

Tout ce préambule avait pour seule fonction de parvenir à la thèse centrale de cet article, selon laquelle la « maxime » de Frege est une erreur, peut-être la plus grave des rares qu'il ait commises. En fait, le cœur de l'erreur tient au fait de considérer que la distinction entre les concepts et les objets est une distinction catégorielle – une erreur assez facile à faire alors que Frege n'avait pas d'autre option claire à sa disposition. Une bonne partie de la discussion qui suit concernera une option de cet ordre.

Des textes de Frege qui datent des années 1882-1895, nous pouvons tirer trois candidats différents pour tenir le rôle des concepts. L'un d'entre eux est la sous-pensée spécifiquement prédicative. Un autre est le contenu de ce type de sous-pensée – c'est-à-dire un concept conçu comme étant essentiellement un état possible d'une chose et donc une façon de la représenter. Le troisième candidat est un certain type de fonction (qui va des objets aux valeurs de vérité). Ici, pour l'essentiel, je laisserai ce troisième candidat de côté.

Frustration

Si on la prend au sérieux, l'idée de Frege peut conduire à une frustration sensible, comme lui-même l'a ressentie. Car on pressent facilement que, si l'on pouvait traiter un concept comme un objet, c'est-à-dire comme le référent d'une sous-pensée qui le désigne, on saurait exactement quoi en dire – exactement (ou du moins suffisamment bien) quelles seraient les vérités et les faussetés qu'on pourrait alors asserter. Par exemple, on pourrait dire que, correspondant à un concept sous lequel une seule chose tombe – par exemple, le concept d'avoir mangé le dernier gâteau russe –, il existe un concept singulier, par exemple le concept d'être précisément celui qui a mangé le dernier gâteau russe, et qu'on pourrait déployer ce concept en exprimant une pensée (en l'occurrence) à propos de Sid (lequel cause ainsi la frustration de Pia). *Si l'on pouvait* – mais hélas, on ne peut pas parler ainsi ! En effet, en accomplissant ce qui consisterait à identifier la référence d'une sous-pensée qui la désigne, soit a) on échouerait complètement à le faire, soit b) on désignerait quelque chose qui n'a rien de conceptuel. Du moins, telles que Frege les conçoit, c'est ainsi que doivent se passer les choses. Dès lors, il peut sembler que ce qu'il nous dit concernant le fossé qui sépare les concepts des objets revient à nous bâillonner.

Frege lui-même a souvent exprimé cette frustration :

La nature du concept forme un obstacle considérable à ce qu'on puisse l'exprimer correctement et le communiquer. Lorsque je veux parler d'un concept, la langue me contraint, avec une force irrésistible, à une expression inadéquate, qui a pour effet d'obscurcir – on pourrait presque dire falsifier – la pensée[6].

Il est vrai qu'un obstacle singulier se trouve sur la voie de l'entente avec le lecteur ; il arrive parfois, sous l'effet d'une certaine nécessité linguistique, que mon expression, prise à la lettre, trahisse la pensée : un objet est nommé là où un concept est visé[7].

Combien est-il frustrant d'être contraint, par l'effet d'« une nécessité linguistique », de mal utiliser le langage afin de dire ce qui demande (semble-t-il) à être dit !

La maxime produit la frustration autant qu'elle nous contraint. Il semble que nous sachions précisément comment nous parlerions des concepts si nous pouvions en parler comme des objets – si ce n'est dans tous les cas, du moins quand ce que nous dirions (de quoi qu'il s'agisse) serait vrai, ou quand ce serait faux. Hélas, si la maxime est vraie, une règle de grammaire logique nous empêche tout simplement de parler de la sorte. Mais est-ce vraiment une situation possible ? Comme Wittgenstein le faisait remarquer à Waismann en 1931 :

Je comprends une proposition en l'appliquant [...] *La proposition est là pour que nous opérions avec elle* [...] (9.21.1931)[8].

Mais s'il est vrai que nous savons bien comment on opérerait avec une « proposition » (ou, ici, une « pensée ») dans laquelle un concept serait traité comme un objet, quel sens cela pourrait-il avoir que d'insister sur le fait que, malgré tout, cette supposée « proposition » n'a tout simplement pas de sens ? (Voir Wittgenstein, *Recherches philosophiques*, § 136). Comme Frege l'écrivit une fois :

Sans contenu de pensée, aucune application ne serait possible. Pourquoi ne peut-on faire aucune application d'une configuration de pièces d'échecs ? Sans aucun doute parce qu'elles n'expriment aucune pensée. Si elles le faisaient [...] alors, de même, on pourrait concevoir de telles applications du jeu d'échecs. Pourquoi peut-on appliquer des égalités arithmétiques ? Uniquement parce qu'elles expriment des pensées[9].

Ainsi, apparemment, à le suivre, cela n'aurait *aucun* sens. Si la pensée « putative » trouve (suffisamment) à s'appliquer, si ses applications sont suffisamment claires, alors il s'agit d'une pensée – point à la ligne [*fertig*].

Il semble donc qu'il n'existe que deux possibilités. Premièrement : peut-être nous *semble*-t-il seulement qu'on doit dire des choses au sein desquelles

6. G. Frege, « Ausführungen über Sinn und Bedeutung », art. cit., p. 130 ; trad. fr. citée, p. 141 – trad. modifiée.
7. G. Frege, « Über Begriff und Gegenstand », in *Vierteljahrschrift für wissenschaftliche Philosophie*, v. 16, p. 204 ; trad. fr. C. Imbert, « Concept et objet », dans G. Frege, *Écrits logiques et philosophiques*, Paris, Seuil, 1971, p. 140 – trad. modifiée.
8. F. Waismann, *Wittgenstein und der Wiener Kreis*, Berlin, Suhrkamp, 1984, p. 166 ; trad. fr. G. Granel, *Wittgenstein et le Cercle de Vienne*, Mauvezin, T.E.R., 1991, p. 146 – trad. modifiée.
9. G. Frege, *Grundgesetze der Arithmetik*, v. II, Jena, Hermann Pohle, 1903, p. 100, § 91. Nous traduisons.

il nous faut traiter un concept comme un objet (où on peut traiter ce concept ainsi). Il nous semble seulement qu'on saurait comment parler de cette manière. Deuxièmement : la maxime de Frege est tout simplement fausse. Les partisans de la maxime ont essayé d'établir le bien-fondé de la première conclusion. À première vue, c'est une tentative désespérée. Mais si nous pouvons directement montrer que la maxime est une erreur, on peut limiter l'élaboration théorique nourrie par le désespoir.

Il est évident que Frege n'a pas éprouvé que de la frustration, mais aussi le *besoin* urgent de dire ce qui ne peut pas l'être. (Là encore, on a présenté des excuses en son nom pour avoir continué à dire des choses qui, à strictement parler, n'avaient pas de sens.) On voit qu'il éprouve ce besoin au moment même où il avance sa maxime. Ayant commencé à expliquer, comme ci-dessus, combien le langage l'oblige à parler de manière inappropriée et, à strictement parler, de manière insensée, il poursuit de la sorte :

> Si maintenant nous gardons à l'esprit tout cela, nous sommes sans doute en mesure d'affirmer « Ce à quoi deux termes conceptuels réfèrent [*bedeuten*] est le même si et seulement si les extensions de concept correspondantes coïncident », sans être induits en erreur par l'usage impropre de l'expression « le même »[10].

Puis il explicite en quoi ceci confirme l'idée de la « logique extensionnelle » selon laquelle c'est la référence [*Bedeutung*] des termes, et non leur sens [*Sinn*], qui est essentielle à la logique. Mais si ce *sont* là les conséquences de ce que nous disons ainsi en nous excusant tant, en quoi cela *peut*-il bien être simplement dénué de sens (à strictement parler ou non) ? (Là encore, je renvoie aux *Fondements de l'arithmétique*.)

What else ?

La question désormais cruciale est celle-ci : les objets forment-ils une catégorie ? Car c'est ainsi que les traite la maxime de Frege. Celle-ci a en effet la forme d'un principe gouvernant un système de catégories au sens le plus traditionnel du terme. (Je renvoie, par exemple, aux *Lettres à la Princesse Elisabeth* de Descartes.) En premier lieu, dans un système de ce type, à chaque catégorie correspond une propriété, ou une caractéristique, dont la détention est une condition *sine qua non* de l'appartenance à ladite catégorie. En deuxième lieu, il existe un domaine de ces propriétés (ou caractéristiques) tel que l'appartenance à une catégorie revient à détenir l'une d'entre elles ou, dans le pire des cas, à ne pas la détenir (et réciproquement). Troisièmement, les catégories du système sont disjointes ou mutuellement exclusives. (Bien sûr, Frege nierait que le deuxième point s'applique aux concepts, du moins pas au sens littéral – quoiqu'on puisse s'en tirer en étant suffisamment méticuleux, comme on l'a vu ci-dessus.) Pour nous prémunir contre toute séduction, notons qu'avec la maxime, c'est comme si les notions d'*objet* et de *concept* formaient deux catégories disjointes, de telle sorte qu'il est assez naturel, si on a une notion cartésienne de *catégorie* à l'esprit, que

---

10. G. Frege, « Ausführungen über Sinn und Bedeutung », art. cit., p. 133 ; trad. fr. citée, p. 145 – trad. modifiée.

tout ce qui tombe sous l'une des deux catégories tombe en dehors de l'autre et ne peut avoir aucune propriété relevant de l'autre (ni, en toute rigueur, en manquer). C'est un concept, donc rien qui puisse avoir une propriété qu'un objet est susceptible d'avoir.

Si nous faisons preuve de toute la délicatesse nécessaire, nous pouvons en effet considérer que la notion de *concept* est catégorielle. L'essence d'une catégorie, si nous la pensons toujours avec Descartes, consiste à *être ce sous quoi l'on tombe*. Il y a par ailleurs, de manière non problématique, des catégories d'objets dont aucun n'est un concept, point On trouve notamment la notion de *ce avec quoi on peut entrer en collision*.

La notion d'*objet* est peut-être relationnelle

On ne peut rentrer en collision avec aucun concept – et vice-versa. Il manque aux concepts la localisation spatio-temporelle. C'est le cas pour n'importe quelle notion de *concept*. Mais, une fois encore, nous devons faire attention à ne pas confondre la notion de *ce avec quoi on peut entrer en collision* avec la notion d'*objet* au sens logique. C'est là quelque chose que Frege a tout à fait évité. (L'idée d'un troisième domaine de réalité vise explicitement à se prémunir de cette confusion[11].) D'où notre question cruciale : si *objet* correspondait bien à une catégorie, cette catégorie aurait alors une essence, à savoir le fait de prendre part à la relation d'identité. Mais le fait d'y prendre part ne suffit pas, en soi, à rendre une notion catégorielle.

Si une notion n'est pas catégorielle, que peut-elle être d'autre ? Comme l'a souligné Chomsky, la syntaxe nous fournit un exemple. Certaines notions sont relationnelles et non pas catégorielles. En syntaxe, par exemple, les notions de *locution nominale* et de *locution verbale* sont catégorielles : locution nominale un jour, locution nominale toujours. Mais les notions de *sujet* et d'*objet* (*direct*) (d'une phrase) ne le sont pas. Une locution nominale est sujet (d'une phrase donnée) dès lors qu'elle occupe une certaine position dans la structure syntaxique de cette phrase. La même locution verbale qui est sujet dans une phrase donnée peut apparaître dans une autre sans l'être. La notion d'*objet* est peut-être relationnelle dans un sens similaire.

Qu'une chose quelconque soit sujet ou objet d'une phrase, elle serait *eo ipso* une expression bien formée, et dès lors un élément de langage qui ne serait un concept selon aucune de nos trois acceptions. On pourrait donc difficilement l'assimiler à ce avec quoi on est susceptible d'entrer en collision. Autrement dit, elle pourrait entrer en rapport avec la pensée au seul titre de sa capacité à être un objet du point de vue logique. Jusqu'ici, la distinction entre d'un côté les sujets et objets (syntaxiques) et, de l'autre, les concepts, reste d'ordre catégorielle (Un concept n'est jamais le sujet (syntaxique) d'une phrase, c'est-à-dire d'une expression).

■ 11. Voir G. Frege, « Der Gedanke. Eine logische Untersuchung », in *Beiträge zur Philosophie des deutschen Idealismus* 2, 1918-1919, p. 69 ; trad. fr. J. Benoist, « La pensée. Une recherche logique », dans B. Ambroise et S. Laugier (dir.), *Textes-clés de philosophie du langage*, vol. I, Paris, Vrin, 2009, p. 108.

Reste que la maxime de Frege exige exactement l'inverse, à savoir qu'aucun concept ne puisse jamais être en rapport avec la pensée comme peut l'être un objet au sens logique du terme. Pour changer légèrement de vocabulaire, le fait d'être un objet au sens logique du terme consiste simplement à pouvoir jouer un certain rôle, à fonctionner d'une certaine façon, dans une pensée. Ainsi, être un objet, c'est être ce dont une sous-pensée prédicative peut être vraie ou fausse – c'est-à-dire que la vérité d'une pensée complète repose partiellement sur le fait qu'une telle chose soit telle qu'elle est. C'est donc quelque chose sur l'état duquel une sous-pensée désignative peut faire partiellement reposer la vérité. Tel est ce qui est nécessaire pour être un objet, *et rien de plus*. Aucune distinction catégorielle entre les concepts et les objets qui ne sont pas des concepts ne peut par elle-même y faire quoi que ce soit. Notre question centrale devient alors : que peut-elle empêcher d'autre ? Ou, pour le dire de manière plus neutre, cette distinction catégorielle peut-elle empêcher qu'un *concept* puisse endosser ce rôle, c'est-à-dire qu'il puisse satisfaire l'exigence de prendre part à l'identité ? Telle est maintenant la question qu'il faut traiter.

Le fardeau de l'identité

La condition *sine qua non* pour être un objet est de prendre part à l'identité. Si *objet* était une catégorie, nous pourrions dire que son essence est de prendre part à l'identité ; tel est précisément ce qui permet de distinguer ce qui en relève de ce qui relève de toute autre catégorie (disjointe). Pourquoi l'identité est-elle si importante ? Eh bien, il est particulièrement crucial qu'un objet puisse être un dénombrable, un élément articulé de ce qu'est l'état des choses, *à propos duquel* on puisse dire une vérité. Ainsi, c'est quelque chose qui doit pouvoir être exploité par tout ce qui s'engage dans l'activité consistant à dire la vérité-de, afin de rétablir l'activité de dire la vérité pure et simple (et ainsi permettre à celui qui réalise cette activité de s'engager dans l'activité consistant à dire la vérité-qui lui incombe). Ainsi, c'est ce qui peut tenir le rôle de ce qui est représenté dans *une* représentation d'un dénombrable *de ce type* comme étant tel ou tel. C'est ainsi ce qu'on peut représenter, de manière vraie ou fausse, comme étant dans l'un des nombreux états possibles (au nombre indéfini) d'*une* chose.

Les marques [grammaticales] de l'indéfini dans la phrase qui précède signifient qu'un objet est intrinsèquement, ou fondamentalement, ce qui est réitérable. Il peut se répéter dans un nombre indéfini de cas où l'on représente-comme (dans le cadre de l'activité qui consiste à être vrai). Par exemple, si, lors d'une occurrence de cet ordre, on le représente, de manière vraie ou fausse, comme ayant juste fait sauter un bouchon, ou comme en étant un, alors on peut *le* représenter – le même – lors d'une autre occurrence comme étant, par exemple, en train de cuver ou de se désintégrer. Ainsi, il est intrinsèque à un objet d'avoir un devenir, du moins dans le règne de la représentation-comme. Il doit se répéter, ou pouvoir le faire, de concert avec un nombre indéfini de représentants différents dans le contexte d'une pensée complète (singulière). Par conséquent, pour toute *combinaison* d'un représentant comprenant un objet, il doit y avoir une réponse à la question de savoir si l'objet ainsi combiné est précisément celui-là même, tel qu'il est.

On doit pouvoir identifier différents épisodes de son devenir comme étant tous des épisodes de *ce* devenir. De telle sorte que l'identité est une condition *sine qua non* pour être un objet.

Un objet a un devenir, comme nous l'avons dit, dans le règne de la représentation. Il a donc aussi un devenir dans le règne du représenté, des choses qui sont simplement comme elles sont. Le bouchon que Sid a fait sauter doit être, ou non, celui-là précisément qui cassa dans la dernière bouteille de Château Rieussec, ou encore ce bouchon qui se trouve juste *ici* dans ce pot à bouchons en verre dans la vitrine du restaurant. Encore une fois, différents épisodes d'*un* devenir, différentes occurrences de bouchon doivent tous, ou non, faire partie du devenir de ce bouchon que Sid a fait sauter, si jamais quelque chose comme *ce* bouchon doit exister.

Voici ce qui rend l'identité fondamentale là où elle l'est. À présent, qu'en est-il des concepts ? Pour Frege, le besoin fondamental des concepts provient de la nécessité d'un écart : il est nécessaire qu'un représentant ait une manière de se situer vis-à-vis de ce qu'il représente, afin d'*en* faire ce qu'il représente, qui soit fondamentalement différente de la manière dont un nom se situe vis-à-vis de ce qu'il dénomme. Ainsi, un concept doit être *précisément* ce qu'il est, indépendamment du fait qu'un nombre indéfini d'objets différents tombent, ou non, sous lui. Ou même, plus fondamentalement, si l'on pense en particulier aux concepts singuliers, un concept doit être *précisément* le concept qu'il est indépendamment du fait qu'existerait effectivement tel ou tel cas de choses dont ce serait le concept. Il doit être capable d'être, ou non, cette chose précise qui est instanciée par le bouchon dans la bouteille de Château Rieussec et qui l'était par le bouchon dans cette bouteille de Quinto do Javali, cassé à moitié dans la bouteille.

Par conséquent, un concept aussi a un devenir dans l'état des choses, ou du moins en relation avec celui-ci. Qu'il s'agisse de *ce* concept qui est instancié lorsqu'il l'est, c'est, en un sens, un artefact de l'état des choses. Ce bouchon dans la bouteille de Château Rieussec aurait pu ne jamais avoir bouchonné. Mais qu'il s'agisse de *ce* concept qui est instancié *ici* et *là*, cela dépend aussi des circonstances dans lesquelles deux choses constituent un même bouchon.

La nécessité de cet écart est la plus évidente pour les concepts engagés dans, ou pour, l'activité consistant à dire la vérité-de plutôt que dans l'activité consistant à dire la vérité pure et simple. Dans la première activité, mais non dans la seconde, il y a effectivement un nombre indéfini de candidats pouvant, ou non, tomber sous un concept ; il en est de même pour le fait d'instancier. Dans les deux cas, cependant, il y a cette généralité intrinsèque au concept, qui tient à la manière dont elle laisse ouvertes les possibilités que les choses puissent être autrement – ce que l'articulation en tant que telle porte inexorablement avec elle.

Jusqu'à présent, je n'ai pas encore développé en détail les trois notions de *concept* avec lesquelles nous devons travailler. Les éléments décrits ci-dessus s'appliquent le plus évidemment – et le plus pertinemment, si l'on considère les objectifs de la maxime de Frege – à l'idée du concept comme sous-pensée (spécifiquement) prédicative. Ils s'appliquent donc au concept dont la *raison d'être* est de s'engager dans la vérité-de (une forme particulière de représenter-comme). Mais une capacité similaire à se répéter est également requise par les deux autres notions de concept. L'idée d'un concept comme contenu expurgé en fait un certain état possible *des* choses ou *d'*une chose. Ici, la marque de l'indéfini permet de formuler la même exigence de récurrence que celle dont nous avons parlé ci-dessus. Cela doit être le même état possible d'une chose – par exemple la possibilité de s'être cassée en deux dans le goulot d'une bouteille – qui est instancié par un bouchon et par l'autre. De même, pour les fonctions, cela doit être la même fonction, sinus, qui passe par le maximum et le minimum de $|\pi/2|$ pour tout argument $n\pi+\pi/2$.

La récurrence demande l'identité. Si cela contraint les objets à prendre part en tant que termes à cette relation, il semble à présent que les concepts (dans chacune des trois acceptions) soient soumis à la même contrainte. En réalité, Frege lui-même, au sommet de sa frustration à l'égard de sa maxime, suggère un tel critère : un concept A et un concept B ne sont identiques, suggère-t-il, que dans le cas où ils ont des extensions équivalentes (où tout ce qui tombe sous l'un tombe sous l'autre).

> Mais, même si la relation d'identité n'est pensable que dans le cas des objets, il y a cependant, dans le cas des concepts, une relation analogue, qui, en tant que relation entre concepts, est appelée par moi relation du deuxième degré. Nous disons qu'un objet *a* est égal à un objet *b* (au sens de la coïncidence complète), si *a* tombe sous tout concept sous lequel tombe *b*, et inversement. Nous obtenons une chose qui correspond à cela pour les concepts si nous faisons échanger leurs rôles à concept et objet. Nous pouvons alors dire que la relation à laquelle on pensait plus haut existe entre le concept Φ et le concept X si tout objet qui tombe sous Φ tombe également sous X et inversement[12].

Il suggère que cela doit nous permettre de traiter les concepts comme étant récurrents de toutes les manières et dans tous les sens dont nous avons besoin.

Pourtant, pour des raisons dont Frege est douloureusement conscient, il n'est pas sûr du tout que cela suffise à penser ce qui rendrait identiques les concepts A et B. Mais mettons ce point entre parenthèses pour le moment. Ce qui compte le plus ici est que cela *est*, ou pourrait être, un tel critère – et que Frege lui-même en voit le besoin.

Bien sûr, Frege expose son argument après nous avoir avertis du fait qu'il parle, et donc qu'il le formule, de manière impropre. Cette manière impropre de formuler les choses peut conduire à penser, si l'on n'y est pas attentif, que l'argument a des applications qu'il n'a pas. Mais il vaudrait mieux qu'il y ait un tel argument, et donc qu'on trouve les applications qu'il *a en effet*. Et nous venons de voir, sous une forme abstraite, ce que ces applications devront être. L'argument doit permettre de considérer les concepts (dans chacune des trois acceptions) comme étant récurrents de toutes les manières dont un concept doit être réitérable.

Le concept A et le concept B ne sont identiques selon le critère suggéré que s'ils sont équivalents d'un point de vue extensionnel. La deuxième partie, au moins, de cet argument mal-formulé peut aussi être formulée d'une manière

12. G. Frege, « Ausführungen über Sinn und Bedeutung », *art. cit.* p. 131 ; trad. fr. citée, p. 142-143.

qui passerait l'examen de Frege : pour tout x, A(x) si et seulement si B(x). Mais la question est alors la suivante : cela peut-il constituer un critère d'*identité* pour les concepts ? Si oui, alors, bien qu'il faille encore évaluer ses mérites et ses démérites, nous pourrions du moins dire : les objets prennent part *eo ipso* à l'identité, et les concepts en font autant. Dès lors, ce n'est pas pour cette raison qu'on pourrait soutenir qu'un concept ne peut pas jouer le rôle d'un objet, ou être relié à une pensée complète en qualité d'objet.

Mais supposons que ce ne soit pas le cas. Alors nous n'avons fait aucun progrès en conférant au concept (ou en identifiant en lui) la capacité requise pour se répéter. Napoléon a gagné à Austerlitz. Est-ce bien la même chose qu'il a fait ensuite à Iéna ? Y a-t-il là deux instanciations d'un concept *unique* ? Selon le décret du moment, l'équivalence extensionnelle n'est pas l'identité (les concepts ne participant pas à cette dernière). Jusqu'à présent, donc, nous n'avons aucune réponse à notre question. Il serait donc préférable qu'on puisse en dire plus sur les circonstances dans lesquelles il y aurait, ou non, des récurrences du genre requis.

La récurrence demande l'identité

Qu'est-ce qui pourrait donner l'impression, ou donner l'impression à Frege, qu'il peut être suffisant de parler d'équivalence extensionnelle, en la combinant avec le refus de la participation des concepts à l'*identité* ? Frege suggère une réponse quand il remarque que les logiciens extensionnalistes ont raison en cela qu'« ils considèrent la signification des mots comme la chose essentielle pour la logique, et non pas le sens »[13]. La logique développée par Frege (celle de 1879 ou celle de 1893) traite bien de l'identité. Mais l'argument serait ici le suivant : que les concepts soient réitérables comme ci-dessus ne conduit pas à ce que *la logique* reconnaisse entre eux d'autre relation que l'équivalence extensionnelle. Rien d'autre n'est requis, c'est-à-dire que rien d'autre ne l'est *pour des besoins logiques*.

La raison en est assez claire. La logique, ou une logique, ne traite pas de concepts spécifiques (sauf dans la mesure où ces derniers seraient définissables uniquement dans les termes de ce dont elle parle explicitement par ailleurs). Pour dire des concepts ce qu'elle *doit* dire d'eux, la logique a seulement besoin de pouvoir indiquer un concept de manière indéfinie. Autrement dit, ce dont elle a besoin, c'est de pouvoir généraliser sur les concepts, et ainsi de généraliser au-delà de tout ce qui pourrait distinguer un concept d'un autre. Pour parler de subsomption, par exemple, il lui suffit de dire des choses comme ceci : « Pour tout x, si x est F alors x est G ». Ici, « F » et « G » ne nomment pas des concepts. Chacun d'eux indique plutôt seulement un concept de manière indéfinie, c'est-à-dire qu'il marque une place où *un* concept (un concept ou un autre) constituerait une instanciation particulière de la généralité que ces mots (et ces signes) indiquent.

La logique n'entre en scène que lorsque tout le travail de distinction entre un concept et un autre a déjà été fait. Elle *présuppose* que (dans la mesure où

■ 13. G. Frege, « Ausführungen über Sinn und Bedeutung », art. cit., p. 129 ; trad. fr. p. 140-141.

cela importe pour une application particulière de la logique) la question est déjà réglée de savoir si un [même] concept se présente deux fois (partout où il faut instancier la même marque de l'indéfini, par exemple, « F » ou « G ») ou si deux concepts différents se présentent, ou pourraient se présenter (eu égard à ses objectifs), chacun une fois. Ainsi, la logique ne se soucie nullement d'un critère d'identité pour les concepts ; son activité ne nécessite aucun souci de ce genre. Tout cela est sans impact sur la question de savoir si la récurrence nécessaire d'un concept requiert ou non sa participation à l'identité. Cela reviendrait simplement à ce que la récurrence nécessite cela même dont la présence autorise la logique à présupposer ce qu'elle présuppose de fait.

C'est le moment d'avancer une première conclusion. Tout concept, tout comme n'importe quel objet, doit participer, avoir un pied, dans la relation d'identité ; il doit pouvoir être utilisé comme un terme de cette relation. Dans *cette* mesure, un concept n'est pas privé du statut d'*objet*. Et l'on peut faire un pas de plus. Si nous nous enquérons des exigences générales pour être un objet, qu'obtenons-nous ? Rien d'autre n'est requis au-delà d'une participation (suffisamment importante) à l'identité. Donc il suffit, pour qu'un concept obtienne le statut d'objet, qu'il prenne part à l'identité – ce qu'il doit de toute façon faire. Par exemple, comme Frege le souligne, on ne peut pas nier qu'il y ait un objet au simple motif qu'il n'appartiendrait pas à un environnement spatio-temporel.

La conclusion adéquate à en tirer n'est pas que les concepts *sont* des objets. Comme nous l'avons suggéré ci-dessus, il est plus approprié de concevoir le fait d'être un objet comme un rôle à assumer *en relation avec* une pensée donnée (en particulier, une pensée singulière). La conclusion devrait donc être celle-ci : un concept est, *eo ipso*, adapté pour assumer ce rôle. Il ne s'agit là que d'une esquisse provisoire. Il nous faudrait encore entendre la partie adverse. Nous ne l'écouterons pas aujourd'hui. Le temps de l'écoute impartiale n'est pas encore venu.

Insaturation, Nature Prédicative

La thèse de Frege selon laquelle un concept n'est pas un objet (ou ne peut jamais fonctionner comme tel), si c'est bien de cela dont il s'agit, est une thèse qu'il avance à maintes reprises, plus ou moins de la même manière. Son argument débute de façon plutôt solide, mais glisse rapidement dans une forme d'esbroufe juste au moment crucial, comme par exemple ici, en 1904 :

> Cette particularité des signes de fonction, que nous avons appelée leur insaturation, correspond naturellement à quelque chose dans les fonctions elles-mêmes. On peut les dire, elles-aussi, insaturées, et signaler ainsi qu'elles sont fondamentalement différentes des nombres[14].

Ainsi, l'argument débute toujours par des remarques sur le langage. Mais, dans la mesure où le langage n'est pas, comme il le dit explicitement, son

---

■ 14. G. Frege, « Was ist ein Funktion ? », *in* L. Boltzmann, S. Meyer (dir.), *Festschrift Ludwig Boltzmann gewidmet*, Leipzig, J. A. Barth, 1904, p. 665 ; trad. fr. C. Imbert, « Qu'est-ce qu'une fonction ? », dans *Écrits logiques et philosophiques, op. cit.*, p 168. – trad. modifiée.

objet, Frege reconnaît qu'il ne doit pas en rester là. C'est justement ici que l'esbroufe commence, comme ci-dessus : *quelque chose*, dans la fonction elle-même, correspondrait au comportement linguistique retenu. Mais quoi ? Aucun effort n'est fait, du moins ci-dessus, pour répondre à cette question. Frege pense peut-être que la réponse est juste devant nos yeux, trop évidente pour être exprimée par les mots, ou peut-être juste hors de portée pour notre grammaire.

La partie solide de l'argument, celle qui concerne le comportement linguistique, prend la forme suivante :

> Un nom de fonction a toujours avec lui des places vides (au moins une) pour l'argument, indiqué dans l'analyse la plupart du temps par la lettre « x », qui remplit les places vides en question. Mais l'argument ne doit pas être compté comme faisant partie de la fonction, et par conséquent pas non plus la lettre « x » comme faisant partie du nom de fonction, de sorte que l'on peut bel et bien parler dans le cas de celui-ci de places vides, dans la mesure où ce qui les remplit n'appartient pas véritablement au nom. En conséquence, j'appelle la fonction elle-même insaturée ou à compléter, parce que son nom doit d'abord être complété par le nom d'un argument pour recevoir une signification achevée. [...] Ce que nous appelons insaturation dans le cas de la fonction, nous pouvons l'appeler, dans le cas du concept, sa nature prédicative[15].
>
> Si nous disons « La signification du terme "section conique" est la même que celle du terme conceptuel "courbe du deuxième ordre" », ou « Le concept *section conique* coïncide avec le concept courbe du deuxième ordre », alors les mots « [la] signification du concept "section conique" » sont le nom d'un objet, et non d'un concept ; car il manque la nature prédicative, l'insaturation, la possibilité d'utiliser l'article indéfini. La même chose est vraie des mots « le concept section conique »[16].

Ici, on présume dès le départ que le fait d'être un objet et le fait d'être un concept sont des produits catégoriaux, c'est-à-dire des statuts qu'on acquiert ou pas, de manière nette et tranchée.

Comment l'argument pourrait-il se poursuivre au juste ici ? Quel *est* le pas à franchir entre ce qui n'est pas exactement l'objet de Frege, le comportement linguistique, et ce qui l'est, à savoir la pure et simple affaire de la vérité : la pensée, ses sous-pensées spécifiques (obtenues par décomposition), leurs contenus expurgés ? La solution devrait prendre la forme suivante. Supposons qu'il y ait des pensées dans lesquelles, ou par rapport auxquelles, un concept fonctionne comme un objet – des pensées singulières à l'égard d'un concept donné. Supposons qu'on veuille exprimer une pensée de ce type. En tout cas, dans l'expression verbale canonique, pleine et explicite d'une pensée singulière, ce qui permet de rendre visible l'objet qui rend la pensée singulière, c'est une expression nominale.

Si l'objet qui rendait la pensée singulière était un concept, une expression comme « le concept *section conique* » devrait faire l'affaire. Une telle pensée ne contiendrait aucune place vide ; uniquement des expressions nominales

---

■ 15. G. Frege, « Ausführungen über Sinn und Bedeutung », art. cit., p. 129 ; trad. fr. citée, p. 140-141.
■ 16. *Ibid.*, p. 131 ; trad. fr. citée p. 142.

sic semper. Il n'y aurait *alors* rien à ajouter pour obtenir ce qu'exprimerait, ou ce dont parlerait, cet ensemble dont il faudrait comprendre que les mots « le concept *section conique* » identifient une partie propre. En réalité, une telle chose ne *pourrait* même pas exister : si les mots en question identifiaient vraiment un objet, alors il faudrait, pour que la phrase soit grammaticale, qu'elle possède une autre partie spécifique, chargée d'identifier un item dont l'activité consisterait à dire la vérité-de, et qui devrait être combinée avec ce que l'expression nominale identifie afin de constituer ce dont la visée est d'établir la vérité pure et simple. Ce qui ne laisse guère de place pour des ajouts supplémentaires à ladite expression nominale, c'est-à-dire aux mots « le concept *section conique* ».

Si donc les mots « le concept *section conique* » identifiaient vraiment un *concept*, lequel rendrait la pensée exprimée singulière, il faudrait présenter ce concept avec son insaturation intrinsèque, ou sa nature prédicative, qu'on ne voit pourtant nulle part, la présentation complète de la pensée exprimée rendant impossible la mise en œuvre d'une telle insaturation (ou nature prédicative). Dès lors, comment ce que présente « le concept *section conique* » pourrait-il même être un concept ? Dans cette perspective, la réduction [à l'absurde] serait complète.

Mais s'il en allait ainsi, même seulement approximativement, cela ne mériterait qu'un soupir de notre part. À ce sujet, Frege souligne lui-même le point essentiel en 1919 :

> C'est ici qu'apparaît pour la première fois une pensée composée de parties dont aucune n'est une pensée. Le cas le plus simple d'une telle décomposition est celui où l'une des deux parties a besoin d'être complétée et l'est par l'autre partie, qui est elle-même saturée, c'est-à-dire telle qu'elle n'a pas besoin d'être complétée. [...] Les objets et concepts ne sont pas, toutefois, les constituants de cette pensée. Les constituants de cette pensée renvoient néanmoins, d'une manière qui leur est propre, à un objet et à un concept[17].

Mettons ici entre parenthèses la question de savoir comment un *concept* se rapporte à une pensée dont il ne fait pas lui-même partie. Ce qui nous importe, c'est de savoir ce qui creuse alors l'écart entre un objet et la pensée qui le concerne.

Un objet est un élément articulé dénombrable de ce que toute pensée représente, chaque objet étant représenté comme se trouvant dans un certain état. Un objet ne peut pas faire de lui-même ce dont dépend la vérité d'une pensée. Pour y parvenir, une pensée a besoin qu'une sous-pensée désignative fasse, de cela dont *sa* vérité dépend, *cela même*. Si donc un concept devait jouer le rôle d'un objet par rapport à une certaine pensée, il *ne* pourrait par conséquent *pas être* un constituant de cette pensée (ou, plus exactement, d'une décomposition de celle-ci). Il ne pourrait pas fonctionner comme une sous-pensée de *cette* pensée-*là*, ni ne pourrait-il être le contenu expurgé d'une

■ 17. G. Frege, « Aufzeichnungen für Ludwig Dardmstädter », *in* G. Gabriel, W. Rödding, H. Hermes (dir.), *Nachgelassene Schriften, op. cit.*, p. 274 ; trad. fr. E. Karger, « Notes pour Ludwig Darmstaedter », dans Ph. de Rouilhan et C. Tiercelin (dir.), *Écrits posthumes, op. cit.*, p. 300.

sous-pensée de ce genre. Dans ce contexte, il ne parviendrait pas à accomplir le travail qu'un concept est censé accomplir au sein d'une pensée dont il est un constituant (ou le contenu d'un constituant).

Le constituant d'une pensée – à savoir une sous-pensée spécifique – a pour tâche de faire en partie ce que la pensée complète fait en son entier. Si le terme *concept* sert à parler d'une certaine sous-pensée, cette sous-pensée fait partiellement dépendre la vérité de l'état des choses, tout comme le fait la pensée complète correspondante. Elle ferait notamment dépendre la vérité des différents objets qui seraient, et de ceux qui ne seraient pas, dans un certain état donné dans lequel un objet peut être. Mais lorsqu'un concept joue le rôle d'objet dans les opérations d'une certaine pensée, il *n'*est précisément *pas* ce genre de sous-pensée, et n'opère aucun travail de cet ordre au sein de cette pensée. On doit donc seulement s'attendre à ce que lorsque le concept est présenté comme assumant ce rôle, il ne soit pas présenté comme engagé dans ce travail, voire même comme taillé pour l'accomplir, et donc – selon la façon dont Frege voit les choses – comme insaturé. Qu'il *soit* présenté comme tel n'exclurait donc en aucune façon qu'il puisse assumer le rôle d'*objet*, c'est-à-dire qu'il soit *non pas* un constituant de la pensée en question, mais plutôt quelque chose que la pensée représente comme étant de telle ou telle manière.

Telle est la clef permettant de comprendre pourquoi la maxime n'est pas valable. Ce qui est dit d'un objet peut-il (parfois) être dit d'un concept ? Eh bien, un concept *peut* jouer le rôle d'un objet, celui de rendre une pensée singulière. Y a-t-il donc des concepts qui sont des objets ? La question est mal posée. *Concept* peut désigner une catégorie. *Objet* ne le peut pas. Le statut d'*objet* n'est pas catégoriel. Il demeure certains détails à ajouter. Mais la présente contribution s'arrête ici.

Charles Travis
Professeur émérite à King's College, London

Les limites du langage

LE NON-SENS COMME ABSENCE DE CONTEXTE

Valérie Aucouturier

Cet article vise à discuter la question du non-sens et des limites du sens dans un contexte wittgensteinien. Il consiste à prendre au sérieux l'idée suivant laquelle les mots n'ont de sens que dans le cadre d'une pratique décrite au moyen de jeux de langage. Ce qui nous conduit à interroger la conception dite « austère » du non-sens qui affirme que le non-sens ne serait pas simplement un morceau de langage auquel nous échouons à donner un sens, mais ne serait pas du langage du tout. Il s'agit de comprendre cette impossibilité de faire sens à l'aune de la notion de contexte, comprise comme ce qui n'est pas contenu à même le signe ou la phrase mais nécessairement en lien avec une pratique.

À en croire certaines remarques et lectures de Ludwig Wittgenstein, la question des limites du sens est une question centrale, pour ne pas dire la question centrale, dans la mesure où cette question caractérise ni plus ni moins la tâche de la philosophie. Mais c'est aussi dans le fait qu'une partie au moins du travail philosophique consiste à débusquer le non-sens que ce travail s'avère d'une immense complexité à caractériser et à mettre en œuvre. Je partirai donc de cette citation rebattue de Wittgenstein au § 116 des *Recherches philosophiques* (désormais RP) – qui fait d'ailleurs l'objet d'un article déjà ancien (puisqu'il date de 2001) de Jocelyn Benoist intitulé « Sur quelques sens possibles d'une formule de Wittgenstein ou de la difficulté de sortir de la métaphysique »[1] :

> Lorsque les philosophes utilisent un mot – « savoir », « être », « objet », « moi », « proposition », « nom » – et cherchent à saisir l'*essence* de la chose,

---

1. J. Benoist, « Sur quelques sens possibles d'une formule de Wittgenstein, ou de la difficulté de sortir de la métaphysique », dans S. Laugier (éd.), *Wittgenstein, métaphysique et jeux de langage*, Paris, P.U.F., 2001, p. 153-179.

il faut toujours se demander : ce mot est-il effectivement employé ainsi dans la langue dans laquelle il a sa patrie ?
Nous reconduisons les mots de leur usage métaphysique à leur usage quotidien[2].

Suivant cette remarque, le rôle du « bon » philosophe[3] serait donc de débusquer les usages métaphysiques[4] du langage – c'est-à-dire, j'y reviendrai, déracinés – et de les faire redescendre dans le langage ordinaire où ils ont leur place – c'est-à-dire où ils font sens, ou du moins sont susceptibles de faire sens.

Ce que je veux enseigner c'est comment passer d'un non-sens non manifeste à un non-sens manifeste[5].

Ce thème de l'exil et du retour, pour reprendre la belle expression de Denis Perrin[6], du déracinement de nos mots qui leur fait perdre leur sens, est un thème qui occupe l'ensemble de la philosophie de Wittgenstein, comme l'ont montré, à la suite de Cora Diamond, ceux qui se désignent eux-mêmes comme les « new wittgensteiniens ». Ainsi, le rôle de la philosophie serait de nous *apprendre à voir* le non-sens, c'est-à-dire le moment où le langage « tourne à vide » quand bien même il aurait l'air de vouloir dire quelque chose.

L'objet de cet article n'est pas de procéder à une analyse exégétique de la remarque de Wittgenstein, ou même de la question du non-sens chez Wittgenstein. Mais je voudrais essayer de saisir en quoi une conception du non-sens qu'on pourrait extraire de la philosophie wittgensteinienne peut avoir un intérêt pour saisir et interroger la question des limites du langage. Bien entendu, cette perspective n'a rien de gratuit puisque c'est tout bonnement le projet de Wittgenstein dans le *Tractatus*[7] (désormais TLP), comme l'écrit Sandra Laugier : « Le *Tractatus* a pour but de tracer les limites du langage par les limites du sens, ou plutôt du non-sens »[8]. Plus exactement, Wittgenstein voudrait tracer *dans* le langage les limites de ce qui est pensable, comme il le dit dans la préface du TLP :

> Le livre tracera donc une limite au penser – ou bien plutôt non au penser, mais à l'expression des pensées : car pour tracer une limite autour du penser, il faudrait que nous puissions penser des deux côtés de cette limite (il nous faudrait pouvoir penser ce qui ne se laisse pas penser). La limite ne pourra donc être tracée que dans le langage, et ce qu'il y a au-delà de la limite sera simplement non-sens [*Unsinn*][9].

2. L. Wittgenstein, *Recherches philosophiques*, trad. fr. F. Dastur *et al.*, Paris, Gallimard, 2005 ; *Philosophical Investigations*, Oxford, Wiley-Blackwell, 2009, § 116.

3. S'il faut voir dans cette remarque une opposition entre la mauvaise tendance philosophique à chercher l'essence des choses et la bonne attitude philosophique consistant à faire redescendre sur terre les grandes questions métaphysiques.

4. Ce « sens péjoratif » (pour reprendre l'expression de Vincent Descombes dans *Exercices d'humanité*, Paris, Les Petits Platons, 2013, p. 75) du mot métaphysique qui l'oppose au quotidien ou à l'ordinaire est donc bien particulier. Nous aurons l'occasion d'y revenir.

5. L. Wittgenstein, *Recherches philosophiques*, *op. cit.*, § 464.

6. D. Perrin, « L'Exil et le retour », dans C. Chauviré et S. Laugier (dir.), *Lire les* Recherches philosophiques *de Wittgenstein*, Paris, Vrin, 2006, p. 115-130.

7. L. Wittgenstein, *Tractatus Logico-Philosophicus*, trad. fr. G.-G. Granger, Paris, Gallimard, 1993.

8. S. Laugier, *Wittgenstein. Les sens de l'usage*, Paris, Vrin, 2009, p. 40.

9. Cité et traduit par J. Benoist, « Sur quelques sens... », *op. cit.*, p. 155.

Mais attention, comme le fait remarquer Jocelyn Benoist :

Wittgenstein ne parle pas, dans la préface, de « limites du langage », mais de « limites *dans* le langage [*in der Sprache*] ». On peut tracer les limites de l'expression des pensées dans le langage[10].

Ainsi, la question des limites du langage ne peut pas s'envisager depuis un point de vue transcendantal ou « *from sideways on* » comme le dit John McDowell[11]. D'ailleurs, elle n'est pas la question des limites du langage, mais la question des limites du pensable. Et cette limite ne peut être vue que depuis un point de vue d'immanence, *dans* le langage. Ce qui exige de déterminer ce qui est du langage.

Or, nous allons voir que cette position implique en outre une conception radicale du non-sens, comme ce qui est radicalement hors langage, ce qui n'est pas encore un coup dans le jeu de langage[12], « au sens où il n'y a de coups corrects ou incorrects qu'au sein d'un jeu »[13]. Le non-sens n'est pas un lieu au-delà de la limite du sens, il constitue cette limite.

Ainsi, je voudrais tenter d'envisager trois choses. Premièrement, comment comprendre cette conception radicale, austère ou quiétiste du non-sens et comment la rendre opérante dans le cadre du « retour au sol raboteux » (RP, § 107) auquel nous invite Wittgenstein ? Deuxièmement – et la question est liée – comment déceler le non-sens depuis la perspective du sens, c'est-à-dire depuis les usages quotidiens du langage ; ou plutôt quel est le lieu depuis lequel le philosophe débusque le non-sens ? Enfin, si, comme nous allons le voir, c'est l'usage qui fixe le sens, comment repérer les faux usages ou déterminer qu'un usage n'en est pas un ? Ces trois questions constitueront le fil directeur de ce qui suit. Je commencerai ainsi par rappeler brièvement la conception dite « austère » du non-sens et son opposition à une conception dite « naturelle » du non-sens, ensuite je reviendrai sur les apports de la notion de « jeu de langage » dans la compréhension du rôle de l'usage pour l'analyse du sens et du non-sens, puis j'étudierai les rapports entre le non-sens et la métaphysique qui sont au cœur de la mission critique assignée à la philosophie, j'examinerai alors en quoi l'introduction de la notion de contexte peut mener à nuancer la conception austère du non-sens, enfin, je conclurai en montrant comment, si l'on saisit véritablement le dire dans sa dimension d'acte, on comprend alors en quoi le sens est nécessairement situé et on comprend alors en quoi consiste le déracinement ou l'a-contextualité caractéristique du non-sens.

La conception austère du non-sens

Commençons donc par essayer de déterminer quelle est la conception wittgensteinienne du non-sens[14]. En effet, à en croire les lectures dites austères ou quiétistes du non-sens, il y a bien une conception wittgensteinienne – et

---

■ 10. *Ibid.*, p. 158.
■ 11. J. McDowell, *L'esprit et le monde*, trad. fr. Ch. Al-Saleh, Paris, Vrin, 2007.
■ 12. L. Wittgenstein, *Le cahier bleu et le cahier brun*, tard. fr. M. Goldberg et J. Sackur, Paris, Gallimard, 1996, p. 125 ; RP, § 22 et 49.
■ 13. L. Wittgenstein, *Manuscrits inédits* (MSS) 137-138, § 946.
■ 14. Ou plutôt l'une des conceptions wittgensteiniennes du non-sens, car il serait douteux de penser qu'il y a à trouver chez Wittgenstein un usage systématique ou unique des expressions *Unsinn* ou *nonsense*.

même frégéenne-wittgensteinienne – du non-sens qu'on peut synthétiser en reprenant cette citation de Cora Diamond :

> D'après la conception Frege-Wittgenstein, si une phrase n'a pas de sens [*makes no sense*], on ne peut dire d'*aucune* de ses parties qu'elle signifie [*mean*] ce qu'elle signifie dans une autre phrase qui a du sens [*which does make sense*] – pas plus qu'on ne peut dire d'un mot qu'il signifie [*mean*] quelque chose pris isolément. Si « César est un nombre premier » est un non-sens [*nonsense*], alors « César » ne signifie pas ce qu'il signifie lorsqu'il est utilisé comme un nom propre, et les quatre derniers mots ne signifient pas ce qu'ils signifient dans une phrase qui a du sens. Et « *Scott kept a runcible at Abbotsford* » n'a pas en commun avec « *Scott kept a cow at Abbotsford* » ce que cette dernière phrase a en commun avec « *Scott kept a tiger at Abbotsford* »[15].

Qu'elle soit fidèle ou non à la lettre de Frege ou de Wittgenstein, cette conception austère du non-sens s'oppose à la conception dite « naturelle » du non-sens, notamment en un point particulier : elle ne distingue pas un type de non-sens suivant lequel une phrase n'aurait pas de sens en raison du fait qu'elle comprend un mot qui n'existe pas (comme « runcible » dans l'exemple ci-dessus), d'un autre type de non-sens suivant lequel une phrase n'aurait pas de sens parce qu'elle emploierait un terme de façon illégitime, dans un emploi qui ne correspond pas à ce qu'il devrait signifier. Ce qu'on pourrait caractériser comme une « erreur de catégorie » logique. Ainsi, précise Diamond :

> Il n'y a pas de non-sens « positif », pas de non-sens qui soit non-sens en raison de ce qu'il devrait signifier [*mean*], étant donné les significations déjà fixées des termes qu'il contient[16].

Ou encore :

> *Tout* ce qui relève du non-sens en relève parce qu'une certaine détermination de sens [*meaning*] n'a pas été faite; ce n'est pas du non-sens en raison de déterminations logiques qui *ont* été faites[17].

Autrement dit, dans la mesure où « le mot n'appartient pas à une catégorie qui lui a été assignée et qu'il transporterait avec lui *quel que soit* le contexte »[18], la raison pour laquelle une phrase comme « César est un nombre premier » ou « Socrate est identique »[19] sont des non-sens ne tient pas au fait, par exemple, qu'on emploierait un nom propre là où devrait figurer un nombre, ou encore au fait que « identique » n'est pas un adjectif. Mais ces phrases sont des non-sens parce qu'on ne peut pas déterminer le sens de leurs parties dans le contexte de la phrase. Ainsi, en réalité, dans ces phrases, « César » ou « identique » n'ont ni plus ni moins de sens que les autres mots de la

---

15. C. Diamond, « What nonsense might be », in *The Realistic Spirit*, Cambridge (Mass.), MIT Press, p. 100. J'ai volontairement gardé les derniers exemples en anglais, où « runcible » est un mot inventé.
16. *Ibid.*, p. 107
17. *Ibid.*, p. 106.
18. *Ibid.*, p. 104.
19. Voir TLP § 5.473.

phrase. Il n'y a simplement rien que nous ayons pu vouloir dire par de telles phrases, car, comme le souligne Sandra Laugier, ici, « *dire* et *avoir un sens*, c'est la même chose »[20]. La conséquence, soulignera Jacques Bouveresse, de cette conception du non-sens est qu'il est impossible « qu'il existe des degrés intermédiaires entre la signifiance et l'absence complète de signification »[21]. Diamond poursuit :

> Un énoncé vide de sens n'est pas un type spécial d'énoncé ; c'est un symbole qui a la forme générale d'une proposition et qui est dépourvu de sens simplement parce qu'on ne lui en a donné aucun (TLP 5.4733, et aussi TLP 4.5)[22].

Si l'énoncé vide de sens n'est pas « un type spécial d'énoncé », c'est qu'il n'est pas un énoncé du tout. C'est la phrase prise dans son entier qui n'a pas de sens parce qu'on n'en a pas *déterminé* le sens :

> La phrase [César est un nombre premier] est un non-sens parce que nous n'avons pas déterminé des significations [*made certain determinations of meaning*] que nous aurions pu déterminer[23].

Ce thème de la détermination et de l'indétermination des significations, sur lequel je vais revenir, est absolument central, car il pose évidemment la question de savoir ce qui (ou qui : nous ?) détermine la signification. Et c'est sans doute dans la compréhension de cette détermination que se joue la question avec laquelle j'ai inauguré cet article, à savoir celle de savoir d'*où* parle le philosophe qui conjure la métaphysique.

Retenons pour le moment que cette détermination se fait (du moins en ce qui concerne le TLP) dans le contexte de la phrase : il va donc falloir préciser cette notion de contexte. Mais la phrase elle-même n'a de sens qu'en usage, l'enjeu étant de spécifier l'articulation entre l'usage et le contexte. Cette articulation, je voudrais surtout l'envisager dans la perspective de la seconde philosophie de Wittgenstein, sans trop m'embarrasser ici de la question (qui a occupé les « new wittgensteiniens ») de savoir dans quelle mesure les idées que je vais avancer s'appliquent déjà à la conception du non-sens issue du TLP.

Mais, avant de m'engager sur cette voie, plusieurs remarques s'imposent. D'abord, il est un peu cavalier de parler d'*une* conception wittgensteinienne du non-sens, car le thème des limites du sens prend plusieurs formes dans la philosophie de Wittgenstein, ne serait-ce qu'à travers la distinction tractarienne entre le *Sinnlos*, la proposition dépourvue de sens (qui renvoie aux propositions de la logique, comme les tautologies et les contradictions, en tant qu'elles ne représentent pas des états de choses mais appartiennent quand même au langage et au symbolisme) et le *Unsinn*, le non-sens à proprement parler (qui est hors langage). En effet, dans le *Tractatus*, comme le rappelle Laugier :

> Les propositions de la science empirique, qui décrivent des faits, sont seules à être pourvues de sens [*sinnvoll*]. Les propositions de la logique, sont

■ 20. S. Laugier, *Les sens de l'usage, op. cit.*, p. 37.
■ 21. J. Bouveresse, *Dire et ne rien dire*, Paris, Jacqueline Chambon, 1997, p. 129.
■ 22. C. Diamond, « L'éthique, l'imagination et la méthode du *Tractatus* de Wittgenstein », dans C. Romano, *Wittgenstein*, Paris, Le Cerf, 2013, p. 61.
■ 23. C. Diamond, « What nonsense… », art. cit., p. 102.

dépourvues de sens, *sinnlos*, car elles ne représentent pas un état de choses donné (mais elles ne sont pas du *Unsinn*, elles appartiennent au langage et au symbolisme)[24].

D'ailleurs cette distinction est quelque peu brouillée dans la lecture austère du non-sens (par exemple chez Diamond), notamment par l'importance que cette dernière accorde au § 500 des *Recherches philosophiques*[25], où il est question de *Sinnlos* et précisément pas de *Unsinn* – j'y reviendrai. Cependant, deuxième remarque, il faut rendre justice à cette lecture austère du non-sens qui établit une importante ligne de continuité dans la philosophie de Wittgenstein en maintenant l'idée que le non-sens n'est pas une forme atténuée du sens. Il est également vrai qu'il y a une forme de continuité dans la conception wittgensteinienne du non-sens en lien avec les *usages* du langage[26], en ceci que le non-sens ne serait pas simplement un mésusage du langage mais un non-usage, dans une tension qu'il me reste à expliciter. Comme le dit Benoist, « le non-sens ne peut plus avoir de réalité "substantielle" – celle d'une quelconque "faute" de grammaire »[27].

La grammaire et les jeux de langage

Venons-en donc à la grammaire, qui est l'héritière directe de la logique du TLP. Le déplacement de la question du non-sens dans les RP s'opère en effet par l'introduction de la notion de « jeux de langage ». Comme le dit Laugier :

> Dans les RP, Wittgenstein va développer sa conception du non-sens en se préoccupant d'un autre type de non-sens, lié au caractère approprié en quelque sorte d'un énoncé à son contexte. La seconde philosophie de Wittgenstein définit un non-sens par l'absence d'un *jeu de langage* dans lequel l'expression puisse être utilisée[28].

S'agit-il vraiment d'un « autre type de non-sens » ? Oui et non. Non dans la mesure où il conserve son caractère non substantiel ; dans la mesure où de même que le non-sens tractarien cessait simplement de pouvoir revendiquer un quelconque rapport, même en négatif, à la sphère du sens, le non-sens des RP est hors de tout jeu de langage, il n'est pas simplement « hors-jeu », ce qui serait encore faire partie du jeu en en transgressant les règles ; il n'est pas du tout « un coup dans le jeu ». Il flotte comme décroché de tout usage, de toute pratique et de toute possibilité de réussite ou d'échec de l'acte de langage. Son seul lien avec le langage est de créer, par sa forme, l'illusion du sens. Mais il n'est, à strictement parler, même pas composé de mots, puisqu'un mot est ce à quoi on peut prêter un sens. Ainsi se met en place une distinction, relevée notamment par Perrin, entre des usages du langage à proprement parler, dans des « jeux de langage », et des usages « seulement apparents » :

24. S. Laugier, *Les sens de l'usage, op. cit.* p. 40.

25. « Quand une phrase est dite dénuée de sens [*sinnlos*] ce n'est pas en quelque sorte son sens qui est dénué de sens [*so ist nicht sein Sinn sinnlos*]. Mais une combinaison de mots est exclue du langage, mise hors circulation. » (RP § 500).

26. Voir sur ce point l'article déjà cité de J. Benoist, « Sur quelques sens possibles… ».

27. *Ibid.*, p. 171.

28. S. Laugier, *Les sens de l'usage, op. cit.*, p. 42.

On peut en première approximation définir l'« usage quotidien » comme l'ensemble des utilisations de nos mots qui les mettent « au travail », c'est-à-dire les multiples façons de les employer qui leur donnent une fonction effective dans nos vies ordinaires, ce que Wittgenstein appelle les « jeux de langage » [...] – et cela par opposition aux emplois seulement apparents, à l'occasion desquels le langage « tourne à vide » (RP § 132), comme lorsqu'on croit avoir donné un nom à sa sensation privée[29].

Ce qu'introduit cette notion de « jeux de langage » n'est pas seulement une forme de normativité propre au langage, dans la mesure où les « jeux de langage » fixent leurs propres règles d'usage. Car, en réalité, le « jeu de langage » ne précède pas l'usage, il en est un modèle – possible ou réel. Ainsi, le jeu de langage est avant tout un modèle, un objet de comparaison mais n'est en rien une « définition » normative de l'usage, comme ce qui serait réglé d'avance. Comme le dit Pierre Hadot :

> Il n'y [a] donc pas « le » langage, mais des « jeux de langage », se situant toujours, disait Wittgenstein, dans la perspective d'une activité déterminée, d'une situation concrète ou d'une forme de vie[30].

> Pour Wittgenstein, on ne comprend pas le langage en soi, on comprend tel jeu de langage déterminé, en se plaçant soi-même dans tel jeu de langage déterminé, c'est-à-dire dans une attitude particulière, dans un modèle d'activité, dans une « forme de vie »[31].

Le jeu de langage n'est rien d'autre que la mise en scène d'une activité ou d'une forme de vie, au sein de laquelle nous pouvons en effet repérer des règles d'usage ou des manières de continuer à utiliser les mots et les phrases. Mais il n'y a là rien de prescriptif. Un usage ne saurait exclure d'autres usages possibles ou réels. Il n'y a pas des phrases typiquement sensées ou qui auraient en elles-mêmes un sens ou qui renverraient d'elles-mêmes à un jeu de langage, par plus qu'il n'y a de phrases en elles-mêmes dépourvues de sens. Ainsi, comme l'indique Lars Herzberg, ce qu'il fallait rejeter dans la conception « naturelle » du non-sens (combattue par Diamond et les new wittgensteiniens), c'est notamment l'idée qu'une phrase prise en elle-même a ou n'a pas de sens. Cette erreur est parallèle, ajoute-t-il, à celle qui consiste à penser que la signification du mot serait comme une atmosphère que le mot transporte avec lui (RP § 117)[32].

Mais si le mot ne transporte pas sa signification avec lui, si la signification n'a lieu que dans l'usage, comment faisons-nous le partage entre ce qui est un usage et ce qui n'en est pas un, si cette détermination ne peut se faire a priori ou du point de vue d'une norme ou d'une grammaire qui serait fixées d'avance ? En effet, dans les RP pas plus que dans le TLP, les mots ne sont

▧ 29. D. Perrin, « L'Exil et le retour », art. cit., p. 116-117.
▧ 30. P. Hadot, *Wittgenstein et les limites du langage*, Paris, Vrin, 2004, p. 11.
▧ 31. *Ibid.*, p. 73.
▧ 32. *Cf.* L. Herzberg, « The sense is where you find it », *in* T. McCarthy and Sean C. Stidd (eds.), *Wittgenstein in America*, Oxford, Oxford University Press, 2001, p. 90-102 [p. 3-4 de la version citée. URL : http : //web. abo.fi/fak/hf/filosofi/Staff/lhertzbe/Text/The_Sense_Is_Where_You_Find_It.pdf].

pas assignés à des fonctions grammaticales pour ainsi dire pré-déterminées. Mais ces fonctions se déterminent dans l'usage sensé.

L'extension de la notion de contexte – du contexte de la proposition au contexte d'usage – qui se produit dans le passage du TLP aux RP permet, dans un premier temps, de reconfigurer le non-sens et de sortir du paradoxe (apparent?) du TLP. En effet, l'entreprise du TLP semble paradoxale ou ironique[33] – je n'ai pas l'intention de discuter ici la question de savoir si elle l'est – car la conception que Wittgenstein y donne du non-sens peut conduire le lecteur à considérer la caractérisation philosophique du non-sens comme étant elle-même un non-sens et, du même coup, nous ne savons plus depuis quelle position le diagnostic de non-sens peut être fait.

En revanche, dans les RP, le non-sens est identifiable du point de vue des usages et des jeux de langage, au moyen du contraste entre ce qui constitue véritablement un usage du langage et un pseudo-usage. De ce point de vue, le non-sens est une forme d'échec du langage bien particulière puisqu'il est précisément ce pour quoi on ne peut déterminer de quoi il est l'échec. On ne peut pas le mesurer à l'aune de *ce qui a voulu être dit*, car il n'y a rien qu'il ait pu vouloir dire. En réalité, le non-sens n'est pas du tout un échec du langage, mais il est une parodie de langage; comme je le disais plus haut, un pseudo-usage, une pseudo-tentative de dire quelque chose.

Il faudrait, pour bien faire, nuancer ce contraste entre le TLP et les RP, car il y a bien, dès le TLP, un lieu depuis lequel le non-sens apparaît : il s'agit de la logique des usages du langage. En un sens, les RP ne font qu'étendre le concept d'usage pour le conformer à la pratique, plutôt que de le cantonner à une conception vériconditionnelle de la signification. Il n'en reste pas moins que cette extension (qui n'est pas la seule évolution du TLP aux RP) permet de sortir du paradoxe du TLP, car, dans les RP, la caractérisation du non-sens n'appartient plus au registre (lui-même non-sensé) de la métaphysique, mais à la grammaire (c'est-à-dire la logique) du langage lui-même (qui « va très bien » comme il est[34]).

Ce qui demeure en reste, une fois cela dit, c'est le thème problématique de la « détermination » du sens depuis les usages du langage. Le dehors du jeu de langage, c'est la *non-détermination* du sens (et pas seulement son *indétermination*, qui peut être caractéristique de l'ambiguïté du langage). Mais, alors que cette détermination pouvait (à la limite) prendre dans le TLP la forme d'un geste explicite de clarification logique des phrases, elle se produit, dans les RP, au sein d'un jeu de langage : donner le sens d'une phrase c'est l'intégrer à un jeu de langage déterminé, c'est-à-dire dans une forme de vie. Toute la difficulté de la position tient en ceci que, comme le dit Benoist, « [la logique de l'emploi] n'est prescrite par rien d'autre que par l'emploi lui-même »[35].

■ 33. *Cf.* J. Conant, « Frege and Early Wittgenstein on Elucidation », *in* A. Crary and R. Read (eds.), *The New Wittgenstein*, London, Routledge, 2000.
■ 34. L. Wttgenstein, *Le cahier bleu, op. cit.*, p. 71.
■ 35. J. Benoist, « Sur quelques sens… », art. cit., p. 169.

La métaphysique

Avant d'envisager et peut-être de résorber la tension liée à cette circularité de la logique de l'usage, voyons quelles conséquences celle-ci a sur notre conception du non-sens. Comme le fait remarquer Laugier :

> Que le sens soit ainsi donné par ce que nous faisons, par l'usage, est un élément fort de continuité du premier au second Wittgenstein, qui déplace le non-sens hors de la phrase, dans l'usage, sans pour autant (c'est important) le faire dépendre de l'usage et du « contexte ». Les principes du sens et du non-sens ne sont à chercher nulle part ailleurs que dans la réalité des usages linguistiques, de leur régularité et de leur indétermination[36].

Le déplacement qui s'est opéré du TLP aux RP ne serait donc pas exactement celui de l'introduction du concept d'usage (qui était déjà là), mais le résultat d'une extension de ce concept à la notion de jeux de langage, et non plus seulement d'une syntaxe logique à déployer. La conséquence pour le non-sens n'en est cependant pas que celui-ci deviendrait relatif à l'usage ou au contexte précisément parce que le non-sens est hors usage et a-contextuel. Toute la difficulté étant de comprendre (comme nous tenterons de le faire dans un instant) cette possibilité de l'a-contextualité.

À ce titre, revenons à la métaphysique au « sens péjoratif » de Wittgenstein, c'est-à-dire, comme dirait Descombes, au sens d'un « usage sémantiquement irresponsable » des mots de notre langage[37]. Comme dans la formule du § 116 des RP citée en introduction de cet article, il est bien ici question d'un « usage » métaphysique, irresponsable. Mais n'avons-nous pas dit que l'usage métaphysique était en réalité un pseudo-usage. C'est ce qui ressort à première vue de ces remarques de Benoist :

> Que se passe-t-il exactement là où le signe cesse d'être employé conformément à son usage habituel et où on plonge dans le non-sens ? Non pas exactement qu'une règle soit violée, qu'il y ait une offense à la syntaxe logique, comme si celle-ci dressait ici, comme une limitation aux usages humains, la barrière infranchissable du non-sens. Non, il faut bien plutôt dire, simplement, qu'on croit continuer à parler en un certain sens alors qu'en fait on ne le fait plus, et qu'*on n'a pas défini de nouvel emploi pour ce qu'on dit*. C'est dans cette absence de définition, non pas au sens d'une définition formelle, noir sur blanc, mais au sens d'une absence de fait de donation de sens, que vient s'engouffrer le non-sens[38].

> C'est alors dans la pesanteur d'un usage, désaxé de lui-même et dont on prétend pourtant retirer les bénéfices, sans avoir défini les conditions de son application au-delà de ses limites habituelles, qu'il faut voir le principe de ce qu'on nomme « illusions métaphysiques »[39].

■ 36. S. Laugier, *Les sens de l'usage, op. cit.*, p. 54.
■ 37. Voir V. Descombes, *Exercices d'humanité, op. cit.*, p. 75.
■ 38. J. Benoist, « Sur quelques sens… », art. cit., p. 170.
■ 39. *Ibid.*, p. 170-171.

« C'est donc, commente Laugier, dans l'usage usuel, et non dans l'obéissance à des règles, ni dans quelque autre instance légitimante ou excluante, que se trouvera la critique de la métaphysique. Rien d'étonnant puisque la métaphysique exploite, en faisant mine de la rejeter, la grammaire du langage ordinaire, qu'elle sollicite en dehors de ses conditions d'application sans s'en expliquer »[40]. C'est donc l'exil ou le déracinement qui produit le non-sens métaphysique, c'est-à-dire sa prétention paradoxale à s'affranchir des usages « habituels » tout en s'appuyant sur eux, sa prétention à « continuer à parler » depuis ces usages habituels tout en s'en détachant mais sans jamais indiquer comment.

Ainsi, s'il est incontestable pour Wittgenstein que le sens que nous donnons à nos mots dépend intégralement de nous et que, comme le dit Bouveresse, « le sens et le non-sens sont toujours en notre pouvoir ; ils ne sont pas donnés, mais décidés (cela ne signifie pas, bien entendu, qu'ils font l'objet d'une décision explicite) »[41], ceci n'enlève rien à « la pesanteur d'un usage ». Si les usages du langage sont, en un sens, constamment inédits, créatifs et indéterminés, ils ne peuvent l'être que sur le fond de cette « pesanteur de l'usage », qui indique, écrit Bouveresse, « des façons naturelles de continuer » – et d'autres, par conséquent, qui ne le sont pas :

> Il serait donc tout à fait absurde de dire que nous pouvons donner à nos mots littéralement n'importe quelle signification. Car, lorsque nous leur avons donné une signification dans certains contextes, il y a des façons naturelles et d'autres qui ne le sont pas de continuer, autrement dit de traiter les contextes d'un type nouveau dans lesquels ils sont susceptibles d'apparaître[42].

> Le fait que nous soyons amenés à éliminer certaines expressions de notre langage n'est pas une chose qui nous est imposée de l'extérieur, mais constitue lui-même un prolongement naturel de la façon dont nous avons appris à utiliser les mots[43].

Mais une fois ceci acquis, reste à déterminer concrètement comment s'y prendre pour repérer le pseudo-usage métaphysique. Car s'il y a porosité du langage ordinaire vers la métaphysique, il y a aussi porosité de la métaphysique vers le langage ordinaire. Et que prétend faire le métaphysicien si ce n'est faire usage du langage – quand bien même, à son insu, il ne le ferait pas vraiment. En quoi l'usage ordinaire endosserait-il une sorte d'autorité supérieure ? En quoi son « contexte » d'usage est-il plus déterminé que celui du métaphysicien (qui l'aurait simplement perdu) ? Nous atteignons le point de tension central de la critique de la métaphysique : le langage ordinaire ou la grammaire ne constituent clairement pas un point fixe depuis lequel opérer un diagnostic sur le discours métaphysique. Ils constituent un point mouvant qui est celui des pratiques situées. Dès lors comment déterminer le lieu depuis lequel légiférer quant à « l'usage » métaphysique ou non du langage, c'est-à-dire quant à la question du non-sens ? Autrement dit, si nous prenons au sérieux la plasticité

■ 40. S. Laugier, *Les sens de l'usage*, op. cit., p. 64.
■ 41. J. Bouveresse, *Dire et ne rien dire*, op. cit., p. 126.
■ 42. *Ibid.*, p. 122.
■ 43. *Ibid.*, p. 123.

des usages et la mobilité du contexte, le lieu d'immanence depuis lequel nous étions censés repérer le non-sens métaphysique semble condamné à nous glisser perpétuellement entre les doigts, comme le suggère cette remarque de Jean-Philippe Narboux :

> Le point décisif n'est pas que la signification réside dans l'usage, mais qu'il y a autant de catégories de significations qu'il y a de catégories d'usages et que la classification des catégories de significations n'est pas moins *relative* à une fin et à un contexte déterminé que la classification des catégories d'usage. La multiplicité indéfinie des types radicalement hétérogènes d'usages que recouvre l'apparence uniforme des mots n'est pas structurée absolument[44].

Avant d'envisager cette difficulté liée à la plasticité de la grammaire, examinons les aspects positifs de l'appel à la notion de contexte.

Contexte et circonstances

Dans sa critique de Diamond, Herzberg revient justement sur l'importance de la notion de contexte pour départager le sens du non-sens :

> Un contexte, pourrait-on dire, est précisément ce à la lumière de quoi la façon dont quelqu'un réagit à ce qui est dit importe[45].

En particulier, il reproche aux exemples de Diamond de faire comme si le caractère non-sensé des énoncés illustrant le non-sens devait nous apparaître, alors même, précisément, qu'une des leçons de Wittgenstein est qu'il est toujours possible, moyennant le déploiement du contexte, de donner sens à des phrases qui en sont apparemment dépourvues :

> Tant que le contexte n'est pas donné, une seule et même séquence de mots peut être dite exprimer un nombre indéfini de pensées[46].

S'il n'y a pas de non-sens en soi, pas plus qu'il n'y a de sens en soi, comme le pense Diamond, il faut aussi prendre au sérieux cette question du contexte. Sortie de son contexte, la phrase « César a franchi le Rubicon » n'a ni plus ni moins de sens que « César est un nombre premier ». Il nous faut la précision des circonstances de l'énonciation pour déterminer si nous pouvons justement donner un sens – c'est-à-dire déterminer le contexte d'usage – à ces phrases :

> Les questions concernant le sens d'une phrase ne peuvent être posées qu'à propos de phrases employées par des locuteurs particuliers en des occasions particulières[47].

Pour comprendre l'objection, penchons-nous sur les exemples que donne Herzberg sur les moyens de donner un sens à ces phrases. Nous nous permettons de les citer directement en anglais en raison du caractère intraduisible littéralement de ceux-ci :

■ 44. J.-Ph. Narboux, « *Qua.* Heidegger, Wittgenstein, et le nivellement logique du sens », dans C. Gauvry (éd.), *L'usage chez Heidegger et Wittgenstein*, *Les Études Philosophiques* 3, 2010, p. 398.
■ 45. L. Herzberg, « The sense is where you find it », art. cit., p. 5.
■ 46. *Ibid.*, p. 5.
■ 47. Herzberg, « The sense is where you find it », art. cit., p. 10.

Il me semble que des considérations analogues à celles qui pourraient nous convaincre d'abandonner la vision naturelle du non-sens devraient aussi nous rendre suspicieux quant à la possibilité de demander si une *phrase*, en elle-même, a ou n'a pas de sens. Cora Diamond dit : « il n'est pas évident que le premier mot dans (C) "Caesar is a prime number"[48] signifie ce qu'il signifie dans "When did Caesar cross the Rubicon ? " »[49]. Ainsi, elle semble prendre pour acquis de toute évidence que la seconde phrase *est* un usage déterminé du mot « Caesar ». Mais il n'y a, semble-t-il, aucune raison de le penser. Après tout, la phrase « Caesar crossed the Rubicon »[50] pourrait tout aussi bien décrire, par exemple, les trafics entre un agent de la mafia nommé Caesar et un syndicat du crime surnommé le Rubicon.

Ou encore, si mon fils avait une tortue nommée Caesar et que je lui demandais soudain : « Did you know that Caesar crossed the Rubicon ? »[51], il penserait probablement que je dis n'importe quoi.

Ou imaginons, au contraire, cette conversation entre deux juges à un concours canin : A : « What are the prime contenders in this class ? » / B : « Well, Caesar is a prime number » / A : « Which one is that ? » / B. « It's number 53 » / A : « Yes, you're right of course, 53 really is a prime number. »[52]. L'exemple est peut-être un peu tiré par les cheveux, mais il semble nous fournir un cas dans lequel, d'un côté (C) a un sens, tandis que « 53 is a prime number » n'est pas employé comme un énoncé arithmétique[53].

Comme le montrent ces exemples, le sens d'une phrase ne se détermine donc que sur fond de circonstances appropriées ou non et qui permettent justement de dessiner un contexte. Ainsi, si sens et contexte sont indissociables, la phrase n'en transporte pas plus avec elle son contexte – ou plutôt les contextes possibles de ses applications – qu'elle ne transporte avec elle son sens. Le contexte, comme le sens, se détermine sur fond de circonstances. Comprenons-nous bien ici sur la différence entre contexte et circonstances.

Telles que nous les comprenons, les circonstances sont ce qui a lieu, elles sont contemporaines de l'acte de parole mais ne sont pas circonscrites par l'acte. Ainsi, s'il faut partir de l'acte pour en déterminer les circonstances, on ne peut délimiter a priori ce qui des circonstances est pertinent pour comprendre l'acte. Car ce qui est pertinent pour comprendre l'acte, c'est précisément cette partie des circonstances que nous appelons « contexte » ; cette partie des circonstances qui joue un rôle dans la détermination du sens. Or, précise Benoist :

> Les circonstances, par définition, peuvent ne pas être appropriées. Dans ce cas, semble-t-il, elles ne constituent pas un « contexte » au sens plus étroit

▓ 48. « César est un nombre premier ».
▓ 49. « Quand César a-t-il franchi le Rubicon ? »
▓ 50. Ici, Herzberg joue sur l'ambiguïté du verbe anglais « crossed », qui peut signifier « traverser » ou « croiser ».
▓ 51. « Savais-tu que César a franchi le Rubicon ? »
▓ 52. En français, le jeu de mots ne marche pas puisqu'il faut comprendre quelque chose comme : A : « Qui sont les meilleurs concurrents de cette catégorie ? / B : « Eh bien, César est un *numéro gagnant** » / A : « Lequel est-ce ? » / B : « Le numéro 53 » / A : « Oui, vous avez raison, en effet, le 53 est vraiment un *numéro gagnant**. »
▓ 53. L. Herzberg, « The sense is where you find it », art. cit., p. 3-4.

que nous avons isolé. On aimerait bien effectuer tel ou tel acte mais il manque le contexte pour cela[54].

Cette possibilité de l'impropriété des circonstances est ce qui rend possible la compréhension du non-sens, non pas (nécessairement), comme on l'a dit, en raison de son inadéquation à un ordre qui le précèderait, mais en raison de la non détermination du contexte, et même plus exactement de l'impossibilité de déterminer le contexte d'un (pseudo)énoncé. Voici donc en quoi le non-sens est au moins sous un aspect *absence de contexte*. Quelle différence cela fait-il de considérer un énoncé (*utterance*) dans son contexte ?

Cela ne signifie pas simplement que nous élargissons le nombre de facteurs pris en considération pour établir le sens d'un énoncé, comme si le sens était fonction d'un ensemble déterminé de variables contextuelles en plus des variables verbales. Ce serait clairement un malentendu puisqu'il est impossible de déterminer par avance quelles considérations contextuelles seront pertinentes pour comprendre ce que dit une personne. Ce à quoi nous réagissons au cours d'une conversation, pourrait-on dire, c'est l'énoncé particulier dans son contexte particulier, notre compréhension de l'énoncé et notre compréhension du contexte étant mutuellement dépendantes. On pourrait penser que ceci rend la question de la compréhension circulaire, mais il n'y a pas ici de cercle vicieux, car en parlant et en écoutant nous ne cherchons pas à prouver quoi que ce soit[55].

Ici, la question énigmatique de la détermination du sens semble se clarifier au moins en partie : déterminer le sens d'un énoncé, c'est aussi bien en déterminer le contexte d'énonciation, c'est-à-dire, entre autres, dire quel type d'acte de parole a été fait et quelles en sont les conséquences éventuelles.

Ainsi, donner le contexte d'un énoncé ne saurait de toute évidence se faire in abstracto, mais seulement sur fond de circonstances. C'est ce qui permet à Wittgenstein d'affirmer que s'il est toujours en principe possible de donner un sens à n'importe quelle phrase en lui inventant, pour ainsi dire, un contexte – c'est-à-dire en produisant un jeu de langage dans lequel elle pourrait être dite (au sens de « faire sens ») – cela ne signifie pas que le sens (possible) était contenu par avance dans la phrase. Une telle conclusion nous ferait perdre la normativité du sens et avec elle la possibilité du non-sens. Comme le souligne Benoist :

C'est une intuition qu'on trouve aussi dans *De la certitude*, qu'il n'y a pas d'énoncé paradoxal et apparemment « dépourvu de sens » auquel on ne puisse donner un sens moyennant un scénario un peu complexe, une *modification de contexte*. Ce serait évidemment une erreur de se croire autorisé à en inférer que ce qui, apparemment, n'avait pas de sens, en fait *en avait*, c'est-à-dire que la possibilité du changement de contexte se voyait déjà comprise dans le sens initialement donné et « supporté » par lui[56].

■ 54. J. Benoist, *Sens et sensibilité*, Paris, Le Cerf, 2009, p. 222.
■ 55. L. Herzberg, « The sense is where you find it », art. cit., p. 7.
■ 56. J. Benoist, « Sur quelques sens… », art. cit., p. 230.

La possibilité du changement de contexte implique de considérer l'acte de parole dans son entier et pas seulement la phrase prise isolément. Ainsi, lorsque le métaphysicien profère un non-sens, quelque chose a bien été *fait*, ce qui ne signifie pas que quelque chose a été *dit*. Le philosophe a voulu ou cru employer des mots (des mots qu'il comprenait), mais il ne l'a pas fait. Il a simplement proféré un non-sens. Car les circonstances de son énoncé ne permettent pas d'en déterminer le contexte. Il compte trop sur l'illusion déjà dénoncée que les mots transportent leur sens avec eux.

Si les circonstances ne disent rien positivement du sens d'un énoncé, elles sont ce sur fond de quoi nous mesurons la réussite ou l'échec de l'acte, et *a fortiori* de l'acte de parole. Échouer à dire, cela peut bien sûr simplement faire dire à nos mots autre chose que ce que nous voulions dire mais, plus radicalement, là où le non-sens nous fait sortir de la sphère du dire, échouer à dire, c'est ne rien dire du tout. Ici, nous pouvons distinguer (quoique celles-ci soient indissociablement liées) la normativité de l'action en général de la normativité du dire. Où nous comprenons enfin en quoi dire et faire sens sont une seule et même chose.

Encore une fois, l'échec du dire n'est pas celui d'un dit qui ne dit rien (comme peut-être celui des propositions de la syntaxe logique du TLP), c'est un échec qui échappe à la normativité du dire, qui en est exclu et qui fait donc (généralement involontairement) autre chose que dire.

Usages : le dire et le faire

Pour revenir au geste wittgensteinien qui consiste à reconduire les mots de leur usage métaphysique à leur usage quotidien, la tension qu'il impliquait était, selon les mots de Herzberg, la suivante :

> Le paradoxe est le suivant : il semble que nous devrions comprendre ce que dit le locuteur pour réaliser que nous ne comprenons pas ce qu'il dit. Bien sûr, si un énoncé n'a pas de sens il n'y a là rien *à* comprendre, rien qui pourrait être évident ou ne pas l'être[57].

Pour le dire autrement, il semblait qu'il faille que nous commencions par reconnaître l'usage métaphysique comme un usage, avant de pouvoir y reconnaître un pseudo-usage ou un non-sens. Or, nous avons vu dès le départ que cette possibilité est rejetée par Wittgenstein. Restait à savoir à l'aune de quoi nous devions mesurer le non-sens. Ici, la difficulté semblait se renforcer :

> D'une certaine façon, le sens n'est que là où il est donné, c'est la grande leçon de Wittgenstein, cela dès le *Tractatus*, mais, d'un autre côté, en un autre sens, le sens n'est jamais « donné » comme quelque chose sur quoi on pourrait se replier. Et de ce point de vue, pas plus qu'il n'y a de limite qu'on pourrait tracer à notre langage de l'extérieur, il n'est sûr qu'il y en ait qu'on puisse tracer – ou plutôt expérimenter – en creux, en négatif, « à l'intérieur »[58].

---

57. L. Herzberg, « The sense is where you find it », art. cit., p. 12.
58. J. Benoist, « Sur quelques sens… », art. cit., p. 178.

Dès lors, nous pouvons entrevoir (même si on ne fait que l'entrevoir ici) une solution à cette circularité de l'usage. En effet, il s'agit de comprendre le non-sens métaphysique comme une simple *indétermination* du contexte – en attente d'une détermination qui donnerait un sens au questionnement métaphysique[59] – plutôt que comme une *indéterminabilité* du contexte – qui serait alors indéterminable en principe (et pas seulement en raison de l'inadéquation spécifique des circonstances), en tant qu'il se présente comme un discours du point de vue de nulle part.

En effet, si on prend au sérieux l'exclusion principielle d'un point de vue de nulle part dans la philosophie wittgensteinienne, alors cette dernière conception du non-sens métaphysique est problématique. Car ce qui est dit ou ce qui échoue à dire, n'en demeure pas moins dans l'ordre de ce qui est fait ou a été fait. Ce n'est pas parce que rien n'a été fait *avec le langage* (rien n'a été dit à proprement parler) que rien n'a été fait tout court. Le non-sens métaphysique, à défaut d'être un usage du langage (si l'on en croit une certaine conception wittgensteinienne du non-sens) n'en est pas moins un acte. Dès lors, le non-sens métaphysique, à défaut d'être normé par une normativité linguistique (la grammaire au sens de Wittgenstein) ne peut s'empêcher d'être normé par une logique de l'action : celle d'un vouloir faire qui échoue à faire, puisque le vouloir dire échoue à dire et même à être un vouloir dire. En effet, le métaphysicien n'a non seulement rien dit, mais il n'y a rien qu'il ait pu vouloir dire. Cependant, il n'empêche qu'il a bien cru vouloir dire ou essayé de (vouloir) dire. De ce point de vue, l'analyse de cette tentative avortée peut être comprise (et même doit être comprise) dans le cadre d'une philosophie de l'action.

Sans la résorber totalement, ce constat ouvre une voie pour appréhender la tension subtilement mise en évidence par Benoist :

> Si ce qui fait le sens, c'est l'usage, et s'il n'y a d'autre norme au fond que l'immanence de l'usage, si ce qui existe c'est le sens, et non le non-sens, si on peut dire, et si à la limite par là même tout ce qui existe a un sens – il n'y a en dernier ressort pas d'autre critère pour le sens que cette espèce d'*effectivité* des jeux de langage, qui mesure en dernier ressort (et elle seule) exactement l'espace du possible logique –, de quel droit pourrons-nous jamais exclure la possibilité d'un sens[60] ?

La réponse est que nous ne pouvons pas exclure la *possibilité* d'un sens, mais que nous pouvons distinguer, dans l'ordre de ce qui a été fait, si quelque chose a bien été dit ou non.

Conclusion

Pour conclure, en partant des lectures austères du non-sens chez Wittgenstein, nous avons donc proposé de réinterroger la tension qu'elles mettent en évidence en montrant comment un énoncé vide de sens n'est pas simplement un énoncé auquel nous échouons à donner un sens, mais n'est pas un énoncé

■ 59. Peut-être au sens où il toucherait toujours à la question des limites, c'est-à-dire à des vérités grammaticales.
■ 60. J. Benoist, « Sur quelques sens … », art. cit., p. 173-174.

du langage du tout. Mais de quel droit et depuis quelle position le philosophe peut-il prétendre rejeter hors du langage ce qui, à première vue, semble bel et bien en faire partie ? Nous avons vu qu'un premier élément de réponse était à trouver dans la notion de « jeu de langage » dans son rapport aux usages et à la pratique : il semblerait que le non-sens relève précisément de ce que nous ne parvenons à rattacher à aucune pratique, à aucun usage, à aucun jeu de langage déterminé. Mais que pouvait bien désigner cette incapacité ? Ne pouvons-nous pas, comme le fait Wittgenstein lui-même, inventer des contextes dans lesquels n'importe quel énoncé peut prendre sens ? C'est cette tension que j'ai explorée ensuite en montrant en quoi l'énoncé métaphysique (au sens péjoratif) était précisément décroché de ses usages possibles, une sorte de pseudo-usage du langage (qui n'est donc pas un usage du tout). Mais depuis quel lieu d'autorité le philosophe peut-il reconnaître ces pseudo-usages ? La réponse à cette question exigeait de clarifier la notion de contexte d'usage, comme ce qui n'est pas donné a priori (ou contenu dans l'énoncé), mais qui fait intégralement partie du jeu de langage joué. Ce qui m'a incitée à prendre tout à fait au sérieux la dimension de pratique et d'action comprise dans la notion de « jeu de langage », notamment en son sens négatif : être hors de tout jeu de langage, décroché de toute pratique, ce n'est pas n'avoir aucun sens possible imaginable, mais c'est échouer de fait à dire, à jouer un certain jeu de langage en contexte.

Valérie Aucouturier
Université Saint-Louis, Bruxelles – Centre Prospéro

Les limites du langage

L'EXPÉRIENCE PSYCHIQUE, UNE EXPÉRIENCE INDICIBLE?

Charlotte Gauvry

Peut-on parler de nos vécus, à savoir des expériences que nous vivons en première personne et qui n'ont pas de manifestations dans nos comportements? En partant de l'analyse des énoncés psychologiques de Wittgenstein, l'enjeu du présent article est de montrer l'inanité des lectures béhavioristes comme psychologiques de l'expérience psychique. On défendra que ces deux options philosophiques, en dépit de leurs oppositions, présentent le trait commun de considérer la vie psychique comme une réalité à laquelle on aurait (ou non) accès. On soutiendra par contraste la thèse suivante : loin d'être inaccessible ou indicible, l'expérience psychique ne se manifeste que dans le langage si bien que son analyse doit être conceptuelle.

S'il est un « territoire » dont il convient de se demander s'il est dicible, à supposer que la métaphore spatiale soit pertinente, c'est bien celui de nos expériences psychiques[1]. Pouvons-nous parler de nos vécus, à savoir des expériences que nous vivons en première personne et qui n'ont pas de manifestations externes dans nos comportements? Pour prendre quelques exemples, le fait que j'éprouve une expérience perceptive (visuelle, tactile, olfactive, ...), un désir, une volonté, une croyance ou un jugement est-il exprimable dans un langage?

C'est là un problème classique de l'histoire de la philosophie qui a été thématisé à plusieurs reprises, en particulier sous le nom du problème de l'« introspection ». Selon cette formulation du problème, la question consiste à demander si nous pouvons « observer à l'intérieur de nous-même » (*introspectare*) en portant une attention réflexive à nos vécus psychiques.

---

1. Je parlerai ici indifféremment d'expérience psychique ou mentale. J'utiliserai parfois aussi le concept d'« expérience vécue », en référence au terme allemand « Erlebnis ». J'éviterai en revanche de parler d'« expérience interne » dans la mesure où le concept est peu satisfaisant du point de vue wittgensteinien qui sera ici le mien.

La notion et la méthode font largement controverse. En 1830, Auguste Comte[2] en contestait déjà la fiabilité et même la possibilité. Au nom de l'argument désormais célèbre de la « colère », il remarquait en particulier que l'introspection, à savoir la prise en charge réflexive et discursive de ce qui est conscient, a toujours nécessairement un temps de retard sur l'expérience psychique : constater et dire que l'on est en colère, ce n'est déjà plus en parler car le simple fait d'en parler modifie la colère. La légitimité de la méthode introspective n'a cessé d'être questionnée depuis la fin du XIXe siècle, que ce soit par les praticiens de la psychologie expérimentale eux-mêmes[3], par les néo-Kantiens comme Paul Natorp[4] (au prétexte qu'un processus d'objectivation ne pourra jamais décrire de manière pertinente une expérience de la conscience subjective), ou bien sûr, de manière plus radicale, par les béhavioristes comme John B. Watson ou Burrhus D. Skinner[5]. Aujourd'hui encore, les débats les plus contemporains sur la conscience mettent en cause la fiabilité de l'introspection en raison notamment de ses facultés d'altération, de sa dépendance problématique à la mémoire, etc.[6].

> L'introspection a toujours un temps de retard sur l'expérience psychique

Une réponse possible à ces interrogations sceptiques est de renoncer à la méthode introspective en décrétant qu'elle n'est pas fiable – et donc qu'on ne peut pas décrire discursivement nos vécus (scepticisme méthodologique), voire même que son objet, à savoir l'expérience psychique, n'existe pas (scepticisme ontologique).

Wittgenstein a été souvent présenté comme un héraut de l'une ou l'autre de ces formes de scepticismes béhavioristes. Or ces lectures de Wittgenstein ne me semblent pas pertinentes. J'entends en particulier montrer que la critique wittgensteinienne est davantage une critique grammaticale que sceptique. Le philosophe de Cambridge n'entend pas plus nier la réalité de l'expérience psychique que la fiabilité de sa connaissance mais plutôt montrer que la question de son analyse ne se pose pas dans les termes d'une réalité à laquelle on aurait (ou non) accès. La critique vise en conséquence les lectures béhavioristes au même titre que les lectures psychologiques de l'expérience.

Le premier enjeu de cet article est donc d'abord doxographique : j'entends évaluer la pertinence de ces lectures béhavioristes de Wittgenstein et, ce faisant, le rapport de Wittgenstein à la psychologie. Le second est plus philosophique : en examinant la critique grammaticale de l'introspection proposée par Wittgenstein, j'évaluerai la portée de l'analyse conceptuelle. Je

2. A. Comte, *Cours de philosophie positive*, Paris, Rouen Frères, 1830.

3. En particulier dans l'école de Wundt (dont se distinguera celle de Külpe, en partie pour cette raison) où elle fut pourtant beaucoup pratiquée. Voir par ex. K. Danziger, *Constructing the subject*, Cambridge, Cambridge University Press, 1990.

4. Voir en particulier P. Natorp, *Allgemeine Psychologie nach kritischer Methode*, Tübingen, J.C.B. Mohr, 1921, trad. fr. E. Dufour et J. Servois, *Psychologie générale selon la méthode critique*, Paris, Vrin, 2008.

5. Voir par exemple son texte emblématique : J. B. Watson, « Psychology as the behavior views it », *Psychological review* 20, 1913, p. 158-177 et *Behaviorism* [1924], London, Transactions Publisher, 1998. Voir aussi B. F. Skinner, *The Behavior of organisms* [1938], Acton, Copley Publishing Group, 1991.

6. De manière paradigmatique, on renvoie aux travaux d'Eric Schwitzgebel, en particulier : *Describing Inner Experience ?*, Cambridge (Mass.), MIT Press, 2007.

montrerai que non seulement l'expérience psychique est dicible mais, plus encore, que c'est une erreur de grammaire de penser qu'il y a un pan de l'expérience qui ne l'est pas. Aussi, les limites de l'expérience coïncident-elles exactement avec les limites du langage, du moins dans les cas ordinaires. Je m'interrogerai pour finir sur la propension de l'analyse conceptuelle à nous parler de cette expérience. Si le langage et l'expérience sont coextensifs, peut-on aller jusqu'à dire que l'expérience psychique n'est pas autre chose qu'une expérience linguistique?

Je procéderai de la façon suivante. Je montrerai d'une part que la position de Wittgenstein, du moins celle du dit « second Wittgenstein », ne s'apparente pas à un scepticisme ontologique, en ceci qu'il ne récuse en aucun cas l'existence des expériences psychiques. Il ne peut pas à ce titre être considéré comme un béhavioriste au sens ontologique. J'aborderai d'autre part la question complexe du scepticisme épistémologique. Je commencerai par montrer qu'elle repose sur une mauvaise formulation. La méthode d'analyse des vécus psychiques de Wittgenstein présente en effet la spécificité d'être essentiellement conceptuelle. Aussi, loin d'être indicibles, nos expériences psychiques ne s'attestent que dans les régimes de discursivité déployés pour les décrire. Elles ne nous sont donc jamais extérieures en ceci qu'elles se manifestent dans notre langage. Il en résulte que c'est une erreur (typiquement philosophique) d'opposer d'emblée un régime d'intériorité à un régime d'extériorité. C'est principalement pour cette raison que la méthode introspective, telle qu'elle fut thématisée par les psychologues du début du XXᵉ siècle, est fallacieuse. Je tâcherai cependant de montrer, contre le béhaviorisme logique, que la méthode wittgensteinienne, quoique conceptuelle, s'enracine dans l'expérience. Si la tâche du philosophe-grammairien est bien d'être attentif à la spécificité grammaticale des manifestations *linguistiques* de notre vie psychique, par exemple au fait que certains énoncés comme « j'ai mal », « j'ai peur », « je suis triste » etc. présentent des traits grammaticaux caractéristiques, il n'est pas exclu qu'ils nous parlent aussi, voire qu'ils nous délivrent des informations, sur l'*expérience* psychique.

Pour mener cette étude, je m'appuierai essentiellement sur les textes de « philosophie de la psychologie » rédigés par Wittgenstein de 1946 à 1951 : les *Bermekungen über die Philosophie der Psychologie*[7] (BPP par la suite), publiées de manière posthume à partir des tapuscrits TS 229 (de novembre 1947) et TS 232 (d'octobre 1948) et les *Letzte Schriften über die Philosophie der Psychologie I-II*[8] (LS par la suite) de 1949-1951. J'utiliserai également les remarques psychologiques de ses *Philosophische Untersuchungen* (PU par la suite[9]), en particulier la deuxième partie (1947-1949), ainsi que ses dernières *Bemerkungen über die Farben* (BF) de 1950-1951[10].

■ 7. L. Wittgenstein, *Bemerkungen über die Philosophie der Psychologie* I-II, Oxford, Blackwell, 1980, trad. fr. G. Granel, *Remarques sur la philosophie de la psychologie*, Mauvezin, TER, 1989 (vol. I), 1994 (vol. II).

■ 8. L. Wittgenstein, *Letzte Schriften über die Philosophie der Psychologie I-II*, Oxford, Blackwell, 1992, trad. fr. G. Granel, *Derniers écrits sur la philosophie de la psychologie*, Mauvezin, TER, 1985 (vol. I), 2000 (vol. II).

■ 9. Pour la pagination des *Philosophische Untersuchungen* (désormais) PU, j'indique celle de la traduction française : *Recherches philosophiques*, E. Rigal (dir.), Paris, Gallimard, 2004.

■ 10. Ces textes ont connu ces dernières années un regain d'intérêt considérable. Il serait fastidieux de citer ici l'abondante littérature sur la question. Je me contente d'évoquer les travaux fondateurs francophones de

Une expérience psychique ? Retour sur les lectures béhavioristes de Wittgenstein

Comme rappelé d'emblée, il existe une tradition de lecture béhavioriste de Wittgenstein. À mon sens, ces lectures s'expliquent en bonne part par la présentation contestable qu'en fit Ryle dans son célèbre *Concept of Mind*[11] de 1949. Nombreux sont ceux qui se réfèrent encore aujourd'hui à Wittgenstein pour justifier la pertinence d'un béhaviorisme de type ontologique ou logique[12]. Ces lectures ne me semblent pas légitimes pour les raisons que je vais présenter. Elles ne sont cependant pas aberrantes en ceci que l'on comprend aisément leurs motivations. Au crédit de la lecture béhavioriste de type ontologique, on peut en effet rappeler que Wittgenstein récuse incontestablement toute forme de dualisme de type cartésien qui opposerait la « substance pensante » à la « substance étendue », « l'intérieur » à « l'extérieur » pour reprendre sa terminologie[13]. Différents arguments sont mobilisés par Wittgenstein à ce titre. Dans les *Recherches* comme dans les *Derniers écrits*, Wittgenstein remarque pour commencer qu'une telle distinction aurait le travers de réifier les phénomènes mentaux (ou psychiques), c'est-à-dire de les considérer comme des entités mentales disposant de propriétés mentales. C'est ce qui est à l'œuvre quand on parle de « processus incorporel » (PU § 339) ou de « processus psychique » (LS I § 976). Qui plus est, la conception dualiste nous enjoindrait à considérer que ces « entités » mentales sont « privées », au sens ontologique où elles n'existeraient que pour moi et au sens épistémologique où moi seule y aurais accès[14]. Enfin, comme l'a montré Charles Travis, Wittgenstein récuse clairement la notion de « représentation mentale » ou « interne »[15]. C'est la raison pour laquelle Wittgenstein peut affirmer de manière tout à fait explicite : « N'essaie pas d'analyser en toi-même l'expérience vécue ! [*in dir selbst das Erlebnis*] » (LS I § 548 et PU II, xi, p. 288).

L'incontestable défiance de Wittgenstein à l'égard du dualisme n'en fait pas pour autant un béhavioriste[16]. Pour commencer, Wittgenstein fournit lui-même une réponse à la question rhétorique qu'il pose au paragraphe 307 des *Recherches*. À la question : « N'es-tu donc pas un béhavioriste masqué ? Au fond, ne dis-tu pas que tout est fiction, sauf le comportement humain ? », il répond : « Si je parle d'une fiction, c'est d'une fiction grammaticale ». Si l'on peut concéder que la réponse est énigmatique, elle signifie à tout le moins que la vie psychique est une fiction grammaticale dont on peut parler.

Jacques Bouveresse, Sandra Laugier, Jean-Pierre Cometti, Jean-Jacques Rosat, Christiane Chauviré, ainsi que les travaux germanophones de Joachim Schulte et les travaux anglophones de Saul Kripke, Sydney Shoemaker, Ian Hacking, Bill Child ou David Finkelstein.

▨ 11. G. Ryle, *The Concept of Mind*, Chicago, Chicago University Press, 2002.

▨ 12. Voir exemplairement J. Fodor and C. Chihara, « Operationalism and Ordinary Language », *American Philosophical Quaterly* 2, 1965, et D. Dennett, *Consciousness Explained*, New York, Little, Brown and Co, 1991.

▨ 13. Rappelons que la 2ᵉ partie des *Derniers écrits* ... est intitulée « The Inner and the Outer ».

▨ 14. Sur ce double sens de « privé », voir « Privacy », dans H.-J. Glock, *A Wittgenstein Dictionary*, Oxford, Blackwell, 1996, p. 304-309.

▨ 15. Voir Ch. Travis, *Unshadowed Thought*, Cambridge (Mass.), Harvard University Press, 2000.

▨ 16. C'est déjà la thèse que défendaient par exemple S. Kripke, *Wittgenstein on Rules and Private Language*, Oxford, Blackwell, 1982 ; I. Hacking, « Wittgenstein the Psychologist », *New York Review of Books* 9/5, 1982 et J. Schulte, *Erlebnis und Ausdruck. Wittgensteins Philosophie der Psychologie*, München, Philosophia Verlag, 1987, trad. angl. *Experience and Expression*, Oxford, Clarendon Press, 1995.

De manière plus explicite, dans le paragraphe suivant, Wittgenstein ajoute qu'il n'a en aucun cas l'intention de récuser l'existence de la vie psychique : « Nous semblons avoir nié l'existence des processus psychiques. Pourtant nous ne voulons évidemment pas la nier! » (PU § 308). Il précisait en effet auparavant, tout aussi clairement, qu'il ne peut pas y avoir de « différence plus grande » qu'entre « un comportement de douleur accompagné de douleur » et « un comportement de douleur en l'absence de douleur » et, qu'en conséquence, la « sensation », de même probablement que tous les autres phénomènes psychiques, « n'est pas un rien » (PU § 304). Pour ces différentes raisons textuelles, je considère que les lectures éliminativistes de Wittgenstein sont trompeuses.

Cela étant, les lectures béhavioristes de Wittgenstein, au sens logique, sont d'après moi beaucoup plus plausibles. Ces interprétations ne soutiennent pas que Wittgenstein nie la réalité de nos expériences psychiques, ni même la possibilité de la conscience de ces expériences. Elles ne considèrent pas non plus, comme l'exigeraient des béhavioristes épistémologiques (qui pourfendent la méthode introspective), que nous n'avons un accès épistémique qu'à nos comportements extérieurs. La thèse du béhaviorisme logique est exclusivement sémantique : seuls les énoncés dont les conditions de correction sont intersubjectives ont du sens[17]. Or cette lecture est en effet assez proche de la lettre du texte de Wittgenstein dans la mesure où le philosophe de Cambridge défend la thèse d'après laquelle un langage dont les critères de correction sont privés n'est pas un langage sensé et à vrai dire pas un langage du tout (c'est le célèbre argument contre le « langage privé », développé par exemple en PU § 275).

Pour autant, il me semble plus juste encore de qualifier la méthode wittgensteinienne de « conceptuelle », en particulier pour décrire la manière dont il thématise l'expérience psychique. Certaines citations des *Recherches :* « Nous n'analysons pas un phénomène (la pensée par exemple), mais un concept (celui de pensée par exemple), et donc l'application d'un mot » (PU § 383) ou des *Derniers écrits :* « Parfois le conceptuel est dominant dans l'aspect. Je veux dire : Parfois l'expression du vécu de l'aspect n'est possible que par une explicitation conceptuelle » (LS I § 582) sont éloquentes. S'il y a un phénomène à analyser, son analyse ne pourra être fournie que dans le langage en ceci que c'est son concept, et la manière dont il en est fait usage dans le langage, que le philosophe est en mesure d'analyser. C'est à mon sens ce que signifie la fameuse formule des *Recherches :* « L'essence est exprimée dans la grammaire » (PU § 371).

Pour ces différentes raisons, et pour répondre à la première question qui m'intéressait, la notion d'« expérience psychique » n'est en aucun cas répudiée par Wittgenstein, du moins pas dans le corpus ici examiné. Il n'en résulte pas pour autant que Wittgenstein souscrirait sans réserve aux conclusions de la psychologie descriptive du tournant du XXe siècle et à la possibilité d'une

---

■ 17. Pour un exposé éclairant de la thèse et des enjeux du béhaviorisme logique, voir par ex. B. Leclercq, « *What is it like to be a bat ?* Phénoménologie à la troisième personne de Wittgenstein à Dennett », *Bulletin d'analyse phénoménologique*, VI/2, 2010.

analyse descriptive, voire réflexive, de cette expérience psychique. C'est ce qu'il convient d'expliquer.

Une analyse conceptuelle de l'expérience psychique

Dans la partie précédente, j'ai montré l'inanité des lectures béhavioristes, au sens ontologique, de Wittgenstein et, par contraste, la pertinence plus aiguë des lectures béhavioristes au sens logique. Je n'ai cependant rien dit, ou presque, des lectures béhavioristes au sens épistémologique. Or ces lectures me paraissent d'autant plus problématiques qu'elles reposent sur une erreur de formulation. Comme suggéré d'emblée, la position de Wittgenstein ne consiste pas à répondre positivement, ou même négativement, à la question de savoir si nous avons un accès épistémique à nos vécus. Elle consiste bien plutôt à montrer la stérilité d'une telle formulation transcendantale en manifestant par contraste la fécondité de l'analyse conceptuelle.

Wittgenstein considère en effet que l'analyse de la vie psychique se doit avant tout d'être conceptuelle. Aussi, il ne s'agit pas pour lui d'analyser la manière dont on expérimente nos phénomènes psychiques mais plutôt comment leurs concepts sont utilisés dans différents jeux de langage. Les nombreux exemples de Wittgenstein sont sans équivoque à cet égard. J'en cite deux pour commencer. Le premier concerne la détermination de la durée d'un état mental – à savoir une question typique de la psychologie empirique. Or, selon Wittgenstein, la seule manière de déterminer si un concept psychologique est celui d'une expérience qui a une durée consiste à examiner dans quel jeu de langage il est utilisé et si, par exemple, il aurait du sens dans les jeux de langage suivants : « Fais attention et fais-moi signe si l'image (le bruit etc.) change » (BPPII § 50) ou « Détermine [...] à l'aide d'un chronomètre combien de temps dure une impression » (BPPII § 51). C'est uniquement à l'aide d'exercices conceptuels de ce type que l'on peut décréter qu'« un savoir, une aptitude ou une compréhension » (BPPII § 51) n'ont pas de durée mesurable. Le deuxième exemple concerne l'étude des couleurs. Il est d'autant plus intéressant qu'il s'agit aussi de l'un des topos de la littérature psychologique[18]. Or, ici encore, Wittgenstein stipule que pour décider si « vert », par exemple, est une couleur primaire, plutôt que de se référer à notre expérience des représentations chromatiques, il convient d'analyser la manière dont on use du concept « vert ». Il remarque à cet effet que si l'on parle parfois de « rouge-jaune », il n'est pas d'usage de parler de « jaune-bleu » ou de « bleu-jaune », ce qui suggère que « vert », contrairement à « orange », est une couleur primaire (BF I, 7). La conclusion de Wittgenstein est sans appel : « ici, ce sont les jeux de langage qui décident » (BF 6). Il en résulte que la méthode d'analyse de Wittgenstein est manifestement conceptuelle et grammaticale.

Pour montrer la radicalité comme la constance de cette thèse de Wittgenstein, je propose d'accorder désormais une attention spécifique à l'étude de trois

---

18. Par exemple, pour ne citer que quelques noms, c'est un problème déjà très discuté, outre par Goethe (1810), par Runge (1810), Helmholtz (1867), Wundt (1874), Brentano (1893), Höfler (1897), Ebbinghaus (1902), Meinong (1903), Ostwald (1919), etc.

cas difficiles dont le traitement de Wittgenstein me paraît symptomatique :
la classification des concepts psychologiques, l'analyse du « voir comme »,
puis l'analyse des couleurs sur laquelle j'entends revenir de manière plus
systématique que précédemment[19]. Ces trois cas ont ceci de commun que le
philosophe-psychologue pourrait être tenté de déduire de leur étude le caractère
irréductible (à l'analyse linguistique) de l'expérience psychique, ou du moins
de certains de ses aspects. Il y aurait dès lors certaines bornes naturelles
du langage. Or il me semble que la tâche de l'entreprise wittgensteinienne
consiste précisément à montrer, même dans ces cas-limites, la fécondité de
la seule méthode conceptuelle.

De manière assez surprenante, Wittgenstein introduit une classification
(et même deux) des concepts psychologiques dans ses écrits tardifs : la
première au paragraphe 836 de la première partie de ses *Remarques sur
la philosophie de la psychologie* et la deuxième au paragraphe 63 de la
deuxième partie de ces mêmes *Remarques*. C'est surprenant pour au moins
trois raisons. 1) Wittgenstein est loin d'être un penseur systématique et ne
se résout que très rarement à proposer des classifications organisées ; 2) Des
classifications de ce type sont en revanche très prisées par les psychologues[20]
du tournant du XXe siècle qui s'intéressent aux phénomènes psychiques
et dont Wittgenstein se méfie par ailleurs. Dans les quelques explications
fournies, Wittgenstein précise même qu'il introduit ces classifications des
« phénomènes psychologiques »[21], du moins la première, pour corriger le
caractère trop général des classifications des psychologues déjà existantes[22]. 3)
Wittgenstein propose parallèlement des définitions purement grammaticales
de ces concepts, dont on pourrait penser qu'elles sont suffisantes (par
exemple : « Les verbes psychologiques [sont] caractérisés par le fait que la
troisième personne du présent doit être identifiée par observation, la première
non » (BPPII § 63). Ces différentes tentatives de classification des concepts
psychologiques proposées par Wittgenstein à partir de 1946 soulèvent par
conséquent des questions de méthode intéressantes. En particulier, on peut
se demander si ses critères de distinction des concepts psychologiques sont
exclusivement conceptuels. À cet escient, je propose de juxtaposer les deux
schémas que l'on peut en extraire (qui sont inspirés de ceux restitués dans le
Dictionnaire de Glock, avec quelques modifications) pour en tirer plusieurs
conclusions méthodologiques.

■ 19. Le choix de ces différents topos wittgensteiniens s'inspire en partie de la liste proposée par Schulte dans l'ouvrage précédemment cité.

■ 20. Franz Brentano en propose une des plus célèbres et des plus discutées. Cf. F. Brentano, *Von der Klassifikation der psychischen Phänomene* [1911] in F. Brentano, *Psychologie vom empirischen Standpunkte*, O. Kraus (ed.) Leipzig, Meiner, 1924, trad. fr. M. de Gandillac revue par J.-F. Courtine, *Psychologie du point de vue empirique*, Paris, Vrin, 2008. Sur la parenté des questions qui intéressent Wittgenstein et les philosophes austro-allemands (en particulier de l'école de Brentano) du tournant du XXe siècle, voir en particulier K. Mulligan, *Wittgenstein et la philosophie austro-allemande*, Paris, Vrin, 2012.

■ 21. Dans cette première version du manuscrit du 12.12.1947, il était donc question de « phénomènes » et non de « concepts » psychologiques.

■ 22. Il vise en particulier celles de James et son usage trop vague du concept de « state of consciousness » qui dissimule la distinction entre « les états conscients » et les « dispositions ».

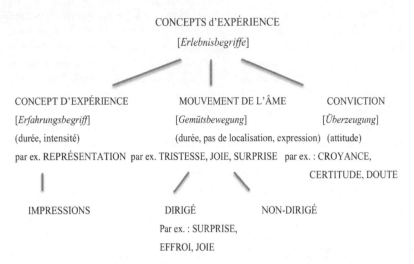

Figure 1 : *BPPI,* § 836 *cf.* H.-J. Glock, *A Wittgenstein Dictionary, op. cit.,* p. 290

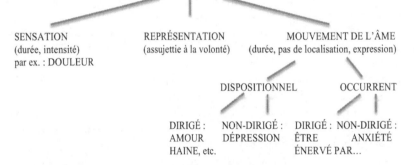

Figure 2 : *BPPII* § 63, *cf.* H.-J. Glock, *A Wittgenstein Dictionary, op. cit.,* p. 291

Plusieurs différences entre les deux classifications sont manifestes. L'une des principales concerne l'usage du concept d'« expérience » ou « expérience vécue » (*Erlebnis*). Si c'est encore un concept générique central dans la première classification, en ceci que tous les concepts psychologiques sont organisés sous le chapeau « concepts d'expérience », la notion est abandonnée dans la deuxième classification, en raison de son caractère trop général et trop indéterminé.

De manière plus intéressante encore pour la question qui m'intéresse, il peut sembler que les critères de distinction de ces deux classifications soient psychologiques ou du moins empiriques. On pourrait par exemple être tentés de dire que l'on ne peut déterminer si un « vécu » se caractérise par sa « durée », son « intensité », son « assujettissement à la volonté », etc. sans un recours réflexif à l'expérience psychique. Comment déterminer si la « douleur » est une sensation et non pas un « mouvement de l'âme » (ou émotion) par exemple, si ce n'est en prêtant attention à sa « durée », son « intensité », sa « localisation », etc.? C'est la raison pour laquelle, comme le note avec raison Joachim Schulte, « la tentation de localiser la spécificité d'une expérience dans l'expérience elle-même est particulièrement forte dans le cas des verbes psychologiques »[23]. Cela étant, il semble que même dans ces classifications, Wittgenstein procède selon la méthode conceptuelle et grammaticale évoquée plus haut, en analysant l'usage des concepts dans des jeux de langage donnés, comme dans l'exemple de la détermination de la durée mentionné précédemment. C'est la raison pour laquelle, dans les deux schémas, il propose une classification des « concepts » psychologiques et non pas des expériences elles-mêmes.

Des questions similaires se posent à l'occasion de l'étude de la distinction célèbre entre les concepts de « voir » et de « voir comme » établie dans la deuxième partie des *Recherches* (chapitre XI). L'étude de cette distinction a suscité d'abondantes discussions que je n'ai pas l'intention de restituer ici. Je rappelle seulement certains de leurs principaux résultats à savoir que le « "voir comme…" ne relève pas de la perception » (PU II XI, p. 279) et que la distinction proposée par Wittgenstein est, là encore, avant tout conceptuelle. Cependant, et c'est le point qui m'intéresse ici, Wittgenstein ajoute que le concept de voir est un « concept d'expérience » et il pose explicitement la question de savoir si la distinction conceptuelle ne repose pas sur une distinction empirique :

> La description de l'expérience immédiate, de l'expérience visuelle, au moyen d'une interprétation est une description indirecte. L'expression « je vois la figure comme une caisse » signifie que *j'ai une certaine expérience visuelle*, dont je sais *par expérience* qu'elle est associée à l'interprétation de la figure comme caisse ou à la vision d'une caisse. (PU XI, p. 275. C'est moi qui souligne).

Cela étant, Wittgenstein ajoute immédiatement : « si cette expression signifiait cela, il faudrait que je le sache. Il faudrait que je puisse me référer à l'expérience vécue directement, et non indirectement ». C'est la raison pour laquelle Wittgenstein pose ici clairement la question de savoir si c'est « l'introspection qui m'apprend si j'ai affaire à un véritable voir ou à une interprétation? » (BPPI, 2). Or Wittgenstein rejette cette hypothèse peu après l'avoir formulée. Il remarque certes que le concept de « voir comme » a une relation spécifique à l'expérience (psychique) dans la mesure où son emploi n'est requis que dans le cas de ce qu'il appelle « un soudain changement d'aspect », à savoir dans le cas d'une modification de mon expérience visuelle (PU II, XI, p. 288). Cependant, c'est dans ces mêmes paragraphes qu'il formule l'avertissement que je citais pour commencer : « N'essaie pas d'analyser en toi-même l'expérience vécue! ». Car l'erreur de grammaire consisterait à penser que l'usage du concept requerrait de faire « d'abord » l'expérience de cette modification, comme si l'expérience psychique était une entité à laquelle on pourrait se référer de l'extérieur. Par contraste, la méthode requise consiste bien plutôt à distinguer « deux emplois du *mot* "voir" » (PU XI, p. 274, c'est

■ 23. *Cf.* J. Schulte, *Experience and expression, op. cit.*, p. 50.

moi qui souligne) car, comme toujours, « notre problème n'est pas causal mais *conceptuel* » (PU XI, p. 287, *ibid.*).

Enfin, à titre de dernier exemple, je cite à nouveau le cas de l'étude des couleurs. Dans ce contexte, se pose en effet la question de savoir si l'on peut faire référence aux couleurs et s'intéresser à leur organisation sans se référer à l'expérience psychique. Wittgenstein s'interroge lui-même quant à la possibilité de déterminer la spécificité des « couleurs » en termes de connaissance empirique : « À qui ne connaîtrait pas le doux, l'amer, *le rouge, le vert*, les sons, la douleur, on ne pourrait faire saisir ce que ces mots signifient » (BPP I § 200, c'est moi qui souligne). Cela étant, comme dans les cas précédents, Wittgenstein nous déconseille immédiatement d'adopter cette clé herméneutique. Car parler, précise-t-il, ne consiste pas à « exhiber » ce que les mots signifient en montrant l'expérience à laquelle ils renvoient, ne serait-ce que parce que les « définitions ostensives » de la vie psychique ne fonctionnent pas. C'est la raison pour laquelle Wittgenstein est fortement suspicieux à l'égard du concept de « phénomène psychologique spécifique ». De manière plus claire encore, il affirme dans ces mêmes remarques qu'« on ne peut pas se figurer une explication de "rouge" ou de "couleur". Non cependant parce que qui est là vécu serait quelque chose de spécifique, mais parce que le jeu de langage est spécifique » (BPP I § 602). S'il y a une spécificité de la couleur, cette spécificité est donc bien conceptuelle : elle se manifeste au sein du jeu de langage et c'est ainsi que nous en faisons l'expérience.

Au terme de cet examen, plusieurs conclusions s'imposent. Par l'étude de trois cas emblématiques qui posent des difficultés singulières en ceci qu'ils sont fréquemment mobilisés dans la littérature psychologique traditionnelle, j'ai montré la radicalité de la thèse wittgensteinienne. C'est la raison pour laquelle, s'il est peut-être controversé de savoir si Wittgenstein dénie ou non l'existence des phénomènes psychiques, la quasi-unanimité des commentateurs s'accorde pour affirmer que Wittgenstein condamne tout recours au concept d'introspection[24]. Il s'agit moins pour lui de contester la fiabilité de la méthode que de douter de sa légitimité et de son utilité. Selon sa phrase célèbre : « Si quelqu'un dit qu'il reconnaît que c'est un "voir" grâce à l'introspection, alors il faut lui répondre : "Et comment est-ce que je sais ce que tu nommes introspection ? Tu m'expliques un mystère par un autre » (BPPI § 8).

Ainsi, à ce stade, je confirme la première hypothèse formulée en introduction, à savoir que la philosophie de la psychologie de Wittgenstein repose avant tout sur des analyses du langage : même l'organisation des concepts psychologiques, la description du « voir comme » ou d'une couleur procèdent par analyses conceptuelles. Il en résulte la thèse suivante : non seulement l'expérience psychique n'est pas inaccessible au langage mais elle ne se manifeste que dans l'usage des concepts.

■ 24. C'est par exemple le cas de Schulte qui prête pourtant une attention particulière à la sensibilité de Wittgenstein à l'expérience psychique. *Cf.* J. Schulte, *Experience and expression, op. cit.*, p. 65-75. Cela étant, pour répondre correctement à cette question, encore faudrait-il préciser ce que les différents psychologues ont désigné exactement en termes d'introspection. Car nul n'a jamais prétendu que l'on pouvait avoir un « accès » « direct » au vécu, la méthode étant toujours discursive et réflexive.

Il n'est pas dit pour autant la vie psychique soit « linguistique » au sens où elle serait réductible à un ensemble de signes verbaux aux significations purement conventionnelles. De ces *expériences* psychiques, nous faisons bien l'expérience. Ne serait-ce que parce que le langage est expérience. C'est cette dernière hypothèse que je vais explorer plus avant dans la dernière partie de mon texte.

L'expérience de l'analyse conceptuelle

La méthode d'analyse des vécus de Wittgenstein est donc une méthode conceptuelle. Elle a porté ses fruits et a indéniablement fourni de nombreux résultats grammaticaux importants. Peut-on considérer que ces résultats présentent également une dimension empirique ?

Pour rappel, l'analyse conceptuelle manifeste le fait que les énoncés psychologiques sont de deux types que Wittgenstein désigne en termes de « description » et d'« expression » (le terme français traduit à la fois les concepts allemands *d'Ausdruck* et de *Äußerung* qu'utilise Wittgenstein). Les « descriptions » qui procèdent par observation ont un contenu propositionnel : elles sont vraies ou fausses. On les utilise le plus souvent en troisième personne. Par contraste, des « expressions » comme « j'ai mal », « j'ai peur », etc. présentent d'autres spécificités grammaticales. Premièrement, les expressions ne résultent pas d'inférences tirées d'une observation. Par exemple, je ne dis pas « j'ai peur », après avoir observé mes mains trembler ou mon pouls s'accélérer. À ce premier titre déjà, on pourrait considérer que les expressions sont une manifestation immédiate, du moins non réflexive, de l'expérience. Deuxièmement, les expressions présentent la spécificité d'être exprimées toujours en première personne, au présent de l'indicatif, si bien que Wittgenstein a même un temps suggéré que l'usage du pronom personnel en première personne était inutile, car redondant, dans le cas des expressions[25]. Enfin, il remarque que les énoncés expressifs n'ont pas de valeur de vérité. Cela n'aurait pas de sens de dire que des expressions comme « j'ai mal » ou « j'ai peur » sont vraies ou fausses. Il est plus juste de dire qu'elles ne sont ni vraies ni fausses. Wittgenstein ajoute qu'elles ne délivrent pas de contenu propositionnel en ceci qu'elles n'apportent aucune information et ne fournissent pas de « connaissance » (PU II XI, p. 310). On ne peut donc pas nier la valeur de l'expression de quelqu'un d'autre (PU § 303) ou de soi-même. L'analyse de la grammaire des énoncés psychologiques manifeste en conséquence l'*immédiateté* des expressions (elles ne sont pas inférées d'autres énoncés) et leur *évidence* (même si elles n'apportent aucune forme de connaissance, comme elles sont ni vraies ni fausses, elles sont incontestables), ainsi que le *privilège de la première personne* dans leur énoncé : l'expression « j'ai mal » n'est pas inférée d'une observation ou d'une autre expression, il est impossible de la nier (« tu n'as pas mal » est un non-sens) et elle change de statut si on la reformule avec une autre personne (« elle a mal » n'est plus une expression).

■ 25. Voir par exemple L. Wittgenstein, *Philosophische Bemerkungen/ Philosophical Remarks* [1930], R. Rhees (ed.), Oxford, Blackwell, 1965, p. 57.

Or on peut commencer par observer que ces remarques grammaticales corroborent certains résultats de l'analyse psychologique plus traditionnelle qui prétend porter sur l'*expérience* psychique elle-même. Selon la tradition philosophique dominante en recherche psychologique – du moins dans la première partie du XXᵉ siècle – que l'on qualifie généralement de « cartésienne »[26], il est en effet d'usage de considérer que l'expérience psychique se caractérise aussi par différents traits spécifiques : elle est *évidente* (l'exemple paradigmatique étant celui du « *cogito* »), *immédiate* et s'exprime *prioritairement en première personne* (en cas de conflit, c'est la première personne qui fait autorité). Il est donc intéressant de noter que la méthode conceptuelle de Wittgenstein, qui diffère fondamentalement de celle de ses prédécesseurs qui procèdent par expérimentation en laboratoire ou par analyse descriptive de la vie psychique, attribue à l'*expression* des expériences les mêmes caractéristiques que celles qui étaient traditionnellement attribuées aux expériences elles-mêmes.

La concordance des résultats est-elle purement fortuite ? Une stratégie de réponse consiste à rappeler que l'analyse conceptuelle prend elle-même racine dans l'expérience et présente à ce titre une dimension empirique. C'est à mon sens ce que signifie la très célèbre formule de Wittgenstein : « Le mot "jeu de langage" doit faire ressortir ici que parler un langage fait partie d'une activité, ou d'une forme de vie [*Lebensform*] » (PU § 23). À rebours d'une position purement conventionnaliste qui stipulerait que la grammaire de nos jeux de langage est le fruit d'accords formels qui n'auraient aucune racine empirique, Wittgenstein considère que le langage est ancré dans nos expériences et par conséquent que l'usage de nos concepts est forgé par ces expériences. Aussi, dès lors que l'expérience psychique n'est ni plus ni moins énigmatique que toute autre forme d'expérience, il est naturel qu'elle contribue à l'édification de la charpente de nos énoncés, et en particulier à celle de nos énoncés psychologiques. Il en résulte que l'expérience psychique affleure à la surface de nos énoncés psychiques, si bien que ces énoncés sont dotés de propriétés que les psychologues ont traditionnellement attribuées aux expériences.

Pour préciser ce dernier résultat, j'aimerais pour finir porter mon attention sur une dernière remarque grammaticale de Wittgenstein qui me semble rarement mobilisée par les commentateurs. La distinction wittgensteinienne entre les énoncés expressifs et descriptifs précédemment évoquée a certes fait couler beaucoup d'encre et il existe aujourd'hui de nombreuses lectures « expressivistes » du dernier Wittgenstein[27] dont je ne conteste en aucun cas la pertinence. Il me semble cependant que ces lectures tendent à dissimuler une autre remarque importante de Wittgenstein qui concerne le statut des « descriptions ». Dans ses remarques sur la grammaire des énoncés psychologiques, Wittgenstein fait en effet le constat suivant : si un énoncé

■ 26. Voir la classification de ce que David Finkelstein appelle les « détectivistes » *in* D. Finkelstein, *Expression and the Inner*, Cambridge (Mass.), Harvard University Press, 2003. Quelques exemples de « détectivistes » : J.S. Mill, *August Comte and Positivism* (1866) ; F. Brentano, *Psychologie vom empirischen Standpunkt* (1874), trad. fr. citée, et W. James, *Principles of Psychology* (1890).
■ 27. Voir par exemple : C. Wright, « Self-Knowledge : The Wittgenstein Legacy » in *Knowing Our Own Minds*, Oxford, Oxford University Press, 1998 ; R. Moran, *Authority and Estrangement : an Essay of Self-Knowledge*, Princeton, Princeton University Press, 2001, trad. fr S. Djigo, *Autorité et aliénation*, Paris, Vrin, 2014.

psychologique formulé à la première personne (comme « j'ai peur », « je désire », « je souhaite », etc.) est le plus souvent une expression, ce n'est pas toujours le cas. Il existe en effet des *descriptions* psychologiques formulées *en première personne*. Cela signifie qu'un énoncé comme « j'ai peur » peut-être utilisé comme une description, c'est-à-dire résulter par inférences d'observations. Il peut ainsi être doté d'un contenu vrai ou faux, vérifiable et contestable. Wittgenstein analyse à cet égard la grammaire de différents énoncés, comme par exemple celui-ci : « J'espère qu'il va venir » (PU § 585 ou BPPII § 722). Dans la plupart des cas, c'est l'expression immédiate d'un espoir et cela n'aurait pas de sens de le contester. Cependant, ce même énoncé peut aussi être utilisé comme un « compte rendu à moi-même », c'est-à-dire comme une description qui résulte d'une observation empirique. « J'espère

L'observation reste une observation linguistique

qu'il va venir » peut en effet être utilisé comme une description qui résulte d'une observation : « Si je dis à quelqu'un : "Aujourd'hui, je ne parviens pas à me concentrer sur mon travail, je pense sans cesse à sa venue" – on nommera *cela* une description de mon état d'âme » (PU § 585). Wittgenstein développe plusieurs autres exemples dans ses *Remarques sur la philosophie de la psychologie*. Il remarque qu'il est aussi possible d'utiliser « je crains », « je désire » sur la base d'observations, par exemple : « je le crains moins aujourd'hui qu'autrefois », « je désire depuis déjà longtemps » (BPPII § 728) ou alors « j'ai craint toute la journée de le voir arriver » en ceci que « dès le réveil, j'ai pensé que... Puis j'ai réfléchi que... Je ne cessais d'aller voir à la fenêtre », ce qu'« on pourrait nommer : "rendre compte de sa crainte" » (BPPII § 156). Or le statut de ces descriptions en première personne est particulièrement ambivalent. Wittgenstein précise certes que ces énoncés ne doivent pas être considérés comme des « auto-observations » mais plutôt comme des « observations de nos propres réactions » (BPPII § 3) : des observations de nos réactions « linguistiques » et non pas de notre expérience psychique, serait-on tenté de dire. Cela étant, le choix des exemples de Wittgenstein prête à confusion : il est y en effet question de l'observation du fait que je n'ai pas réussi à me concentrer, que je n'ai pas cessé d'y « penser », que j'ai espéré longtemps, que j'ai eu peur, etc., en somme de la description de ce qui s'apparente fortement à des expériences psychiques ou à des « états d'âme » pour reprendre le mot de Wittgenstein (PU § 585 ou BPPII § 722). À ce titre, on peut se demander si Wittgenstein ne concède pas une certaine légitimité, certes localisée, à l'observation empirique de nos états mentaux, ce qui introduirait une brèche dans l'analyse conceptuelle. C'est là qu'il convient d'être attentif. Car, dans chaque exemple, ce qui est ainsi observé et décrit, ce sont toujours nos précédents *énoncés* psychologiques : toute la journée j'ai *dit* que je craignais qu'il ne vienne pas, j'ai *exprimé* mon envie de le revoir, etc. L'observation reste une observation linguistique. Il serait donc erroné de déduire de la remarque grammaticale sur les descriptions en première personne que Wittgenstein concède un rôle à ce que les anciens psychologues nommaient « l'observation interne »[28]. Il n'en reste pas moins, me semble-t-il, que la description en première personne de nos énoncés psychologiques est susceptible de nous apporter, localement, certaines informations, dotées de contenu, sur notre expérience psychique elle-même. Elle est par exemple susceptible de m'apprendre, par le biais de l'analyse discursive, à titre d'information (éventuellement contestable) que j'étais aujourd'hui anxieuse, contente, en attente, craintive, etc.

Il serait certes hâtif d'en conclure que Wittgenstein est un psychologue expérimental parmi d'autres qui recourt à l'observation réflexive. D'une part, ce sont les énoncés psychologiques qui font l'objet de descriptions. D'autre part, à la regarder plus attentivement, l'analyse grammaticale des descriptions en première personne manifeste le fait que cet usage des énoncés psychologiques, loin d'être ordinaire, est *atypique*. En effet, dans les différents exemples de Wittgenstein, on observe que les descriptions en première personne ne sont pertinentes que dans les cas pathologiques, du moins dans ceux qui sortent de l'ordinaire. C'est seulement quand mes énoncés psychologiques sont inhabituels (quand j'exprime que je suis exagérément excitée, contente, angoissée, apeurée, etc.) qu'ils peuvent faire l'objet d'une observation descriptive. Par contraste, au quotidien, mon expérience psychique n'est en aucun cas énigmatique et il n'y a nul besoin de la décrire. C'est exclusivement dans les cas non-standard, quand mon expérience me devient étrangère pourrait-on dire, que l'observation, par le biais des énoncés, est légitime. C'est précisément la raison pour laquelle, les énoncés psychologiques en première personne sont principalement des expressions et rarement des descriptions.

Il n'en reste pas moins vrai que l'usage grammatical de ces descriptions singulières nous enseigne que, localement, nous pouvons disposer d'informations et donc de connaissances sur nos énoncés psychologiques, voire sur nos expériences psychiques. Aussi, si c'est un non-sens de se demander à quelles conditions on peut atteindre nos expériences psychiques, il n'est pas exclu que l'on puisse dire et même décrire l'expérience psychique en première personne. Cependant, cette pratique n'est en aucun cas systématique et ne pourrait pas être instrumentalisée pour les besoins de l'analyste. Elle n'est légitime que là où elle n'est pas superflue, c'est-à-dire dans les cas exceptionnels où jeux de langage et expérience psychique ne coïncident plus exactement, en raison d'une variation sensible dans l'expérience. Ce sont, me semble-t-il, ces cas localisés de *hiatus* que la description en première personne permet de réajuster en modifiant le jeu de langage habituel : « j'ai été *exceptionnellement* émotive », « j'ai craint *toute la journée* qu'il arrive », « je pense *sans cesse* à lui », etc.

Conclusion

Ma question initiale portait sur la discursivité de l'expérience psychique : faut-il considérer notre expérience psychique comme un domaine privé, inaccessible au langage et par là même comme l'une des bornes de notre langage ?

■ 28. Notons que la notion est aussi sévèrement critiquée par les philosophes-psychologues, en particulier par Brentano, même s'il lui concède un rôle, combiné à la mémoire, dans l'analyse des faits psychiques passés.

Une certaine tradition d'interprétation, d'inspiration wittgensteinienne, a pu prétendre que c'était bien le cas. Selon les béhavioristes en effet, n'est digne d'analyse discursive que ce qui se manifeste dans nos comportements « extérieurs ». Or j'ai commencé par réfuter la légitimité historique de cette lecture en montrant que Wittgenstein ne souscrivait en aucun cas à des diagnostics de ce type. Sa stratégie consiste bien plutôt à renvoyer dos à dos les traditions béhavioristes comme psychologiques en montrant qu'elles reposent sur des erreurs de formulation. L'erreur philosophique consiste, dans les deux cas, à penser notre relation à l'expérience en termes d'« extériorité » ou d'« intériorité » (ce qui revient grammaticalement au-même) et à se méprendre quant à la réalité de ces expériences psychiques. Loin d'être énigmatiques ou inaccessibles, ces expériences sont des expériences que nous vivons en permanence.

Par contraste, j'ai défendu la thèse d'après laquelle l'analyse menée par Wittgenstein dans ses recherches en philosophie de la psychologie était toujours conceptuelle. C'est en effet à nos concepts et énoncés psychologiques que doit s'intéresser l'analyste. En conséquence, loin de soutenir que notre expérience psychique n'est pas dicible, Wittgenstein considère plutôt que nous n'avons d'expérience que *linguistique*. De ma peur, de ma douleur, de mes désirs et de mes souhaits, j'éprouve avant tout ce que j'en dis. Il n'y a pas de brèche dans l'analyse conceptuelle, si bien que, d'ordinaire, l'expérience psychique est exactement congruente à son expression linguistique. Cela ne signifie pas pour autant que notre *expérience* psychique n'est que linguistique. Nous vivons en permanence des expériences psychiques, au même titre que toutes nos autres expériences, mais nous n'en faisons réellement l'expérience que quand elles se manifestent dans nos énoncés sous la forme d'expressions (ou, plus rarement, de descriptions), c'est-à-dire quand elles contribuent à la détermination de nos jeux de langage.

Aussi, il est à tout le moins trompeur de présenter l'expérience psychique comme un territoire que le langage ne pourrait pas atteindre. S'il y a une limite à tracer, celle-ci ne peut être que linguistique. C'est la raison pour laquelle la tâche du philosophe est davantage de s'intéresser aux différences grammaticales entre les différents énoncés linguistiques et donc, si l'on veut, aux « limites » et variations au sein du langage, qu'aux limites ou limitations du langage.

Charlotte Gauvry
FNRS/ Université de Liège

DOSSIER

Les limites du langage

L'OBJET INTENTIONEL AU PRISME DE LA GRAMMAIRE CHEZ E. ANSCOMBE

Anaïs Jomat

Si nous pouvons parler de (ou *penser à*) ce qui n'existe pas, y a-t-il pourtant nécessairement *quelque chose* dont on parle (ou *auquel on pense*)? On reconnaît la question classique du statut des objets inexistants, telle qu'elle a été remise au goût du jour sous ses diverses formes par les théories de l'intentionalité. Cet article se propose de mettre en lumière une approche dite *grammaticale*, d'inspiration wittgensteinienne, du problème des objets intentionels, à partir des travaux de la philosophe britannique Elisabeth Anscombe. Faire passer les objets intentionels au crible de la *grammaire*, cela signifie mettre en évidence les limites – logiques – que le langage dicte à notre ontologie, tout en prenant garde de tracer ces limites *depuis* nos pratiques ordinaires, et non en amont de celles-ci.

Si nous pouvons parler de (ou *penser à*) ce qui n'existe pas, y a-t-il pourtant nécessairement *quelque chose* dont on parle (ou *auquel on pense*)? C'est la question, désormais classique, du statut ontologique des objets inexistants, telle qu'elle a été envisagée sous ses diverses formes depuis la réintroduction du concept d'intentionalité[1] sur le terrain de la philosophie de l'esprit par F. Brentano. Les théories de l'intentionalité s'efforcent en effet de penser la relation entre l'enjeu, à la fois linguistique et logique, de la possibilité de la *référence*, et la question, profondément ontologique, de l'*existence*. Selon les « intentionalistes »[2], à la différence des phénomènes physiques, les *actes*

---

1. Par souci d'uniformité, nous avons opté pour l'orthographe avec un seul « n » du terme.
2. Le qualificatif « intentionaliste » regroupe en réalité des positions philosophiques très différentes. Pour n'en citer que quelques figures emblématiques : *cf.* F. Brentano, *Psychologie du point de vue empirique*, trad. fr. M. de Gandillac, Paris, Vrin, 2008 ; E. Husserl, *Recherches logiques*, t. II, *Recherches pour la phénoménologie et la théorie de la connaissance*, trad. fr. H. Élie, A.L. Kelkel et R. Schérer, Paris, P.U.F., 1993 ; R.M. Chisholm, *Perceiving : a Philosophical Study*, New York, Cornell University Press, 1957 ; J.R. Searle, *Intentionality : Historical and Systematic Perspectives*, München, Philosophia, 2012. Pour une présentation systématique

de l'esprit auraient la particularité d'être toujours dirigé vers un « objet », à l'image d'un archer qui tend son arc vers la cible qu'il cherche à atteindre. D'où le problème du statut de ces objets dont l'existence fait défaut, et qui pourtant peuvent tout à fait entrer dans notre commerce linguistique : « Ulysse », « Zeus », ou encore « Pégase » n'existent pas, et font néanmoins partie intégrante de certaines de nos pratiques, de sorte qu'il y aurait un sens à dire que nous entrons dans un certain *rapport* avec eux à titre d'objets (de pensée, de croyance, de désir, etc.). Dès lors, doit-on considérer que les objets inexistants ne sont que de simples *objets de discours*, des objets dont la réalité est bornée par les limites du langage – si tant est que la réalité de quelque chose puisse jamais être « intra » linguistique en ce sens –, ou bien faut-il leur accorder, en vertu la possibilité de les *viser* inscrite à même notre langage, une forme d'existence amoindrie *en tant* qu'objets ? C'est à ce genre de questions que se heurte inévitablement la figure problématique de « l'objet intentionel ».

Une première stratégie face au problème des objets inexistants pourrait consister à adopter une position déflationniste en matière d'entités ontologiques. Ce sera tout l'effort d'une certaine philosophie du langage, sous l'égide de Russell[3] et de Quine[4], de limiter la prolifération non-contrôlée d'entités inexistantes dans le royaume de ce qui est. Car il semblerait qu'à vouloir accorder malgré tout de l'existence à ce qui n'existe pas, voire à ce qui est impossible, il y ait un prix à payer : la perte du sens même de ce que nous entendons par « exister ». De ce point de vue, la question des objets intentionels renverrait à celle des limites que la *logique* impose au discours de l'ontologie.

D'un autre côté, une telle position peut comporter le risque d'un réductionnisme qui ne laisserait aucune place à ces activités, bien réelles, dans lesquelles nous faisons *effectivement* usage d'une référence à l'inexistence. Il s'agit bien de questionner ce que nous faisons *en parlant* de ce qui n'existe pas, étant entendu que nous le faisons déjà, comme en témoigne l'exemple canonique du discours de fiction, mais aussi d'autres formes de discours qui ont trait à notre connaissance du monde, comme les mathématiques ou la géométrie. Dans cette perspective, questionner la place des objets inexistants dans notre langage, ce n'est donc pas tant interroger les bornes de notre pouvoir de dire, puisque nous en parlons déjà, mais c'est se demander comment nous pouvons les comprendre dans le cadre de pratiques instituées, qui ont par conséquent d'emblée une valeur « ontologique » du fait que nous y prenons part.

En réalité, l'alternative est, nous semble-t-il, mal posée. Elle l'est parce qu'elle tente d'apporter une réponse à un problème qui lui-même est mal posé. Cet article entend donc démêler certaines confusions à l'origine du concept traditionnel d'objet intentionel, en prenant appui sur l'approche dite

de ces évolutions, ainsi que des différents « revival » du thème intentionaliste en philosophie de l'esprit, *cf.* D. Janicaud (dir.), *L'Intentionnalité en question. Entre phénoménologie et recherches cognitives*, Paris, Vrin, 1995 ; C. Majolino, « Intentionnalités, ontologies : quel Aristote en héritage ? Esquisse d'une cartographie militaire », *Revue Philosophique de Louvain*, vol. 114, n°3, 2016, p. 485-546.

■ 3. *Cf.* B. Russell, « On Denoting », *Mind*, vol. 14, n°56, 1905, p. 479-493.

■ 4. *Cf.* W.V.O. Quine, *Word and Object*, Cambridge (Mass.), The MIT Press, 1964.

grammaticale, d'inspiration wittgensteinienne, de la philosophie d'Elisabeth Anscombe. Faire passer les objets intentionels au crible de la *grammaire*, cela signifie mettre en évidence les limites – logiques – que le langage dicte à notre ontologie, tout en prenant garde de tracer ces limites *depuis* nos pratiques ordinaires, et non en amont de celles-ci. À cet égard, il n'est d'ailleurs pas certain que la catégorie de « l'objet » soit la plus appropriée pour rendre compte de l'intentionalité.

Notre analyse se veut avant tout exégétique. Nous montrerons donc, (1) comment Anscombe repère, à l'origine du faux problème des objets inexistants, une erreur de catégorie qui conduit à la réification du concept d'« objet ». Dans la lignée du second Wittgenstein, l'auteure dénonce la tentation d'assimiler, sous une même forme syntaxique, des usages du langage en réalité fort différents. Nous verrons ensuite, en nous appuyant notamment sur les commentaires de V. Descombes, (2) en quoi l'étude de la grammaire (profonde) des verbes intentionels peut justifier l'abandon de toute entente *relationnelle* de l'intentionalité en philosophie de l'esprit. Enfin, (3) au terme de cette critique, nous nous demanderons s'il peut néanmoins toujours y avoir une place, comme semble le suggérer la philosophe britannique, pour un *concept grammatical* d'objet intentionel.

L'objet intentionel : une erreur de catégorie ?

C'est dans un article de 1965, intitulé « L'Intentionalité de la sensation », qu'Anscombe entreprend une réévaluation critique du concept d'objet intentionel[5]. Si l'auteure ne s'attaque pas directement aux théories de l'intentionalité, notamment dans leur versant phénoménologique, c'est que l'enjeu de son propos est moins de contester telle ou telle approche des phénomènes de l'esprit que de clarifier l'usage de nos concepts, et en particulier celui d'*objet*. En effet, une des particularités du schème intentionaliste est d'envisager le rapport de la pensée au monde sous la modalité d'une relation à des objets *de visée* : selon cette position, si nous pensons à quelque chose, quelque chose est l'*objet* de notre pensée, si nous percevons quelque chose, quelque chose est l'*objet* de notre perception, si nous désirons quelque chose, quelque chose est l'*objet* de notre désir, et ainsi de suite. Or, nous l'avons vu, l'aspect problématique de telles formules surgit lorsque nous nous intéressons aux cas où précisément l'objet de la visée intentionelle ne renvoie à aucune entité existante. Toutefois, pour Anscombe, le problème tient en réalité moins à la question de l'inexistence en tant que telle, qu'à la façon dont nous comprenons l'expression « objet de pensée » :

> Considérons l'expression « objet de pensée ». Si je pense à Winston Churchill, il est alors l'objet de ma pensée. De même : « À quel objet ces gens vouent-ils un culte ? » Réponse : « À la lune ». Mais supposez que l'objet de ma pensée soit M. Pickwick, ou une licorne, et que l'objet de mon culte soit Zeus, ou les

■ 5. E. Anscombe, « The Intentionality of Sensation », in *Metaphysics and the Philosophy of Mind*, Oxford, Basil Blackwell, 1981, p. 3-20. Il faut préciser que l'argumentaire d'Anscombe, dans cet article, prend place dans le cadre d'une attaque à l'encontre des théoriciens des *sense-data* en philosophie de la perception. Pour une traduction, ainsi qu'un commentaire critique d'une partie de ce texte, cf. V. Aucouturier, *Qu'est-ce que l'intentionalité ?*, Paris, Vrin, 2012.

licornes. Par ces noms propres, je ne désigne aucun homme, ni aucun dieu, puisqu'ils désignent un homme fictif et un faux dieu »[6].

À la considération de ces exemples, il semblerait à première vue qu'il y ait une différence à marquer entre différents *genres* d'objets, ceux qui peuvent être dénotés par une expression qui fonctionne comme un nom propre logique, et ceux qui ne possèdent pas cette propriété. Comment comprendre une phrase du type : « Marie pense à M. Pickwick »? Doit-on considérer que la valeur de vérité de la proposition est le faux, dans la mesure où « M. Pickwick » ne renvoie à rien de réel, ou bien faut-il, si nous voulons éviter cette conclusion, accorder malgré tout une forme de référence à l'expression concernée?

Anscombe commence par écarter une première possibilité de réponse, que nous qualifierions aujourd'hui de « représentationaliste », consistant à affirmer que lorsque nous parlons de (*pensons à*) ce qui n'existe pas, ce ne sont pas des choses réelles, mais des idées dont nous parlons (*auxquelles nous pensons*). Il s'agit ainsi d'envisager les objets de pensée, lorsque leur référence est inexistante, comme de simples *idées* ou *représentations* mentales.

> **Rien ne nous autorise à accorder une existence aux créatures mythologiques**

Mais, s'interroge Anscombe, si la proposition « Marie pense à Pégase » signifie que Marie pense à une idée, cela signifie-t-il alors que lorsqu'elle pense à Winston Churchill, Marie pense également à une *idée* de Winston Churchill? De deux choses l'une : ou bien Marie pense à une idée lorsqu'elle pense à Pégase, et nous ne savons plus comment distinguer le cas où elle pense à une idée de Winston Churchill du cas où elle pense au véritable Winston Churchill; ou bien Marie pense bien à un individu réel lorsqu'elle pense à Winston Churchill, et nous sommes obligés d'accorder à Pégase une forme d'existence à titre d'objet de référence. Autrement dit, « le seul fait de l'existence réelle (allons-nous réellement commencer à l'opposer à une existence d'un autre genre?) ne peut pas faire la différence dans l'analyse d'une phrase comme "X pensait à _". En effet, si l'idée est invoquée quand l'objet n'existe pas, alors elle devrait l'être également lorsque l'objet existe réellement »[7]. User du concept de représentation mentale ne nous serait d'aucun secours pour expliquer le fonctionnement des propositions comportant des objets intentionels inexistants.

Une seconde possibilité pourrait consister à penser que lesdits objets, en vertu du fait que nous pouvons les *viser*, possèdent une forme d'existence extra-mentale, pour ainsi dire à côté des objets réellement existants. C'est cette voie qu'emprunteront les ontologies dites « ultra-libérales » de certains élèves de Brentano[8], en admettant un domaine de subsistance aussi bien pour les objets fictifs, comme Pégase, que pour les objets impossibles, comme un

---

■ 6. E. Anscombe, « The Intentionality of Sensation », *op. cit.*, repris et traduit dans V. Aucouturier, *Qu'est-ce que l'intentionalité?*, *op. cit.*, p. 81.
■ 7. *Ibid.*, p. 81.
■ 8. *Cf.* notamment A. Meinong, *Théorie de l'objet* (1904); *Présentation personnelle* [1921], trad. fr. M. Buhot de Launay, Paris, Vrin, 1999.

cercle-carré. De ce point de vue, parler de ce qui n'existe pas, par exemple de Zeus, c'est dire quelque chose d'une entité qui par ailleurs possède la propriété de la non-existence. Or cette option tombe, selon Anscombe, dans les mêmes écueils que la solution représentationaliste : rien ne nous autorise à accorder une existence, qu'elle soit intra-mentale ou extra-mentale, aux créatures mythologiques et aux personnages de fiction, simplement parce que nous trouvons dans le langage des expressions qui y renvoient en tant qu'objet d'un verbe intentionel. S'autoriser un tel discours c'est, on va le voir, courir le risque d'une réification de l'objet intentionel.

Force est de reconnaître qu'il y a pourtant là une ambiguïté linguistique. Non pas que le langage soit en lui-même ambigu, mais parce que l'usage de l'expression « objet de pensée » mérite une clarification conceptuelle. Anscombe attire l'attention sur deux significations très différentes du mot « objet » dans l'histoire des idées. Si le terme d'objet désigne désormais une *chose* réelle – cette table, ce stylo, ce verre sont considérés comme des objets en ce sens – au sens originaire toutefois, un objet ne désignait pas une entité mondaine, mais était envisagé comme *objet-de*, la figure de l'objet venant toujours *qualifier* une certaine attitude de l'esprit :

> Ce mot d'« objet », que l'on trouve dans l'expression « objet de la vue », a subi un certain changement de signification dans l'histoire de la philosophie, tout comme le mot « sujet » qui lui est lié, bien que les deux renversements ne soient pas historiquement connectés. Le sujet désignait, pourrait-on dire, *ce à propos de quoi* est une proposition : la chose elle-même telle qu'elle est dans la réalité – indépendamment de son être conçu (si toutefois un processus de ce genre était en jeu ici) ; d'autre part, *dans l'ancien sens*, les objets étaient toujours *objets*-de. Les objets de désir, les objets de pensée, ne sont pas des objets au sens moderne du terme, des choses individuelles, comme les *objets qu'on a trouvés dans les poches de l'accusé*[9].

Pour reprendre l'image proposée, lorsque l'on cherche, dans le cadre d'une enquête, à identifier l'arme d'un crime, il est important que l'objet en question soit bien une chose réelle. Si l'objet trouvé « dans les poches de l'accusé » n'était qu'une représentation d'objet réel, un simple dessin de l'arme du crime par exemple, nous n'aurions aucune preuve tangible de sa culpabilité. L'imputation de la faute repose sur l'identification d'une preuve dont la réalité ne peut être mise en doute. En revanche, dans le cas de « *l'objet-de* pensée » ou de « *l'objet-de* désir », le mot « objet » ne semble pas renvoyer à une chose dont la réalité nous importe en ce sens. Il ne semble pas que je puisse aller chercher une preuve de ce que vous visiez en pensée, de ce dont vous aviez l'intention, lorsque vous avez commis un crime, en examinant par exemple la matière de votre cerveau. Pour illustrer ce qu'elle entend par un « *objet-de* », Anscombe fait appel à la notion cartésienne de « réalité objective » de l'idée. La réalité objective d'une idée ne concerne que le contenu de l'idée. Autrement dit, sa réalité ne lui vient pas des choses du monde dont elle serait chargée de faire le portrait fidèle ou vers lesquels elle devrait faire signe. L'idée ne

---

9. E. Anscombe, « The Intentionality of Sensation », *op. cit.*, p. 3 (nous traduisons).

tire pas son contenu du fait d'être une représentation-copie de la chose à représenter. Comme le souligne V. Aucouturier,

> celui qui envisage l'existence purement mentale ou la possible inexistence des objets intentionels (de désir, de pensée, etc.) opère un glissement illégitime d'un usage à l'autre, comme s'il était possible de penser les objets intentionels en termes d'existence réelle, suivant la grammaire habituellement employée pour les objets-choses[10].

Anscombe nous invite, dans la lignée du second Wittgenstein, à ne pas succomber à l'illusion qui consiste, au motif d'une pure ressemblance « linguistique », à rabattre l'usage d'un terme sur un autre. Si nous confondons ces deux sens du mot « objet », nous risquons de traiter les objets intentionels comme des choses du monde, autrement dit de faire des erreurs de catégories. Or c'est précisément d'une telle erreur qu'émerge, pour le métaphysicien, le problème des objets inexistants.

On comprend donc qu'il en va ici des limites que le langage, dans sa logique, fixe à un certain type de discours métaphysique. La philosophe britannique entend défendre l'idée que l'on ne *peut pas*, dans ces conditions, faire l'onto-logie des objets inexistants. Bien plus, nous allons le voir, c'est la notion même d'intentionalité qui doit être remise en question.

Grammaire de l'intentionel

D'un point de vue logique, il est donc strictement illégitime de se poser des questions sur l'existence ou l'inexistence des objets intentionels. Mais d'où peut bien surgir un tel malentendu ? En un certain sens, du langage lui-même, ou plutôt d'une mauvaise compréhension de la grammaire de notre langage. Dès lors, par delà une certaine « grammaire de surface » et ses analogies trompeuses, Anscombe attire l'attention sur la « grammaire profonde » qui régit l'usage des verbes intentionels. À cet effet, le texte mobilise trois exemples de verbes intentionels : « penser à », « vouer un culte », et « tirer sur ». À titre de verbes transitifs, ceux-ci réclament nécessairement un *complément d'objet*. Il fait partie de leur grammaire, au sens « linguistique » du terme, de se comporter ainsi. Or, la particularité des verbes intentionels, à la différence d'autres verbes transitifs, est de pouvoir prendre pour complément d'objet des expressions qui ne réfèrent à rien de réel. Comment faire alors la différence entre ce type de verbes, et d'autres types de verbes transitifs qui expriment une transitivité réelle, c'est-à-dire des verbes dont le complément d'objet se doit d'exister ? Si l'on suit Anscombe, on comprendra peut-être mieux comment fonctionnent les verbes intentionels en s'attardant sur le comportement d'un verbe comme « vouer un culte » (*to worship*) plutôt que sur l'énigmatique « penser à » :

> [...] il est également certain que « Les Grecs vouaient un culte à Zeus » est vrai. Donc « X vouait un culte à _ » et « X pensait à _ » ne doivent pas être assimilés à « X a mordu _ ». Car, si l'on suppose que « X » est une personne

---

■ 10. V. Aucouturier, « L'Intentionalité de la sensation », dans V. Aucouturier et M. Pavlopoulos (dir.), *Agir et penser : essais sur la philosophie d'Elizabeth Anscombe*, Paris, Publications de la Sorbonne, 2015, p. 150.

réelle, il faut remplacer l'espace vide dans « X a mordu _ » par le nom de quelque chose de réel, si l'on veut que la phrase complète ait ne serait-ce qu'une chance d'être vraie. Tandis que dans « X vouait un culte à _ » et dans « X pensait à _ », ce n'est pas le cas[11].

Le contraste observé entre « X a mordu_ » et « X vouait un culte_ » ressort à partir de leurs conditions de vérité. La valeur de vérité des énoncés comprenant des verbes d'action transitive repose sur l'éventuelle possibilité de traiter la relation à leur objet comme une *relation réelle*. Or dans le cas des verbes intentionels, cette condition ne pèse pas sur la valeur de vérité de la proposition. Dès lors, comment alors comprendre que des expressions comme « Les Grecs vouaient un culte à Zeus » puissent être vraies ? C'est ce qu'il s'agit, non pas de nier, mais d'expliquer.

En effet, d'un point de vue « linguistique », l'identification d'un objet dans une phrase s'assoit sur la possibilité que nous avons de faire passer aisément le verbe d'une forme active à une forme passive. Ainsi, dire que « le chat *mord* la souris » revient par exemple au même que de dire que « la souris *est mordue* par le chat » : le retournement au passif nous permet d'identifier un individu auquel on pourra attribuer le prédicat *d'être mordu*. Or, la possibilité d'un tel renversement semble problématique au sujet des verbes intentionels, dans la mesure où l'objet d'un verbe intentionel ne subit aucune action réelle dont le passif pourrait rendre compte. Comme le fait remarquer V. Descombes dans *Les Institutions du sens*[12], pour qu'un retournement au passif puisse valoir comme signe d'une éventuelle transitivité *réelle*, il faut que les deux pôles de la relation puissent exister. Une relation comme par exemple « x est plus grand que y » ne peut tenir entre deux *relata* qui existent indépendamment de la relation qui les unit.

C'est pourtant sur ce modèle « linguistique » que se sont construites les philosophies intentionalistes, thématisant le rapport de l'esprit à ses objets sur le mode de la relation transitive. Que ce soit en soulignant la nécessité d'une *immanence* intentionelle de l'objet, ou au contraire en insistant sur l'importance d'une *transcendance* de celui-ci aux actes de l'esprit, l'intentionalisme a du mal à justifier la réalité de l'intentionalité sans l'asseoir sur une relation réelle[13]. Dès lors, la capacité référentielle de notre langage n'est jamais, en définitive, par elle-même, une voie d'accès à l'être réel de ce dont nous parlons. Selon Descombes, on n'expliquera pas la vérité d'une proposition comme « Les Grecs vouaient un culte à Zeus » en faisant intervenir une relation intentionelle à l'objet « Zeus ». Penser qu'un verbe transitif doit nécessairement être le représentant linguistique d'une transitivité réelle, c'est

▓ 11. E. Anscombe, « The Intentionality of Sensation », *op. cit.*, p. 5 (nous traduisons).
▓ 12. V. Descombes, *Les Institutions du sens*, Paris, Minuit, 1996, p. 9-94.
▓ 13. La critique, d'esprit aristotélicien, n'est en réalité pas si éloignée des réserves de Brentano à l'égard de son propre concept, celui-ci préférant parler de quasi-relation plutôt que de relation réelle entre l'esprit et ses objets. En effet, dans l'« Appendice » qu'il rédige en 1911 à sa *Psychologie du point de vue empirique*, Brentano oppose en ces termes rapport psychique à l'objet et véritable relation : « Il n'est aucunement nécessaire que le second terme de ce qu'on appelle ici relation existe effectivement. On pourrait ainsi se demander s'il s'agit vraiment d'une relation (*Relatives*) ou si nous n'avons pas plutôt affaire à une sorte de rapport analogue à la relation et que l'on pourrait qualifier de quasi-relatif (*Relativliches*) ». *Cf. F. Brentano, Psychologie du point de vue empirique, op. cit.*, p. 286.

supposer que le langage est dans un rapport d'isomorphisme avec le monde. Or l'approche grammaticale revendiquée par Anscombe entend précisément dépasser une telle analogie.

Qu'est-ce donc qu'un objet intentionel, d'un strict point de vue grammatical? Un objet intentionel n'est rien d'autre, nous dit Anscombe, qu'une « sous-classe » d'objet direct, autrement dit un simple *complément d'objet*. Avant toute chose, il importe donc de comprendre comment fonctionne un objet direct. Or une bonne manière d'y parvenir consiste à se demander comment nous faisons l'*apprentissage* d'un tel usage. Pour illustrer ce point, Anscombe fait appel à l'exemple des leçons d'un professeur de langue. Comme nous l'avons tous appris à l'école, si le professeur nous demande d'indiquer quel est le complément d'objet dans une phrase comme « John a envoyé un livre à Marie », nous devons nous demander « John a envoyé *quoi* à Marie? » et la réponse à cette question, « un livre », nous donnera le complément d'objet du verbe. Anscombe pose la question suivante : lorsque nous trouvons un objet direct dans une phrase, avons-nous par là identifié « *ce à quoi renvoie* l'objet direct »? S'il en était ainsi, nous pourrions poser des questions sur l'*identité* de cet objet. Nous pourrions demander, par exemple, « *quel* livre »? De quelle couleur, de quelle épaisseur est-il? Or dans le contexte qui nous préoccupe, ces questions ne seraient pas pertinentes. Si le professeur demande quel est l'objet direct de la phrase, il ne nous encourage pas à trouver un objet réel qui correspondrait à l'expression « un livre » dans l'énoncé. Faudra-t-il alors considérer, dans ce contexte précis, que les mots « un livre » sont l'objet direct recherché? Cette réponse n'est cependant pas plus éclairante. L'identification en question ne concerne pas l'identification de signes matériels composant l'expression. Ce que nous demande le professeur, c'est d'identifier une *fonction grammaticale*.

> L'identification grammaticale présuppose l'acquisition de l'usage

À ce niveau, Anscombe fait une allusion à la distinction frégéenne entre *concept* et *objet*. Pour Frege[14], à la différence d'un objet, un concept n'est pas une partie saturée d'une pensée exprimée par une proposition. Il se comporte plutôt comme une fonction, et appelle à être *complété* par l'objet auquel il s'applique dans l'expression. Si je dis que « Bucéphale est un cheval », alors Bucéphale est l'*objet* de la fonction prédicative « [] est un cheval », la copule appartenant au prédicat. En revanche, si je parle du « concept de cheval », je ne l'utilise plus comme un concept, mais comme un objet. En ce sens, *le concept de cheval n'est pas un concept*, c'est-à-dire qu'il ne fonctionne pas ici comme un concept. De même, pour Anscombe, il y a un sens à dire *qu'un objet direct n'est pas un objet (direct)* : en tant qu'objet direct, « un livre » n'appartient pas à un domaine d'objets qui peut être parcouru par une fonction. L'auteure va cependant plus loin, car elle précise aussitôt que si, en un certain

---

14. *Cf.* G. Frege, « Über Begriff und Gegenstand », in *Vierteljahrschrift für wissenschaftliche Philosophie* 16, 1892, trad. fr. C. Imbert, « Concept et objet », dans *Écrits logiques et philosophiques*, Paris, Seuil, 1971.

sens, Frege a raison, il manque encore quelque chose à son explication, car on ne pourrait comprendre ainsi l'usage spécifique que le professeur et son élève font de l'objet direct dans le contexte imaginé précédemment. Ce qui manquerait à la notion frégéenne de concept c'est, pourrait-on dire, l'ancrage de celui-ci dans l'usage.

Tout repose en réalité sur la manière dont nous entendons ce qu'est un concept grammatical. Dans le sillage de Wittgenstein et à l'encontre des réserves de Moore[15], Anscombe n'entend en réalité pas la grammaire dans un sens particulier ou inhabituel. Comme dans l'exemple de l'apprentissage du français, c'est précisément cela, et rien d'autre, que l'on entend par grammaire :

> La compréhension grammaticale et les concepts grammaticaux, même ceux qui nous sont les plus familiers comme ceux de phrase, de verbe, de nom, ne sont pas une affaire, directe et terre à terre, de réalités physiques, comme je crois que les gens le supposent parfois. Le concept d'un nom, par exemple, est bien moins un concept d'ordre physique que celui d'une pièce de monnaie ; car quelqu'un pourrait être entraîné à reconnaître des pièces de monnaie avec un certain succès bien qu'il ne sache rien de la monnaie, mais personne ne pourrait être entraîné à reconnaître des noms sans avoir déjà une grande familiarité avec le langage[16].

La compréhension du fonctionnement d'un concept n'est pas quelque chose qui nécessite l'identification de *choses* qui tombent sous ce concept. À la différence d'une pièce de monnaie, qui est quelque chose de matériel, l'identification d'un concept grammatical ne peut se donner sans renvoyer à un usage auquel nous sommes déjà familiers. En effet, un enfant peut tout à fait apprendre à reconnaître une pièce de deux euros sans savoir pour autant comment fonctionne un échange de type commercial. Autrement dit, il peut apprendre à la reconnaître sans en avoir appris l'usage. Mais ce qu'un concept grammatical nous donne, c'est une manière de ressaisir ce qui est déjà présent dans notre pratique. L'identification d'une fonction grammaticale, et donc sa compréhension, *présuppose* donc en un certain sens l'acquisition de l'usage. Pour Anscombe, adopter une perspective grammaticale sur l'objet intentionel, c'est donc essayer de révéler les règles – logiques *parce que* pratiques – de la façon dont nous en usons.

Nous voyons donc que les critiques adressées à la figure de l'objet intentionel ont pour conséquence la nécessité d'abandonner un certain modèle de l'intentionalité comme critère du mental. L'objet intentionel n'est, du point de vue grammatical, qu'un simple complément d'objet. Nous n'avons aucune légitimité à déduire, à partir de cette fonction grammaticale, une image idéale représentant le rapport de notre esprit au monde. Cela signifie-t-il par conséquent qu'il faille abandonner toute forme d'intentionalisme ? Nous entendons défendre que pour Anscombe, il existe au contraire des raisons de ne pas se passer de tout concept d'objet intentionel.

■ 15. *Cf.* G. E. Moore, « Wittgenstein's expressions "rule of grammar" or "grammatical rule" », dans J. Rothhaupt, A. Seery (eds.), *Wittgenstein Jahrbuch 2003/2006*, Frankfurt am Main, Peter Lang, 2007, p. 202-203.
■ 16. E. Anscombe, « The Intentionality of Sensation », *op. cit.*, p. 8-9 (nous traduisons).

Vers un *concept grammatical* d'objet intentionel ?

Pour revenir à notre question précédente, comment comprendre à présent que des expressions comme « Les Grecs vouaient un culte à Zeus » puissent être vraies ? Devons-nous nous résoudre à les éliminer de notre langage, au motif qu'elles ne sont pas supportées par une relation réelle ? De ce point de vue, il est d'abord nécessaire, selon Anscombe, de redéfinir ce que nous entendons par un objet intentionel : « Un objet intentionel, dit-elle, est donné par un mot ou une expression qui fournit une *description sous laquelle* ». L'expression, originairement introduite dans son ouvrage *Intention*, est restée célèbre pour son application à l'action intentionnelle [17]. Dans un article ultérieur, la philosophe précise toutefois ce qu'elle entend de manière générale par « sous une description » en dehors du cadre de la philosophie de l'action. Envisager un certain objet « sous une description » ne revient pas à présupposer la présence d'une entité, l'objet, à laquelle nous adjoindrions ensuite une « description » à titre de prédicat. La forme « *en tant que + description* », explique-t-elle, n'introduit aucune propriété du côté du sujet d'une proposition, mais qualifie le prédicat lui-même : « Il n'y a pas d'objets tels qu'un A *en tant que* B, bien qu'un A puisse, en tant que B, recevoir tel-et-tel salaire, et en tant que C, tel-et-tel salaire » [18]. Autrement dit, un homme peut bien recevoir un salaire à titre d'employé, et percevoir un revenu à titre de chauffeur de VTC. C'est « en tant que » salarié qu'il peut être dit bien payé et « en tant que » chauffeur mal payé, sans qu'il y ait contradiction à ce qu'il puisse être bien et mal payé à la fois. Dès lors, à suivre Anscombe, dire que Sherlock Holmes est l'objet de mon admiration, c'est dessiner une *description sous laquelle* il y a un sens pour moi à admirer Sherlock Holmes, description qui ne prétend aucunement être une description-représentation d'un certain objet du monde qui se prénommerait Sherlock Holmes.

Dès lors, le cas paradigmatique de toutes les conceptions classiques de l'intentionalité, celui dans lequel ma visée peut s'orienter vers quelque chose qui n'existe pas, trouve une reformulation intéressante. Lorsque nous disons que « les gens vouent un culte à la lune », nous supposons qu'il existe un objet réel, la lune, que je peux saisir à travers une certaine description, « la lune *en tant que* dieu ». Mais ce serait une erreur d'assimiler ce cas de figure à celui où nous dirions que « les gens vouaient un culte à Zeus », comme s'il y avait un objet fictif, Zeus, auquel devrait se joindre une description. L'*objet-de*, rappelons-le, ne fonctionne pas comme un objet-chose. On peut donc très bien « vouer un culte » à quelque chose qui n'existe pas, sans que cette inexistence de l'objet vienne affecter la réalité du culte :

> Cela ne veut pas dire qu'« Ils ne vouent un culte à rien », mais seulement : « Ce à quoi ils vouent un culte n'est rien ». Car « Ils ne vouent un culte à rien » impliquerait qu'aucune phrase du type « Ils vouent un culte à ceci-et-cela »

■ 17. *Cf.* E. Anscombe, *Intention*, Cambridge, Harvard University Press, 1957, § 23-28, p. 37-51.
■ 18. E. Anscombe, « Under a description », dans *Noûs* 2, 1979, vol. 13, p. 219 (nous traduisons).

ne serait vraie ; et dans le cas qui nous occupe, une telle phrase est pourtant vraie[19].

Dire que les Grecs ne vouaient un culte *à rien*, c'est manquer l'intelligibilité du culte de Zeus. C'est s'interdire un discours, comme celui de l'historien, qui cherche à reconnaître que la phrase « Les Grecs vouaient un culte à Zeus » est vraie. Autrement dit, c'est refuser de comprendre qu'il y a de multiples *descriptions sous lesquelles* nous envisageons nos actions. Pour Anscombe, il y a donc bien un sens, du point de vue logique, à ne pas éliminer ce genre d'énoncés de notre langage. L'approche grammaticale, si elle n'est pas inflationniste, semble aller toutefois à l'encontre de tout réductionnisme.

En envisageant l'intentionalité en termes de *descriptions*, la démarche d'Anscombe semble faire droit à cette dimension de notre langage que les logiciens nomment l'intensionalité de nos expressions, par opposition à leur extensionalité. Si Anscombe choisit néanmoins de ne pas rabattre l'intentionalité sur l'intensionalité, c'est qu'elle ne veut pas en faire une pure question de logique propositionnelle. Pour elle, l'intentionalité partage des traits essentiels avec le concept d'intention *dans l'action*. La manière dont elle choisit de réexploiter la notion d'objet intentionel ne peut donc se comprendre qu'en dialogue avec sa philosophie de l'action. En effet, une même action peut recevoir plusieurs descriptions, toutes aussi vraies les unes que les autres. La ou les *descriptions sous lesquelles* j'envisage mon action comme intentionelle ne sont pas les seules descriptions vraies possibles de mon action, mais ce sont celles qui donnent le *point de vue* sous lequel elle *m*'est intentionelle. De même, de l'intentionalité de l'action à l'intensionalité de nos expressions, il existe une perspective irréductible depuis laquelle il fait sens d'envisager l'agentivité d'un usager du langage comme étant intentionelle. Il n'y a pas de sens, pour Anscombe, à opposer la logique à la pratique[20] :

> Dans ce type de contextes, « intentionel » est souvent écrit avec un s. [...] Je préfère garder l'ancienne orthographe avec deux t, car le mot est le même que celui qu'on utilise dans l'usage courant en connexion avec l'action. Le concept d'intention que nous utilisons ici apparaît bien sur en connexion également avec la parole. C'est ce qui fait le pont avec son usage logique[21].

L'enjeu est d'affirmer que la logique ne possède aucune légitimité à « imposer » ses limites à la pratique, car elle lui est complètement immanente. Il n'y a, du reste, aucun sens à vouloir isoler la logique en amont de nos usages linguistiques, comme si le langage pouvait trouver ses règles en marge de la réalité de ceux qui le parlent[22].

19. E. Anscombe, « The Intentionality of Sensation », *op. cit.*, p. 10 ; trad. fr. V. Aucouturier, *Qu'est-ce que l'intentionalité ?*, *op. cit.*, p. 104.
20. C'est la voie que choisira de suivre V. Descombes dans *Les Institutions du sens*, en proposant, sous l'inspiration de la philosophie de C. S. Peirce, une théorie des relations qui fasse droit à cet ancrage à la fois pratique et logique de l'intentionalité.
21. E. Anscombe, « The Intentionality of Sensation », *op. cit.*, p. 4 (nous traduisons).
22. Il ne s'agit pas pour autant d'abandonner l'idée d'une « autonomie de la grammaire ». Sur ce point, *cf.* V. Aucouturier, « Sur un prétendu idéalisme linguistique du "second" Wittgenstein », *Philosophique* 13, 2010, p. 17-52 ; ainsi que J. Benoist, *L'Adresse du réel*, Paris, Vrin, 2017, p. 126-167.

C'est ici que la philosophe semble paradoxalement réinvestir le vocabulaire de l'objet, alors que tout portait à croire qu'elle en avait démontré la dangereuse superficialité. En effet, si la notion d'objet intentionel nourrit de telles confusions métaphysiques, pourquoi ne pas tout simplement abandonner le recours à un tel concept ? Anscombe imagine une situation où un homme, croyant tirer sur un cerf qu'il aurait vu dans la forêt, tire en réalité sur son père et le tue. Elle nous demande alors d'imaginer un témoin de la scène en question, qui viendrait fournir une description des évènements. Le témoin dirait « il a visé son père ». Ceci, nous dit Anscombe, nous donne l'objet *matériel* de son acte. Non pas parce qu'il aurait effectivement touché son père, car il aurait très bien pu manquer son tir, mais parce que si nous cherchons à donner un compte rendu de ce qu'il visait *de notre point de vue*, c'est alors l'objet matériel de sa visée que nous identifierons. En revanche, si nous cherchons à rendre son action *intelligible*, si nous cherchons à savoir quelle était son intention *en faisant cela*, et il est fort probable que nous nous posions cette question, étant donné la portée tragique de son geste, il nous dira probablement qu'il n'avait pas l'intention de tuer son père, mais qu'il avait l'intention de tuer un cerf. Nous obtenons alors *l'objet intentionel*, et non pas *matériel*, de sa visée. La différence entre les deux réside dans la perspective que nous portons sur l'action. Si les questions portant sur l'intentionalité nous intéressent, c'est parce qu'elles mesurent l'écart, ou le recouvrement, qu'il peut y avoir entre nos descriptions. Cette possibilité ressort d'une pratique où nous nous posons, dans certains contextes, des questions sur le sens dans lequel nous avons dit ou fait quelque chose. Cela me permet, dans le cadre d'un procès par exemple, de pouvoir *répondre* de mon action, là où la situation exige qu'on fasse appel aux descriptions sous lesquelles j'ai envisagé ce que j'ai fait.

Cette fragilité essentielle ne doit pas pour autant nous laisser penser que parler, c'est toujours tirer à côté, manquer son objet. La plupart du temps, nous disons effectivement ce que nous voulons dire, et les autres nous comprennent parfaitement, si bien que nous n'avons pas besoin de faire appel aux objets intentionels pour trancher la question. Mais dans certains contextes, il peut être nécessaire de nous poser des questions sur l'*identité* d'un objet intentionel :

> Les questions portant sur l'identité d'un objet intentionel, lorsque ce dernier ne peut pas être réduit à l'identité d'un objet *matériel*, sont d'un intérêt évident. Comment décidons-nous que deux personnes ou deux peuples vouent un culte ou non au même dieu ? Ici encore, quand un nom propre est obscur et sa référence historique lointaine, comme « Arthur », la question peut se poser de savoir si deux personnes sont en train de penser au même homme – si elles se font une image différente, incompatible, de lui[23].

Tel que nous le comprenons, ce retour à la notion d'identité doit se comprendre dans l'économie des catégories scolastiques mobilisées par Anscombe. Là où nous nous posons des questions sur l'identité des objets

■ ▦ 23. E. Anscombe, « The Intentionality of Sensation », *op. cit.*, p. 10 (nous traduisons).

intentionels, nous cherchons en fait à identifier *l'objet-de* et non pas l'objet-chose, c'est-à-dire les *descriptions sous lesquelles* nous envisageons une certaine activité. Nous cherchons à savoir si ce que nous avons compris de ce qu'il était en train de faire, à savoir tirer sur son père, est bien *la même chose* que ce que *lui-même* entendait faire en tirant. Sur ce point, Anscombe rejoint P. Geach, qui distinguait « identité intentionelle » et « identité réelle » de l'objet :

> [...] plusieurs archers peuvent bien tous pointer leurs flèches vers une seule et même cible, par exemple un cerf ou bien un homme (identité réelle) ; mais nous pourrions aussi être capables de vérifier qu'ils sont tous en train de pointer leurs flèches dans le même sens [*the same way*], sans se soucier du fait de savoir s'il y a aucun objet sur lequel on pourrait tirer [*shootable object*] à l'endroit où les lignes de feu se rencontrent (identité intentionelle)[24].

Pour Geach comme pour Anscombe, la notion d'objet intentionel aurait ainsi, semble-t-il, le rôle d'un opérateur d'identification *des pensées*. Cette identité n'a rien à voir avec une identité « réelle » car les pensées ne se trouvent nulle part ailleurs que *dans* le langage, c'est-à-dire dans un certain ordre de descriptions. Pour reprendre l'image du roi Arthur qu'Anscombe introduit à la fin de son article – dont on ne sait pas bien, selon les versions, s'il a existé ou non – parler d'objet intentionel, c'est se donner la possibilité de comprendre que nous avons bien *en vue* la *même* chose, à savoir le Roi Arthur Pendragon, qui a unifié le royaume de Bretagne comme le veut la légende, lorsque nous disons par exemple de lui qu'il était chauve. Ce serait alors aux objets intentionels au sens d'Anscombe auxquels nous ferions appel dans ce genre de contextes. Toutefois, dans le but d'éviter à nouveau le risque d'une réification de l'objet de l'intention, nous devons souligner qu'en dehors de ce type de situations très spécifiques appelant rétrospection ou examen, il n'y a pas vraiment de sens à mobiliser les termes d'identité et d'objet intentionels. S'il est donc envisageable pour Anscombe de remobiliser le vocabulaire de l'objet dans certains contextes, c'est uniquement à titre clarificateur, et parce que les circonstances l'exigent. Or si le besoin d'une clarification sur un certain vouloir-dire ou un certain vouloir-faire peut bien parfois se faire ressentir, rappelons qu'en définitive, ce n'est jamais que *dans* le langage et les *descriptions sous lesquelles* nous envisageons notre action ou notre parole que nous pouvons y répondre.

Conclusion

Pour répondre à notre question initiale, parler de ce qui n'existe pas n'implique nullement de devoir poser l'existence, immanente ou transcendante, de ce dont on parle. Nous avons voulu montrer que la résurgence de la notion d'objet intentionel sur le terrain de la philosophie de l'esprit est en réalité le fruit d'une erreur de catégorie portant sur les différents usages du terme « d'objet ». À ce titre, la question de l'inexistence de l'objet, à la fois

24. P. Geach « Intentional identity », dans *Logic Matters*, Oxford, Blackwell, 1972, p. 147 (nous traduisons).

problématique et constitutive du motif intentionaliste, est en réalité un faux problème.

L'approche grammaticale caractéristique de la philosophie d'Anscombe autorise dans le même temps à déconstruire le mythe d'une transitivité inconditionnelle des actes de l'esprit. Ce que la grammaire nous apprend, c'est que l'objet de pensée n'est, pour reprendre une expression de V. Descombes, rien d'autre qu'un « complément d'objet »[25]. Aussi, à travers la question de l'objet, c'est en réalité la construction de l'intentionalité comme *relation* qu'il a s'agit pour nous de remettre en question.

Enfin, plus positivement, nous avons tenté de comprendre en quoi il *peut* et il *doit* y avoir, selon la philosophe britannique, une place pour un renouvellement du concept d'objet intentionel. Premièrement, parce qu'il s'agit d'un concept, c'est-à-dire d'une fonction logique qui appartient de plein droit à nos usages, et que nous ne pouvons éliminer impunément de notre langage. Deuxièmement, parce qu'un tel concept n'a plus rien à voir avec la notion d'objet-chose, mais peut jouer un rôle clarificateur dans l'identification des pensées. Ainsi, plutôt qu'une entente de l'intentionalité en termes de relation, Anscombe favorise ici un traitement de l'intentionalité en termes de *descriptions*. Autre manière de dire qu'au fond, lorsque la question du vouloir dire se pose en contexte, ce n'est pas d'un point de vue situé en dehors des limites du langage, mais bien au creux même de celui-ci, qu'il peut y avoir un sens à se demander ce qui fait l'objet-d'une pensée.

Anaïs Jomat
Université Saint-Louis, Bruxelles

25. V. Descombes, *Grammaire d'objets en tous genres*, Paris, Minuit, 1983, p. 164.

LES INTROUVABLES DES CAHIERS

LA QUESTION DE L'IDÉALISME LINGUISTIQUE[1]

Elizabeth Anscombe

Dans cet article Elizabeth Anscombe s'attaque à l'objection suivant laquelle les remarques grammaticales de Wittgenstein – qui norment les usages et rejettent certaines formulations comme étant des non-sens – seraient arbitraires. Plus précisément, puisque Wittgenstein semble dire que le sens des mots et en particulier les règles de la grammaire dépendent de nous, les humains, et de nos pratiques et donc soutenir un certain idéalisme linguistique (suivant lequel les mots du langage créent les réalités qu'ils désignent) dans quelle mesure le sens des mots ou des signes n'est-il pas purement arbitraire ?

Traduction V. Aucouturier et A. Jomat

Que celui qui croit que certains concepts sont assurément les bons et qu'en posséder d'autres empêcherait de concevoir quelque chose que nous concevons s'imagine certains faits très généraux de la nature comme étant très différents de d'habitude ; alors il pourra comprendre qu'on puisse former des concepts différents de ceux qui nous sont familiers[2].

Il s'agit là d'un des passages de l'œuvre de Wittgenstein soulevant – à mes yeux du moins – la question suivante : sa dernière philosophie comprend-elle une forme d'idéalisme linguistique ? Linguistique, parce que ce dernier décrit les concepts en termes de pratiques linguistiques et qu'il a également écrit : « l'*essence* est exprimée par la grammaire »[3].

Nous pourrions comprendre cette affirmation de la façon suivante : comme Platon le suggère dans le *Cratyle*, les mots qui réfèrent à une même chose dans différentes langues – par exemple *equus*, *cheval*, *horse*, ἵππος – sont comme un même outil forgé à partir de matériaux différents, par exemple du fer, de l'acier, du bronze, du laiton. Un outil conçu pour saisir une chose

1. G. E. M. Anscombe, « The question of linguistic idealism ». Nous remercions M. C. Gormally qui, en tant qu'exécutrice testamentaire de sa défunte mère, a autorisé la publication de la traduction française de ce texte.
2. L. Wittgenstein, *Recherches Philosophiques*, trad. fr. F. Dastur, M. Elie, J.-L. Gautero, D. Janicaud et É. Rigal, Paris, Gallimard, coll. « Tel », 2014, II, XII.
3. *Ibid.*, I, § 371.

aura peut-être une forme qui correspond à celle de l'objet. Un mot possède donc quelque chose, que nous appellerons sa forme logique, qui répond de l'essence de ce qu'il saisit (ou de ce qu'il exprime). Dans leurs aspects perceptivement sensibles, ces mots diffèrent les uns des autres ; mais leur forme logique est la même. Cette forme logique est la grammaire des mots. Il n'est pas ici question de caractéristiques grammaticales superficielles, comme le fait qu'un mot désignant une chose se décline, ou que certaines expressions contenant un certain mot se composent de certaines façons, comme cela peut se produire dans une langue et non dans un autre (comme le fait qu'en anglais l'on puisse, ou l'on pouvait, dire « *To horse!* ») ; il n'est pas non plus question d'une description dans les menus détails, comme le ferait un critique d'art commentant un tableau de Panini. Mais il existe une grammaire rudimentaire qui leur est commune à tous, par laquelle chacun est, par exemple, un nombrable [*count-noun*] qui est le nom d'un genre d'organisme vivant.

Supposons que nous acceptions ce dernier point, et que nous ne prenions pas le temps de montrer que le fait qu'un mot est d'un certain type est fixé par sa grammaire. Ce que j'entends cependant par « idéalisme linguistique » irait encore plus loin que cela, et dirait « l'essence est *créée* par la grammaire ». Car « l'essentiel » est « la marque d'un concept, et non la propriété d'un objet »[4].

Si nous admettons que « L'essence est exprimée par la grammaire », nous dirions très probablement que « les mots que j'emploie pour dire quelque chose *doivent* avoir une certaine grammaire ». Par exemple, le langage pour parler de la sensation doit posséder l'asymétrie entre la première et la troisième personne. Mais nous ne voulons pas dire ici qu'il est correct d'attribuer cette propriété (disons, celle de l'asymétrie entre la première et la troisième personne) à ce genre de chose (par exemple la sensation). Car la propriété mentionnée est une propriété du langage. Dès lors nous devrions plutôt dire : un langage qui ne possède pas ces caractéristiques, cette grammaire, ne porte pas sur les sensations mais sur quelque chose d'autre, et si vous preniez le langage portant sur les sensations et en modifiez cet aspect, il cesserait d'être le langage portant sur les sensations. Certes, le langage est un ensemble pour le moins compliqué de façons de faire impliquant principalement des sons articulés. Dès lors, tout se passe comme si c'était *ou bien* la grammaire qui correspondait à quelque chose de l'objet, à son essence réelle, que celui-ci possède qu'il y ait ou non un langage à son sujet, *ou bien* « l'objet » lui-même qui dépendait du langage. La première option renvoie à ce que suggère Platon dans le *Cratyle ;* la seconde, si elle s'applique à tout le langage, à ce que j'appelle « l'idéalisme linguistique ».

Revenons à la citation de départ : quelqu'un pourrait dire « je ne veux pas dire que tels-et-tels concepts sont absolument *les* bons ; je veux seulement savoir si ce sont de bons concepts ou non. ». Si nous reprenons l'exemple de Wittgenstein, dans un monde où la couleur et la forme ne seraient pas indépendantes, les gens pourraient avoir des concepts de formes-couleurs, et

---

■ 4. L. Wittgenstein, *Remarques sur les fondements des mathématiques*, trad. fr. M. A. Lescourret, Paris, Gallimard, 1983, I, 73. « La marque d'un concept » est bien sûr une expression tirée de Frege.

aucun concept de couleur ou de forme. Nous n'avons même pas à présumer qu'ils « ne parviendraient pas à concevoir quelque chose que nous concevons » – à savoir certaines ressemblances de couleur. Car disposons-nous nous-mêmes d'un concept partout où nous remarquons une ressemblance ?[5]. Ce dont nous voulons nous assurer, c'est que « ce que nous concevons » existe bien et n'est pas une simple projection des formes de notre pensée sur la réalité.

Wittgenstein semble suggérer que ce qui « correspond à » notre concept de couleur n'est pas (comme nous aurions pu avoir envie de le dire) une caractéristique distincte des choses, mais plutôt le « fait très général de la nature » que la couleur et la forme sont indépendantes.

Cette suggestion, quels que soient ses mérites, n'est pas celle selon laquelle l'essence qui est exprimée par la grammaire des mots-de-couleurs est créée par cette grammaire. Toutefois, cela ne nous détourne pas de l'ambition d'essayer de cerner et d'exposer ce que la grammaire exprime. Les scolastiques par exemple affirmaient des couleurs qu'elles étaient « toutes entières dans le tout, et toutes entières en chaque partie ». Chez Wittgenstein, cela donnerait quelque chose comme : « Il y a, par exemple, quelque chose que nous appelons *diviser un carré*, mais nous ne parlons pas de *diviser sa couleur* ». Ou encore : « Il n'y a rien que l'on appelle *une partie de rouge*, qui pourrait apparaître à un endroit tout en n'étant pas rouge, tandis qu'une autre partie, elle aussi non-rouge, apparaîtrait en un autre endroit, de sorte que les deux, ensemble, puissent former le rouge ». Et ce sont des remarques grammaticales, des remarques au sujet de la manière dont nous usons des mots. « Si vous parlez de l'essence – vous observez simplement une convention »[6].

Mais à présent, si nous disons que l'essence exprimée par la grammaire du mot « rouge » est elle-même la création ou le produit de cette grammaire, ne sommes-nous pas en train de dire que rien n'aurait été rouge s'il n'y avait pas eu le langage humain ? – Ou plus exactement s'il n'y avait pas eu cette pratique linguistique avec un mot, pratique dont l'existence montre que les usagers du mot possèdent le concept de « rouge » ? Or c'est justement *cela* que nous ne voulons pas dire.

Wittgenstein s'est imaginé une tribu possédant un concept de douleur différent du nôtre : leur concept ne s'appliquerait que là où il y aurait un dommage visible, comme par exemple une blessure. C'est là qu'il répond à la question : « Mais ne s'aperçoivent-ils pas de la ressemblance ? » (avec une douleur sans blessure), en rétorquant : « Forgeons-nous un concept partout où nous remarquons une ressemblance ? ». De même, il nous dit : « Vous avez appris le *concept* de douleur lorsque vous avez appris le langage », ce qui revient à dire que ce n'est pas l'expérience de la douleur qui vous donne le sens du mot « douleur ». Comment une expérience pourrait-elle dicter la grammaire d'un mot ? Vous pourriez dire : si le mot doit pouvoir désigner *cette* expérience, certaines exigences ne s'imposent-elles pas à la grammaire ? Mais le mot n'est pas fait juste pour répondre à cette expérience-ci, à ce moment-là : sinon à quoi d'*autre* pourrait-il bien s'appliquer ? L'expérience

■ 5. L. Wittgenstein, *Fiches*, trad. fr. E. Rigal et J.-P. Cometti, Paris, Gallimard, 2008, §380.
■ 6. L. Wittgenstein, *Remarques sur les fondements des mathématiques, op. cit*, I, 74.

en elle-même ne peut pas nous dire avec quoi la classer. « À quoi on pourrait sans doute répondre : avec tout ce qui est le même qu'elle ». – Quelle mêmeté avez-vous en tête ? Vous répondrez : « la mêmeté qui est exprimée par le mot ». Mais savez-vous de quelle mêmeté il s'agit avant d'en posséder le mot ? L'expérience ne nous indique en aucun cas les limites de l'usage d'un mot, ni quel genre d'outil il doit être – par exemple, s'il est censé être une exclamation ou avoir une syntaxe, et dans cette dernière éventualité, si c'est la syntaxe d'une propriété des objets perçus. Par conséquent, on peut imaginer une tribu ayant un concept de douleur différent du nôtre, bien qu'il se recoupe suffisamment avec le nôtre pour être appelé ainsi.

Qu'est-ce qui dans tout cela nous empêcherait de dire : « même s'il n'y avait jamais eu de langage humain de sorte qu'il n'y *aurait* pas du tout de "concept de douleur", s'il y avait des animaux, il y aurait quand même de la douleur ? » Rien. – « Mais de quelle "douleur" parlons-nous – de la douleur selon notre concept ou selon un autre concept possible, par exemple celui décrit plus haut ? » Eh bien, nous parlons notre langage. Par conséquent, lorsque nous disons que la douleur aurait existé malgré tout, c'est bien de la douleur telle que nous l'entendons par le mot « douleur » dont nous parlons.

De même, s'il n'y avait jamais eu d'humains pour parler de chevaux, il n'y aurait pas la moindre raison de dire que les chevaux n'auraient pas néanmoins existé. Dès lors, ces essences, qui sont exprimées par la grammaire, ne sont pas créées par la grammaire. Penser le contraire, c'est sans doute mal comprendre le terme d'« essence » : c'est penser par exemple que, bien qu'il soit évident qu'il y aurait eu des chevaux, l'essence exprimée par « cheval » n'aurait jamais existé sans le langage humain et la pensée humaine[7]. Pouvons-nous suivre la suggestion du passage cité en ouverture, et imaginer que les « faits très généraux de la nature » puissent être si différents que les gens ne disposeraient pas du concept de « cheval » quand bien même il y aurait des chevaux ? Ce serait sans doute difficile. Mais lorsque Wittgenstein désapprouve l'idée selon laquelle des gens ayant des concepts différents *échoueraient nécessairement* à concevoir quelque chose que nous concevons, il ne veut sans doute pas dire qu'on ne *pourrait* pas supposer qu'ils échouent à concevoir quelque chose que nous concevons. La question de savoir s'ils s'en rendraient compte ou non demeurerait plutôt une question ouverte. Supposons, par exemple, qu'il n'y ait pas une grande diversité d'espèces de mammifères, mais uniquement des chevaux et des humains, et qu'il n'y ait pas de nombrable correspondant à « cheval » mais une forme verbale signifiant quelque chose comme « présence de cheval », nous ne reconnaîtrions peut-être pas là le concept de « cheval » et pourtant nous ne supposerions pas qu'ils ne peuvent « concevoir quelque chose que nous concevons ». Ou encore, s'ils avaient un nombrable, ils pourraient bien l'appliquer à des vaches lorsqu'ils *les* verraient.

J'ai suggéré qu'on pouvait dire que le langage portant sur les sensations devait avoir une certaine grammaire – devait posséder l'asymétrie entre la première et la troisième personne. Mais ne suis-je pas en train de dire *ici* que

---

■ 7. Cette erreur fut commise par Locke : selon lui, les essences sont des idées générales, et le général et l'universel sont des créations de l'esprit.

le langage portant sur les chevaux n'a pas forcément la grammaire qui exprime l'essence cheval ? Par exemple, qu'il ne doit pas posséder un nombrable qui soit le nom d'un type d'animal ? Il semblerait que je le sois. Ne devrais-je pas alors abandonner mon idée sur les sensations ? Il nous avait semblé que le langage puisse malgré tout se rapporter aux chevaux sans avoir de mot pour *un* cheval ; le langage ne pourrait-il pas dès lors se rapporter de façon similaire aux sensations sans les exprimer ou les rapporter ? Les qualités sensibles, par exemple, pourraient être mentionnées, et les scènes décrites, et leurs comptes rendus pourraient être traités différemment selon qu'ils rapportent en première-main des choses qui sont actuellement présentes au rapporteur, ou qu'ils sont des comptes rendus de seconde-main, ou juste des souvenirs. Mais aucun mot n'existerait pour les modalités sensibles, et les mots renvoyant aux qualités sensibles n'auraient pas d'usage purement « subjectif » : je veux dire aucun usage dans lequel elles ne seraient pas sujettes à correction par d'autres personnes. Les comptes rendus de première-main de qualités sensibles, où celles-ci seraient mal identifiées, seraient traités comme de la bêtise individuelle.

Pour résumer : *l'essence est exprimée par la grammaire. Mais nous pouvons concevoir des concepts différents, c'est-à-dire un langage qui n'aurait pas la même grammaire. Les personnes qui en feraient usage ne seraient donc pas en train d'user d'un langage dont la grammaire exprimerait les mêmes essences. Cependant, on ne peut en conclure qu'ils échoueraient à concevoir quelque chose que nous concevons.*

Il est extrêmement difficile de se frayer un chemin entre les deux écueils suivants : ne pas succomber aux faussetés de l'idéalisme et aux stupidités du réalisme empiriste.

Je comprends ou signifie ou pense à un type d'animal quand j'entends, lis, ou dis « cheval ». Mais ces termes ne sont pas le signe d'un acte mental, comme celui de se former une image ou d'avoir une représentation en tête. Aucune image ou représentation ne pourrait déterminer l'application future ou passée du mot, c'est-à-dire ce que nous avons appelé et ce que nous appellerons, les autres et moi, un « cheval ». C'est *cela* qui est déterminé par le fait que la grammaire exprime une essence. Je maîtrise cette grammaire : c'est grâce au fait que la grammaire exprime une essence que le mot que j'utilise peut signifier un type d'animal, et donc ce que *je* signifie par lui. L'essence n'est pas ce que je signifie ou ce dont je parle : c'est plutôt ce par quoi je comprends ou pense à (signifie), etc. Autrement dit, c'est ce par quoi mon usage du mot est une occurrence du fait de signifier un type d'animal. L'erreur de Locke a été, d'une part, de penser que « l'idée » était l'objet de la pensée, que c'était ce dont un mot tient lieu, et donc ce que nous signifions quand nous en usons et, d'autre part, de penser que lorsque nous parlons d'un « type d'animal », nous signifions nécessairement une idée générale, qu'il identifie avec une « essence nominale » et nomme créature de l'entendement. Or, si on nous demande d'expliquer ce que le mot « cheval » signifie, nous pourrions montrer un cheval en disant « ceci est un cheval », puis un autre en disant « et cela aussi », à partir de quoi, si notre interlocuteur comprend notre explication, il saisira que le mot est le nom d'un type. Si, ensuite, en voyant un âne, il suppose que c'est aussi un cheval, il pourrait dire « mais n'est-ce pas la même chose que ce que vous avez montré précédemment ? », montrant que l'identité recherchée est l'identité du type. « Montrer deux fois la même chose » est une expression qui ne détermine pas encore ce qui compte comme tel : la question n'aura de réponse déterminée que lorsque nous saurons quelle identité, quelle méthode de comptage, est pertinente. On compte un cheval, et un autre cheval s'avance ; si la procédure est de dire « nous avons compté celui-là », mais que nous assignons un *nouveau* nombre à, par exemple, une girafe (une girafe n'ayant pas été comptée auparavant) – alors il semblerait que l'on soit en train de compter des types. Mais ce que l'on compte est de toute façon là devant nous, et n'est en aucun cas une « créature de l'esprit ». Si quelque chose devait être une création de l'esprit, ce serait la grammaire de nos expressions. Si ce que nous entendons par « idée » est l'essence exprimée par cette grammaire, alors pour ce qui est de l'idée de cheval, *celle-ci* n'est pas une créature de l'esprit. Elle n'est pas non plus l'objet de la pensée. Elle est ce qui dans la grammaire du mot permet de parler et donc de penser à des chevaux au moyen du mot. Et elle est commune à des mots qui sont par ailleurs différents dans différentes langues.

Mais les formes superficielles de la grammaire sont si fortement suggestives que lorsque nous parlons de « compter des types d'animaux » *plutôt que de* « compter des chevaux » (remarquons que la première expression est ambiguë), cela donne l'impression que la première expression a introduit de nouveaux objets à compter en plus des chevaux, des girafes et des hommes, par exemple, comme si une nouvelle réalité était en train d'être posée. En réalité, nous n'avons fait qu'introduire une manière différente de compter ce qui est devant nous. Il en est de même pour des lettres inscrites sur une page. Si on nous demande de « les compter », on suppose ou on a besoin qu'on nous dise quelle est la méthode particulière pour les compter. À la méthode est associé un concept C, qu'on utilise pour dire « ce que » l'on compte. Des marques séparées ? Des lettres séparées physiquement ? Des lettres de l'alphabet de polices différentes ? Des polices de caractères ? etc. – Ce qui fournit l'explication ultime de ce qu'est compter dans chacun des cas, ce sont les procédures de comptage elles-mêmes.

Quand on introduit l'idée que compter des types, c'est compter une autre sorte d'objets que des individus (car après tout, l'objet grammatical du verbe « compter » est différent !) alors bien entendu la question surgit : où trouvons-nous de tels objets ? dans le royaume des Formes platoniciennes ? dans l'esprit ?

Il est surprenant de constater à quel point les gens sont profondément empêtrés dans ces difficultés, qui sont le fruit d'une pure incompréhension grammaticale. On ne comprendra pas vraiment Wittgenstein si l'on ne tient pas compte du fait qu'il ne s'est jamais ne serait-ce qu'aventuré sur ces terrains glissants. Quelque part, dans un de ses carnets, il écrit : « L'identité numérique : un mauvais concept ». Et en effet c'en est un, car si vous dites « le même en nombre », autrement dit « le même lorsqu'il s'agit de compter », la question demeure « le même nombre de *quoi* ? » ou « le même lorsqu'il s'agit de compter *comment* ? » – Il n'y a qu'une lettre « e » dans l'alphabet romain par exemple. N'importe quel « *e* » est numériquement la *même lettre de l'alphabet romain* que n'importe quel autre. Les Grecs, en revanche, possèdent deux « *e* » – *ε* et *η*.

Les considérations ci-dessus nous orientent vers le test suivant si nous voulons savoir si Wittgenstein est un « idéaliste linguistique ». Nous nous demanderons : est-ce que cette existence, ou cette vérité, dépend d'une pratique linguistique humaine ? Que *le sens des expressions* en dépende est une évidence ; que la possession de concepts par les humains en dépende n'est pas si évident. Un sourd-muet n'ayant pas été éduqué dans une langue organisée syntaxiquement, ou même dans n'importe quel système conventionnel de signes, peut entrer dans des échanges avec d'autres humains impliquant clairement pour lui de faire et de respecter des requêtes en tout genre, de gagner et de dépenser de l'argent, de répondre et de s'intégrer à d'autres activités humaines spécifiques variées. Il n'est pas surprenant d'apprendre qu'un tel homme peut faire une blague ou bien rire, par exemple, d'une farce manifeste, jouée. D'un autre côté, il nous semble évident qu'il y a tout un tas de concepts et de considérations qui lui sont plutôt inaccessibles ; il est également inutile de spéculer sur la question de savoir dans quelle mesure sa capacité dépend de l'existence des usagers-du-langage parmi lesquels il vit. L'usage compétent du langage est *un* des critères de possession des concepts qui y sont symbolisés, et nous pouvons donc dire librement : avoir telles ou telles pratiques linguistiques, c'est posséder tels ou tels concepts. « La pratique linguistique » ne renvoie pas ici à la simple production de mots agencés de sorte à produire des phrases en des occasions que nous qualifierions vaguement d'« appropriées ». Il est important que celle-ci inclue d'*autres* activités que la production de langage, des activités étroitement liées à un usage du langage. Par exemple les activités de mesurer, de peser, de donner et de recevoir, et de mettre dans des endroits particuliers, de se déplacer de multiples façons différentes, de consulter des tableaux, des calendriers, des panneaux, et d'agir en fonction. Nous pouvons sans doute dire que nous ne posséderions aucun concept de *longueur* sans l'activité de mesurer, et aucun concept de longueurs comparées précises pour des objets distants si l'activité de mesurer n'était pas étroitement liée à un usage plutôt élaboré des mots.

Lorsque Kronecker a dit « Dieu a forgé les nombres entiers, tout le reste n'est que création humaine », que devons-nous comprendre ? À première vue, pas grand-chose. Les humains n'auraient pas eu, je suppose, le concept de nombre naturel s'ils n'avaient pas eu la pratique de compter les objets. (Qu'est-ce que je veux dire par là ? Je suppose quelque chose comme : sans la pratique de compter les objets, il est difficile de voir comment quoi que ce soit pourrait être identifié comme une série de nombres naturels). Mais ce fait ne nous conduit pas à penser qu'il n'aurait pas pu se produire un événement comme un loup tuant trois cerfs en sept jours avant que n'apparaissent des humains avec leurs pratiques linguistiques. Les nombres naturels ne sont donc pas plus une invention humaine que les loups, les cerfs ou les jours. Mais ceci vaut également pour les faits impliquant des fractions. Pourquoi alors les fractions seraient-*elles* davantage une invention humaine que les nombres naturels ?

Voulait-il dire : les nombres naturels sont (pour ainsi dire) donnés (nous pourrions faire ce que nous voulons avec), et les *vérités* mathématiques ne sont que des inventions humaines ? Les humains ont inventé des choses comme 2 x 2, mais ils n'ont pas inventé 2. Et bien qu'ils n'aient pas inventé les moitiés, ils ont inventé 1/2. Ils ont inventé le fait de faire cela avec les idées de *un* et de *deux* (il n'existait aucune représentation similaire de la moitié dans le système numéral romain[8]) et ils ont inventé le fait considérer que cela puisse représenter la moitié de quelque chose. Ils ont inventé le fait de traiter la moitié comme un nombre. Vous pourriez dire qu'ils ont inventé le fait que la moitié *soit* un nombre. – Nous sommes sans doute sur la bonne piste.

Ceci ouvre la possibilité de ce que nous pourrions appeler un idéalisme partiel. Nous sommes tombés d'accord (avec quelques réserves) sur le fait que l'existence des concepts humains peut être assimilée, dans l'ensemble, à l'existence d'une grande variété de pratiques linguistiques humaines. Mais ceci, nous l'avons remarqué, n'implique en aucune façon une quelconque dépendance, de la part des choses qui tombent sous ces concepts, vis-à-vis de la pensée et du langage humains.

Or il y a, bien entendu, beaucoup de choses dont l'existence dépend de pratiques linguistiques humaines. Dans bien des cas, cette dépendance est un fait non problématique et trivial. Mais dans d'autres, elle n'est pas si triviale, et touche le nerf d'importants problèmes philosophiques. J'ai trois exemples en tête : les règles, les droits, et les promesses.

Chacun de ces exemples est lié à un certain usage de notions modales. Suivant les règles d'un jeu, ou de n'importe quelle autre procédure, vous « devez » faire certaines choses, et vous « ne pouvez pas » en faire d'autres. Quand quelqu'un a le droit de faire quelque chose, vous « ne pouvez pas » l'en empêcher. Si vous avez passé un contrat, alors suivant ce contrat vous « devez » faire ceci et « ne pouvez pas » faire cela.

Bien entendu, une règle et un contrat sont eux-mêmes possiblement, et même nécessairement, des outils linguistiques. Si, dans une perspective philosophique, on fixe trop son attention sur de tels outils, on peut s'étonner de la façon dont ils parviennent à engendrer des nécessités. On peut alors s'étonner aussi de ce qu'ils *sont*. Il est évident qu'ils contiennent des descriptions de conduites, positives et négatives, ou des descriptions qui ressemblent à des descriptions d'état de choses, comme par exemple l'adhésion à un comité. Ces descriptions peuvent être faites au passé ou au futur ou dans un mode particulier que nous pourrions appeler le futur d'obligation. Elles peuvent également sembler « permissives », leur verbe principal étant modifié par « pourrait ». Mais ce style obligatoire ou permissif ne signifie pas que quelqu'un est en train de donner l'ordre ou la permission de faire quoi que ce soit. Si tel était le cas, les problèmes philosophiques particuliers qui surgissent au sujet des règles et des promesses ne surgiraient pas. Quelqu'un dit à quelqu'un d'autre de faire quelque chose ; celui-ci donne des signes de compréhension, et il s'exécute ou désobéit. Une telle situation, nous la comprenons.

■ ■ 8. *Cf.* Karl Menninger, *Number Words and Number Symbols*, Cambridge (Mass.), MIT Press, 1969.

Le cas de la promesse ou du contrat est différent. Il n'est pas simplement question d'une description que quelqu'un, par la suite, rend vraie – ou non. La signification de la promesse est qu'elle impose un genre de nécessité à rendre la description vraie. Mais qu'est-ce que cette nécessité ? Nous pourrions dire : c'est celle de rendre la description vraie *ou* de se rendre coupable d'une injustice. Mais de quelle injustice ? – Celle de rompre une promesse ! Faire la promesse consistait à donner un signe générant une nouvelle injustice : celle de ne pas rendre une description vraie que l'on avait par ailleurs la parfaite liberté de ne pas rendre vraie ! Voilà le sens de la promesse. Mais comment le sens d'un signe *peut-il* être ce qu'il est simplement du fait qu'il a été donné ; ne faut-il pas que quelque chose puisse être considéré comme une infraction à son sens ? On n'a pas véritablement expliqué son sens. C'est une des remarques les plus importantes de Hume : il l'a nommé « l'inintelligibilité naturelle » des promesses.

Hume a divisé le problème en deux : premièrement, le problème du sens, et deuxièmement, si nous concédons qu'il puisse y avoir un tel sens, celui de savoir comment une quelconque « obligation » peut être engendrée. Or, il peut sembler problématique de voir ici *deux* problèmes distincts. Car si la première question était de savoir comment le sens du signe de la promesse peut être *ce* qui, en la faisant, engendre une obligation, on pourrait penser que si, pour les besoins du raisonnement, on doit concéder qu'il *puisse* y avoir un tel sens, on a déjà répondu à la seconde question : si son sens est qu'elle engendre une obligation, alors l'obligation est engendrée par la prononciation d'un signe ayant ce sens. Mais Hume a raison ; les deux questions sont distinctes. Car supposons qu'à la place de promettre je dise « Supposons qu'une contrainte m'impose d'agir d'une certaine manière ». *Ceci* est bien sûr parfaitement intelligible, puisqu'il manque le caractère particulier de la promesse par lequel le signe lui-même est censé avoir pour tâche d'engendrer la contrainte (l'obligation). Mais si je dis cela, se posera alors la question de savoir si une telle contrainte advient *effectivement*. De même, même si en fin de compte, *per impossibile*, la promesse était « naturellement intelligible », de sorte que le premier problème de son sens soit résolu, la seconde question se poserait pourtant toujours : la supposée obligation advient-elle jamais ? Et si oui, comment ?

L'analyse de Hume porte principalement sur « l'acte de l'esprit » censé être exprimé par une promesse, mais l'essentiel de son argument ne repose pas sur cela, et est restitué dans l'exposé que j'en ai donné. Son chapitre est reconnu et a fait l'objet d'une large littérature sur cette question centrale : comment rendre compte des promesses et de l'obligation qui en résulte ? La conclusion de Hume était « que les promesses n'ont aucune force en dehors des conventions humaines ». Si les moralistes s'en sont offensés c'est parce qu'ils l'ont mal compris. La justesse de cette conclusion ne dépend ni de la psychologie de Hume, ni de sa théorie selon laquelle la morale se fonde sur un sentiment particulier. Car cette conclusion peut être déduite de la simple considération du problème du sens qu'il a mis au jour ainsi que du constat que dans ce cas-ci la pratique linguistique crée l'essence exprimée par la grammaire.

Il faut prêter attention à l'usage des modaux – « dois nécessairement » (*must*), « dois » (*have to*), etc. – qui est bien plus répandu qu'on ne le considère généralement en philosophie. Il y a un jeu auquel on joue avec les enfants dans lequel on pose ses mains successivement par dessus celles des autres. Celui dont la main est en bas « doit » la retirer et la poser sur le dessus. Ceci est un des usages primitifs de « tu dois »; il s'accompagne du fait de *faire faire* à l'apprenant ce qu'il « doit faire ». Ainsi, pourrions-nous dire qu'au début il doit « littéralement » le faire, ce qui veut dire qu'il y est contraint. Mais ensuite, s'il réagit au dressage avec une intelligence humaine, le « tu dois » lui-même devient un instrument au moyen duquel on lui fera faire de telles choses.

Un tel usage de « tu dois » est en lien avec « tenir sa parole », c'est-à-dire (dans certaines circonstances) rendre vraie sa parole. Un autre usage est en lien avec le fait d'expliquer précisément « comment » faire différentes sortes de choses, où les autres sont censés apprendre à partir de vos explications. Un autre usage encore est en lien avec des actions plus ou moins élaborées de genres très différents – jeux, rituels, étiquette, actes cérémoniels. Considérez l'énoncé « Vous devez bouger votre roi », adressé par exemple à quelqu'un qui apprend les échecs. Ceci est en effet équivalent à « les règles du jeu requièrent que vous bougiez votre roi ». Mais un enfant qui apprend peut très bien ne pas encore saisir le concept « les règles du jeu requièrent… ». Accepter « vous devez bouger votre roi, il est en échec », et internaliser cette acceptation, font partie de l'apprentissage du concept « les règles du jeu requièrent… ». « Requérir » vous impose une forme de nécessité, mais qu'est-ce exactement? D'un autre côté, à moins que quelqu'un ne vous y contraigne, vous ne « devez » pas bouger votre roi. Vous pouvez très bien bouger une autre pièce à la place, par exemple. « Mais ce ne *serait* pas un coup dans le jeu ! ». C'est vrai, mais cela veut simplement dire qu'à ce moment précis, aucun autre coup n'est *appelé* un « coup dans le jeu ». Apprendre le jeu, apprendre l'idée même d'un jeu de ce type, acquérir le concept de « vous devez » qui est exprimé, saisir l'idée d'une règle : tout ceci va ensemble, et il n'existe pas de sens distinct d'« être un coup dans le jeu » (sauf par analogie avec d'autres jeux de ce type) qui explique ou implique logiquement le « vous devez » qui intervient dans l'apprentissage.

Le parallèle entre les règles et les promesses est obscurci par le fait qu'une promesse est un signe, alors que nous avons envie de dire qu'une règle n'est pas un signe mais plutôt le sens d'un signe, et qu'une règle peut exister sans être formulée. C'est la raison pour laquelle le problème du sens se faisait si spécifiquement sentir dans le cas de promettre; car tout le monde accorderait que la nécessité d'agir *ainsi* en raison d'une promesse était censée être engendrée par le fait même qu'elle a été faite. L'obligation à agir *ainsi* en raison d'une règle n'est pas engendrée par le fait que la règle soit énoncée. Néanmoins le problème est parallèle; car la nécessité est censée être engendrée par l'existence de la règle, et pour expliquer en quoi une règle n'est pas qu'une simple régularité, on dira par exemple qu'elle se donne dans une formule pour agir, dont le sens est que l'on doit agir en conformité avec elle. Et pourquoi? Parce que c'est une règle. Nous entrons dans le même genre de cercle dont Hume se plaignait au sujet des promesses. Hume pourrait demander quel genre d'acte mental est l'assentiment à une règle, au-delà de la résolution d'agir d'une certaine manière régulière.

Lorsque la manière régulière d'agir définit une pratique, nous pouvons éviter le problème en disant que les règles ne vous imposent bien entendu aucune nécessité, exceptée celle d'agir ainsi *si* vous désirez vous engager dans cette pratique. Si vous voulez danser une certaine danse par exemple, vous ferez les pas et autres mouvements qui composent cette danse. Nous avons ici une description du comportement que nous appelons « danser cette danse », et vous considérez cette description dans l'optique d'en faire une description vraie de votre comportement. Mais ce point de vue néglige le rôle des règles dans une pratique où la règle en tant que telle est censée justifier ou nécessiter l'action en question. Dans un cas, « si vous ne faites pas ces pas vous ne danserez pas cette danse », et dans l'autre, « si vous ne considérez pas ces règles comme contraignantes, vous n'êtes pas en train de jouer aux échecs ». Mais, dans le second cas, n'est-ce pas une étrange chose à dire – surtout si quelqu'un ne *joue* que des coups corrects ? Pour quel coup « considère-t-il les règles comme contraignantes » ou ne le fait-il pas ? La différence apparaîtra dans son attitude face à des coups « incorrects ». En danse, vous faites un mauvais pas quand vous ne faites pas ce que vous essayez de faire, et vous l'acceptez si cela ne vous importe pas de mal le faire ou d'en faire une variante d'amateur. Aux échecs, la question serait : « est-il en train de changer le jeu ? Si oui, alors quelles sont les nouvelles règles ? ». Le coup incorrect « n'est pas permis ». Les règles l'*interdisent*. C'est ce concept qui marque la différence entre le fait de traiter quelque chose comme une règle plutôt que comme la description d'un comportement auquel vous pourriez souhaiter vous livrer. Et c'est cela qui, au sens de Hume, est « naturellement inintelligible ».

Lorsque les règles définissent une pratique dans laquelle nous sommes libres de nous engager ou non selon notre bon vouloir, et dont nous pouvons au fond inventer de nouvelles variantes avec des règles différentes, le point ne suscite aucune inquiétude. Mais lorsqu'il s'agit des règles de la logique, il en est autrement. Bien entendu, si nous parlons de règles, certaines personnes caresseront l'idée de construire des variantes ; et si nous parlons de vérités logiques, certaines personnes penseront qu'elles sont susceptibles d'être révisées, au motif que ce qui est supposé connu est censé être révisable. Les deux idées ne font que nous écarter du problème. Le sujet de la logique est l'inférence valide, et non pas les vérités logiques ; et une conclusion est justifiée non pas par les règles de la logique mais, tantôt par la vérité de ses prémisses, tantôt par les étapes qui y conduisent, comme faire une supposition, dessiner un diagramme, ou construire un tableau. Si quelqu'un invente des règles variantes, par exemple un système avec plus de deux valeurs de vérité, se pose alors la question de savoir si ces règles ont jamais été suivies dans un exercice quelconque. Suivant quelles règles la déduction d'une certaine pratique à partir de règles données, la transition de règles données vers une certaine pratique, s'opèrent-elle ? Il y a toujours le *tu dois* logique ; vous « ne pouvez pas » avoir ceci *et* cela ; vous ne pouvez pas faire cela si vous suivez cette règle ; vous devez reconnaître ceci en raison de cela. Et tout comme l'expression la plus basique pour apprendre à jouer aux échecs est « vous ne pouvez pas bouger votre roi », puisqu'elle est au fondement de notre apprentissage du concept du jeu et de ses règles, ces « vous ne devez pas » et « vous ne pouvez pas » sont les expressions les plus basiques de la pensée logique. Mais elles ne sont pas ce que Hume appelle « naturellement intelligible » – autrement dit, elles ne sont pas l'expression de perception ou d'expérience[9]. Elles sont comprises par ceux qui ont une intelligence normale lorsqu'ils apprennent les pratiques du raisonnement.

Un autre genre de pratique comprenant des opérateurs modaux génère des droits coutumiers que nous trouvons, à ma connaissance, dans toutes les sociétés humaines. Le *concept* d'« un droit » peut bien ne pas exister, mais il semblerait qu'on trouve partout des restrictions, portant (par exemple) sur le fait de faire ce qu'il revient à un autre de faire ou de l'en empêcher, qui sont produites par l'art de la pratique linguistique. Le concept d'« un droit », comme celui d'« une relation » est le produit d'une réflexion sophistiquée sur les données.

« Cette vérité, cette existence, est-elle le produit d'une pratique linguistique humaine ? » C'était ma question-test. J'aurais peut-être dû la scinder en deux : est-ce vraiment le cas, et est-ce le cas dans la philosophie de Wittgenstein ? Nous pouvons désormais y répondre partiellement. L'existence des chevaux et des girafes, des couleurs et des formes, n'est pas un tel produit, que ce soit dans les faits ou chez Wittgenstein. Mais il *semble* bien qu'il considère les nécessités métaphysiques appartenant à la nature de telles choses comme des « règles grammaticales ». « Réfléchis à ceci : « Le seul corrélat dans le langage d'une nécessité de nature est une règle arbitraire. C'est tout ce que l'on peut trouver de cette nécessité de nature dans une phrase. »[10]. Il s'agit là d'une des manières dont Wittgenstein avance des propositions auxquelles il trouve *quelque chose* de convainquant, mais qui lui posent problème. *Pouvait*-il dire cela de façon générale ? La règle est-elle réellement « arbitraire » ? Lorsqu'il considérait des cas particuliers, il avait toujours l'air de dire que ce qui a l'apparence d'une nécessité métaphysique est une proposition de la grammaire. La grammaire est-elle « arbitraire » ? (Voir ses remarques au sujet de « toute baguette a une longueur »[11]). Quoi qu'il en soit, si on peut parler d'un idéalisme concernant les règles et la nécessité de faire *ceci* pour être en conformité avec *cette* règle, alors Wittgenstein était, sur ce point, un idéaliste linguistique. Il insiste sur le fait que ces choses sont créées par la pratique linguistique humaine. Une fois de plus, il ne s'agit pas seulement des pratiques consistant à combiner des mots ensemble et à les prononcer dans des contextes appropriés. Il s'agit, par exemple, d'*agir* suivant la règle ; d'aller effectivement dans *cette* direction suivant le panneau indicateur. Le panneau indicateur ou n'importe quelle flèche directive peut être interprété par une nouvelle règle. Quand je vois une flèche dans un aéroport pointant

---

9. Hume n'a jamais perçu cela : pour lui l'inférence, le jugement et la saisie d'un terme étaient toutes également des « idées ». Cf. *Traité de la nature humaine*, I, III, VIII, la longue note de bas de page.

10. L. Wittgenstein, *Recherches Philosophiques*, op. cit., I, § 372.

11. *Ibid.*, I, § 251.

verticalement vers le haut, je la « réinterprète » mentalement et pourrais donner à mon interprétation la forme d'une autre flèche, horizontale et pointant dans la direction vers laquelle se dirige mon regard quand je vois la première. Mais les flèches et leurs interprétations appellent l'action ; ce que l'on fait effectivement, et la façon dont on les comprend : c'est *cela* qui fixe le sens. Et il en est de même pour ce qui est de suivre les règles du raisonnement correct. On tire la conclusion que l'on « doit » tirer. C'est *cela* que veut dire « penser »[12]. S'il en est ainsi, que dirait Wittgenstein de la pensée « illogique » ? Comme moi, que ce n'est pas de la pensée ? Un jour, au Club de Science Morale, il a cité un passage de Saint-Augustin sur Dieu, qui, comme le veut la rhétorique caractéristique de Saint-Augustin, semblait contradictoire. Wittgenstein a même pris « il bouge sans bouger » comme une contradiction intentionnelle, et était impatient qu'on lui dise que cela n'en était pas une, le premier « bouge » étant transitif et le second intransitif (*movet, non movetur*). Il voulait envisager cette contradiction comme sérieusement voulue tout en la traitant avec respect. C'était lié à son aversion pour la rationalité, ou la prétention à la rationalité, de la religion. Il la décrivait au moyen d'une comparaison particulière : nous avons une chose biscornue et irrégulière, et certains souhaitent l'enclore dans une boule lisse : en regardant à l'intérieur, vous voyez les bords biscornus et les aspérités, mais une surface lisse a été modelée. Il préférait qu'on la laisse biscornue. Je ne sais pas comment faire la part entre ce qui relève ici de l'observation philosophique d'un côté et de la réaction personnelle de l'autre. Dans la foi catholique, certaines croyances (comme la Trinité, l'Incarnation, l'Eucharistie) sont appelées des « mystères » ; cela veut dire à tout le moins qu'il n'est ni possible de les démontrer, ni possible de montrer une fois pour toutes qu'elles ne sont pas contradictoires et absurdes. Néanmoins, la contradiction et l'absurdité ne sont pas assumées : « cela peut être réfuté, mais j'y crois encore » n'est pas du tout une attitude pieuse. Ainsi, les preuves ostensibles d'absurdité sont censées être réfutables, les unes après les autres. Wittgenstein a un jour décrit ce procédé : « vous pouvez repousser *chaque* attaque à mesure qu'elle vient » (conversation personnelle). Mais l'attitude de celui qui fait cela, ou qui souhaite que l'on fasse ainsi, n'est pas celle de quelqu'un qui veut professer une contradiction. Bien au contraire. En outre, les mystères religieux ne sont pas une théorie, une production du raisonnement : leur source est bien différente. L'attitude de Wittgenstein vis-à-vis de l'ensemble de la religion était de l'assimiler d'une certaine façon aux mystères : il détestait donc la théologie naturelle. Mais là encore, quelle part accorder au philosophique (et donc une chose qui, si elle était juste, devrait être vue par les autres) et quelle part au personnel, c'est difficile à dire. Dans la théologie naturelle, on tente de raisonner, à partir des objets du monde, sur quelque chose en dehors du monde. Wittgenstein travaillait et pensait dans une tradition pour laquelle c'était certes impossible. Si nous avons affaire à une inférence logique[13], alors « aucune expérience ne

---

12. L. Wittgenstein, *Remarques sur les fondements des mathématiques, op. cit.*, I.
13. J'insiste sur le fait que ces considérations ne concernent *que* l'attitude de Wittgenstein vis-à-vis de la logique – de l'inférence logique comme pratique – et n'ont pas trait à ses opinions sur les mathématiques,

peut contredire la conclusion sans contredire les prémisses. Mais cela veut dire que vous ne naviguez qu'à l'intérieur de vos moyens de représentation »[14].

La dernière déclaration n'est pas précise, mais n'implique-t-elle pas la thèse de « l'absence de toute information nouvelle » dans l'inférence logique (au sens étroit)? Ailleurs[15], Wittgenstein a proposé la chose suivante : si l'on pouvait apprendre à décrire la présence et l'absence de couleurs par une formule véri-conditionnelle comme « soit pas vert, soit blanc », ne pourrait-il pas y avoir trois observations différentes formant une triade inconsistance de formules de ce genre? Mais si ce sont des observations distinctes, alors elles doivent toutes pouvoir avoir lieu. La thèse de « l'absence de toute information nouvelle » peut difficilement être posée plus fortement : autrement dit, simplement parce qu'une conclusion logique contredit une observation possible distincte, il préfère admettre qu'une observation concrète puisse contredire une autre observation concrète, plutôt que d'autoriser à ce qu'une observation doive – logiquement – en *exclure* une autre. Mais ne se pourrait-il pas que ce soit *nous* qui n'autorisons pas qu'une situation puisse être décrite comme comprenant ces trois observations précises? Bien entendu, nous avons des « moyens de représentation » à notre disposition ici : nous pouvons parler des « apparences »; n'existe-t-il pas même des impressions uniques et des images d'états de choses impossibles? Alors, de fait, la caractérisation donnée par Wittgenstein des trois « observations » serait remise en cause. Mais il pourrait nier qu'il s'agisse d'un cas où l'on peut légitimement prétendre avoir obtenu une information nouvelle, où la « logique dicterait » ce qu'une observation doit être. Car il pourrait dire ce que je viens de dire. Ce que dicte alors la logique c'est notre refus d'*appeler* une chose une « observation ».

La dépendance de la *possibilité logique* vis-à-vis de la grammaire, et l'arbitraire qui semble alors caractériser ce qui compte comme étant logiquement possible, sont examinés dans le passage suivant :

> « Même si on la conçoit comme l'image d'un état de chose possible et que l'on dise qu'elle montre la possibilité de cet état de choses, la proposition ne peut faire, dans le meilleur des cas, que ce que fait une image peinte, une sculpture, ou un film ; et elle ne peut par conséquent en aucune façon établir ce qui n'est pas le cas. Ce que l'on nomme (logiquement) possible et non (logiquement) possible dépend-il donc de notre grammaire – est-il donc ce que cette grammaire autorise? » – Mais cela est pourtant arbitraire ! – L'est-ce vraiment ? – Il n'est pas vrai que nous sachions quoi faire de tout ce qui est construit à la façon d'une proposition, que toute technique ait un emploi dans notre vie ; et si en philosophie, nous sommes tentés de compter au nombre des propositions des choses complètement inutiles, c'est souvent parce que nous n'avons pas suffisamment réfléchi à leur application[16].

qui sont bien plus complexes. Car il est évident que les mathématiques sont une large structure, ou un large complexe de structures.

■ 14. L. Wittgenstein, *Remarques sur les fondements des mathématiques*, op. cit., VII, 25.
■ 15. *Ibid.*, VII, 64.
■ 16. L. Wittgenstein, *Recherches philosophiques*, op. cit., I, §520.

Par conséquent, le fait que la logique ne soit pas arbitraire ne consiste pas à « en extraire la rigueur »[17]. Et pourtant, dans toute sa rigueur, il est clair qu'elle est considérée comme une création linguistique.

Wittgenstein nous invite à comparer « logiquement possible » avec « chimiquement possible ». On pourrait dire d'une combinaison qu'elle est chimiquement possible s'il existait une formule possédant les valences adéquates, par exemple H-O-O-O-H. « Il n'est évidemment pas nécessaire qu'une telle combinaison existe ; mais le moins qui puisse correspondre à une formule comme H_2O dans la réalité est une absence de combinaison »[18]. L'exemple est intéressant. La notation nous permet de construire la formule H_2O, puis le système l'exclut. L'impossibilité joue même un certain rôle : on examine une formule afin de voir si les valences en sont correctes. L'exclusion appartient au système, qui est une construction humaine. Elle est objective ; autrement dit, il ne m'appartient pas de décider ce qui est permis ici.

II

Ceci nous oriente vers une autre façon de soulever la question d'un possible idéalisme. « Dis-tu donc que l'accord entre les hommes décide du vrai et du faux ? C'est ce que les êtres humains disent qui est vrai et faux ; et ils s'accordent dans le *langage* qu'ils utilisent. Ce n'est pas un accord dans les opinions... »[19]. Qu'implique cet « accord dans le langage » ?

Toute la pensée de Wittgenstein suggère que ce n'est pas parce qu'un énoncé entier est formé d'un ensemble de mots qui contredit un autre ensemble de mots exprimant une vérité qu'il s'agit d'une *erreur*. On peut m'accuser de *commettre une erreur* si je sais en quoi consiste (disons) la vérité d'une proposition et que, contrairement à ce que je suppose, les choses ne s'y conforment pas. (Une condition correspondante s'applique si j'ai raison.) Ceci signifie que je dois vraiment être en train d'utiliser le langage[20]. Ce que j'en fais doit appartenir au système de pensée en question. Sinon un tel énoncé pourrait bien n'être rien du tout ; il pourrait s'agir d'une « superstition »[21] ou d'une « étrange réaction » ou de l'expression d'une autre « image du monde », ou d'une curieuse forme de croyance qui fait fi de ce qui serait censé le falsifier ne serait-ce qu'en raison de sa bizarrerie ; il pourrait s'agir d'une étrange application secondaire des mots ou d'une simple manifestation d'ignorance comme celle d'un enfant. Ce pourrait être de la folie. Mais dans aucun de ces cas Wittgenstein ne veut parler d'« erreur ».

Cela ne veut pas dire que pour ce dernier aucune critique n'est jamais fondée. Dire qu'une chose est « superstitieuse plutôt qu'erronée » est évidemment un reproche. C'est la critique d'un type particulier de pensée philosophique. Ce qu'il qualifie d'« erreur » est ce pourquoi certains critères de correction ne sont pas satisfaits, des critères qui correspondent aux intentions du locuteur.

■ 17. L. Wittgenstein, *Recherches philosophiques*, op. cit., I, § 108.
■ 18. *Ibid.*, I, § 521.
■ 19. *Ibid.*, I, § 241.
■ 20. L. Wittgenstein, *De la certitude*, § 676 (trad. mod.) : « Celui qui dit "Je rêve" en rêve, même s'il parle à haute voix, n'a pas plus raison que lorsqu'il dit en rêve "Il pleut" et qu'il pleut vraiment ».
■ 21. L. Wittgenstein, *Recherches Philosophiques*, op. cit., I, § 110.

(En ce sens, Aristote aurait pu dire de la Théorie des Formes de Platon qu'elle est « superstitieuse mais pas erronée » : une superstition « résultant elle-même d'illusions grammaticales ».)

Or, voici notre question : cet exemple particulier mis à part, le point de vue de Wittgenstein nous empêche-t-il de dire « Ils ont tort sur toute la ligne, ils sont dans l'obscurité » ? Nous empêche-t-il de contester, par exemple, une autre image du monde, comme celle des Aztèques et leur peur quinquagésime que le cours de la nature ne change ? Ou une étrange croyance comme celle du lamaisme tibétain ? Ou des croyances et pratiques magiques ? Bien sûr, en un sens, il ne peut empêcher les contestations, mais interdit-il tout fondement, nous empêche-t-il d'avoir raison ?

Comme le savent les lecteurs des « Notes sur Frazer », Wittgenstein rejetait l'idée que « notre science » démontre que les pratiques et les croyances magiques sont dans l'erreur. Par-dessus tout, il trouvait stupide de considérer la magie comme une science erronée. La science ne peut corriger que l'erreur scientifique ; elle ne peut détecter l'erreur que dans son domaine, dans les pensées qui appartiennent à son propre système de façons de faire. Elle ne peut rien dire des mérites d'autres façons de faire, sauf peut-être dans leur capacité à faire des prédictions.

Alors que nous discutions de ces questions, j'ai un jour demandé à Wittgenstein si, si un de ses amis allait voir un guérisseur, il l'en empêcherait. Il a réfléchi un instant et dit : « Oui, mais je ne sais pas pourquoi ». Je crois que son objection est de nature religieuse. Un scientifique ne peut pas condamner des pratiques superstitieuses à partir de sa science. Il peut le faire sur la base d'une philosophie « scientiste ». Mais il n'est pas nécessaire qu'il défende une telle philosophie pour poursuivre son activité scientifique. Or il est clair que Wittgenstein lui-même ne défendait pas une telle philosophie et ne pensait pas qu'elle manifeste un quelconque respect de la science ou un intérêt pour les questions scientifiques. On pourrait penser que toute son oeuvre, jusqu'à *De la certitude*, nous délivre une thèse simple : il n'existe aucun « fondement rationnel » à la critique de pratiques et de croyances tout à fait différentes des nôtres. Ces pratiques et jeux de langage étrangers sont simplement là. Ils ne sont pas les nôtres, nous ne pouvons pas nous y mouvoir.

Dans *De la certitude* Wittgenstein en vient à considérer la thèse de Moore quand il affirme savoir, entre autres choses, qu'il ne s'est jamais trop éloigné de la surface de la terre et que la terre a existé bien longtemps avant sa naissance. Les remarques de Wittgenstein quant au fait qu'il n'est jamais allé sur la lune sont un leurre et bon nombre de gens s'y sont laissés prendre. Au moment où il écrivait, la certitude de n'avoir jamais été sur la lune était totalement différente de celle de n'avoir jamais été en Chine.

> « Je *sais* que je ne suis jamais allé sur la lune ». Ceci ne s'entend pas de la même façon dans les circonstances actuelles et dans celles dans lesquelles des hommes seraient allés sur la lune, peut-être même pour certains sans le savoir. Dans *ce* dernier cas, on pourrait invoquer des fondements de ce

savoir [...]. Je veux dire : le fait que je ne suis pas allé sur la lune est *aussi* certain pour moi que n'importe quel fondement que je pourrais en donner[22].

La situation imaginée dans cette remarque s'est produite ; mais ceci ne devrait pas paralyser ses lecteurs ! Ce qu'il a écrit était vrai au moment où il écrivait et n'était pas supposé l'être nécessairement de tout temps.

En 1871 un explorateur Russe, Nikolai Miklouho-Maclay, s'est rendu en Nouvelle Guinée et y a vécu par la suite au cours de deux périodes de plus d'un an chacune (1871-2, 1876-7). Il avait un serviteur polynésien qui mourut et qu'il inhuma en mer. Lorsque les gens lui demandaient où il était, il faisait signe vers l'horizon. On dit que ceux-ci croyaient qu'il voulait dire que l'homme s'était envolé au-dessus de la mer. Ils croyaient aussi que Maclay venait de la lune. Il leur dit qu'il était un homme issu d'un pays appelé la Russie, et ils supposaient donc que la Russie était sur la lune. Ils tinrent une réunion des anciens pour lui poser des questions, parmi lesquelles figurait celle de savoir « s'il pouvait mourir ou mourait un jour »[23].

Dans le passage suivant, Wittgenstein imagine une tribu similaire :

> Je peux m'imaginer le cas suivant : Moore est capturé par une tribu sauvage qui exprime le soupçon qu'il vient de quelque part entre la terre et la lune. Moore leur dit qu'il sait…, mais ne peut leur donner les raisons de sa certitude, car ils ont une conception fantastique de la capacité humaine à se déplacer dans les airs et ne connaissent rien à la physique. Cela serait une occasion de proférer une telle phrase[24].

Autrement dit, *ici*, l'occasion est propice à ce que Moore dise : « Je *sais* que jamais… ». Wittgenstein poursuit en demandant : « Mais que voudrait-elle dire de plus que "Je ne suis jamais allé à tel et tel endroit et j'ai des raisons contraignantes de le croire", et il faudrait spécifier ce que sont des raisons contraignantes »[25] ? Or les raisons contraignantes sont objectives[26], au sens où ce n'est pas à moi de décider ce qu'est une raison probante[27].

Ce que nous croyons dépend de ce que nous apprenons. Nous tous croyons qu'il n'est pas possible d'aller sur la lune ; mais il pourrait y avoir des gens qui croient que c'est possible et que cela arrive parfois. Nous disons : ces gens ne savent pas bon nombre de choses que nous savons. Et aussi sûrs qu'ils puissent être de leur affaire, ils ont tort et nous le savons.

Si l'on compare notre système de connaissance au leur, c'est le leur qui se montre de loin le plus pauvre[28].

■ 22. L. Wittgenstein, *De la certitude*, *op. cit.*, § 111 (trad. mod.).
■ 23. Voir P. Lawrence, *Road Belong Cargo*, Manchester, [Manchester University Press], 1964. *Nous savons que ces gens avaient prodigieusement tort*, qu'il n'y a même pas lieu de se demander s'il pourrait être vrai que Maclay soit jamais allé sur la lune.
■ 24. L. Wittgenstein, *De la certitude*, *op. cit.*, § 264.
■ 25. *Ibid.*, § 265 (trad. mod.).
■ 26. *Ibid.* § 271.
■ 27. *Ibid.*, § 272.
■ 28. *Ibid.*, § 286.

Comparons maintenant ces passages aux suivants, qui sont eux aussi extraits de *De la certitude* et portent sur le même thème, qui s'en distinguent radicalement mais dont la morale est différente :

> Supposons qu'un adulte ait raconté à un enfant qu'il était allé sur la lune. L'enfant me le répète et je lui dis que ça n'était qu'une plaisanterie, que la personne en question n'était pas allée sur la lune, que personne n'était jamais allé sur la lune, la lune se trouvant très très loin de nous, et qu'il est impossible d'y monter ou d'y aller en avion. – Si l'enfant alors insistait en disant qu'il y avait peut-être bien un moyen de s'y rendre, seulement je ne le connaissais pas, etc., que pourrais-je lui répondre ? Que pourrais-je répondre à des adultes d'une tribu qui croit que des personnes se rendent parfois sur la lune (peut-être est-ce ainsi qu'ils interprètent leurs rêves), bien qu'ils concèdent qu'on ne puisse y monter ou y voler par les moyens habituels ? – Mais en règle générale un enfant ne s'obstinera pas à croire une telle histoire, et se laissera vite persuader par ce que nous lui disons sérieusement.
>
> N'est-ce pas là exactement la façon dont nous enseignons à un enfant à croire en Dieu, ou que Dieu n'existe pas, et il pourra, selon le cas, produire des justifications apparemment plausibles pour l'une ou pour l'autre croyance ? « Mais alors n'y a-t-il pas de vérité objective ? N'est-ce pas vrai, ou faux, que quelqu'un est allé sur la lune ? » Vu de l'intérieur de notre système, il est sûr que personne n'est jamais allé sur la lune. Non seulement jamais rien de ce genre ne nous a été rapporté par des gens raisonnables, mais tout notre système de physique nous défend d'y croire. Car cela exigerait de répondre aux questions »Comment a-t-il pu vaincre la pesanteur ? », « Comment a-t-il pu vivre en dehors de l'atmosphère ? », et mille autres pour lesquelles nous n'aurions aucune réponse. Mais supposons qu'au lieu de toutes ces réponses, nous soyons confrontées à la suivante : « Nous ne savons pas *comment* on accède à la lune, mais ceux qui y arrivent savent immédiatement qu'ils y sont ; et toi non plus, tu ne peux pas tout expliquer ». Nous nous sentirions intellectuellement très éloignés d'une personne qui parlerait ainsi[29].

Il y a une immense différence entre la tribu décrite au § 106 et la tribu qui a capturé Moore au § 264. Dans un cas Wittgenstein dit : « il ne peut pas leur donner de raisons », dans l'autre : « Que puis-je répondre ? » Mais alors ce n'est pas qu'on ne peut pas leur « donner de raisons » ; ils ne font aucun cas de ces raisons ; ils ne s'en laissent pas convaincre. (Et ils ne veulent pas dire la même chose que nous lorsqu'ils parlent d'« aller » sur la lune[30].) Tandis que Moore ne pouvait rien expliquer à la tribu sauvage, dans ce second cas, les raisons ne sont pas hors de leur portée. De même pour l'homme du § 108 qui dit « Nous ne savons pas *comment* on accède à la lune, mais ceux qui y arrivent savent immédiatement qu'ils y sont ; et toi non plus, tu ne peux pas tout expliquer ». Wittgenstein commente : « Nous nous sentirions intellectuellement très éloignés d'une personne qui parlerait ainsi ». Mais on ne peut pas réfuter un tel homme. Ce qui compte comme des raisons pour

---

■ 29. *Ibid.*, § 106-108.
■ 30. La situation n'est plus la même une fois que des gens sont allés sur la lune en fusée et que les gens de cette étrange tribu le savent. Plusieurs développements sont possibles : ils se demandent s'ils rencontreront un jour les cosmonautes sur la lune ou ils rejettent la possibilité d'une telle rencontre comme un malentendu, etc.

nous ne compte pas comme tel pour lui. Il se peut que nous devions juste « en rester là »[31]. En effet, d'une part, (a) il y a une différence entre des raisons et une conviction. Les raisons, comme les explications, les justifications, les interprétations d'une règle, ont une fin – et alors on est convaincu, ou on agit d'une *certaine* façon. D'autre part, (b) nous n'avons *pas* affaire à un cas où « si quelqu'un montre qu'il doute là où nous ne doutons pas, il nous est impossible de comprendre ces doutes comme des signes de doute »[32] ; ni à un cas où l'hypothèse que quelqu'un croit quelque chose ne peut pas être tenue parce que nous ne saurions pas en quoi consisterait pour quelqu'un de croire cette chose ; ni à un cas où la simple idée d'accepter *ceci* (à savoir ce qu'il pense) anéantit la possibilité même de juger quoi que ce soit.

Considérons l'enfant qui s'obstine à croire l'histoire du § 106. Wittgenstein s'interroge : « Que pourrais-je lui répondre ? » – la même question que dans le cas de la tribu. On ne peut rien démontrer à son encontre. Mais un enfant n'est pas aussi puissant qu'une tribu. Il est plus malléable et « ne s'obstinera pas à croire une telle histoire, et se laissera vite persuader par ce que nous lui disons sérieusement ». Que lui « disons-nous sérieusement » ? Que ceci n'a pas de sens et *que ces raisons* étaient *suffisantes pour le dire ?* Pourquoi ne pouvons-nous pas le dire à l'homme ? Dans son cas, semble-t-il, nous devions « en rester là ».

Supposons que je dise : « Wittgenstein, vous montrez très clairement que ce serait mentir à l'enfant. ». Pourrait-il répondre : « Pas plus que je ne mens à un enfant lorsque je lui enseigne l'arithmétique et insiste pour qu'il considère seulement qu'une *certaine* façon de suivre une certaine règle est la bonne » ? Il ne pourrait pas honnêtement donner une telle réponse. Il s'agissait *justement* d'apprendre à suivre des règles. Le « dois » dans « Tu vois, si ceci est la règle, tu dois faire ceci ici » est lui-même une création du langage, et l'acquisition de ce « dois » par l'enfant est, comme on l'a vu, partie intégrante de son acquisition de concepts et de pratiques propres à l'intelligence humaine. Mais on ne peut pas dire la même chose *ici*.

Et alors ? Ne devons-nous *pas* lui dire « sérieusement » de ne pas croire cette histoire ? Devons-nous l'encourager à « avoir l'esprit ouvert », à envisager toute conception possible et à considérer toutes les possibilités étranges ? C'est absurde ! Cette idée se fonde sur une image fausse de la façon dont les gens peuvent apprendre, de la façon dont ils peuvent acquérir la capacité d'envisager toutes sortes de possibilités. Non. Nous lui disons de ne pas croire cette histoire et nous lui en donnons les raisons : nous lui disons ainsi implicitement qu'il n'y a (et ne peut y avoir) aucune vérité dans cette histoire. Il s'agit alors d'une directive implicite de ne pas croire et de ne pas former une telle idée.

§ 107 : La comparaison avec « la façon dont nous enseignons à un enfant à croire en Dieu, ou que Dieu n'existe pas » tire son intérêt du reste du paragraphe : « et il pourra, selon le cas, produire des justifications apparemment

---

■ 31. L. Wittgenstein, *De la certitude, op. cit.*, § 238. [Le texte original indique le § 258. Il s'agit vraisemblablement d'une erreur.]
■ 32. *Ibid.*, § 154.

plausibles pour l'une ou pour l'autre croyance ». En examinant ce parallèle, on y trouve une objection analogue à l'histoire de l'homme qui est allé sur la lune. L'enfant a entendu que quelqu'un a fabriqué le monde, le maintient et le gouverne. L'objection vient de Lucrèce :

> Quis regere immensi summam, quis habere profundi
> Indu manu validas potis est moderanter habenas ?[33]

Autrement dit, « Qui pourrait – c'est-à-dire comment quelqu'un pourrait-il – possiblement faire cela ? » – Il n'y a pas d'analogue, dans l'histoire de la lune, aux « justifications apparemment plausibles » des autres.

Il est de toute façon clair qu'il s'agit d'un traitement de « Personne n'est jamais allé sur la lune » tout à fait différent de celui du cas de la tribu sauvage. *Leur* système de connaissance était pauvre. Il se pourrait que ce ne soit pas le cas de ces gens : ceux-ci pourraient avoir la même *physique* que nous. Qu'est-ce que la physique a à voir avec les voyages sur la lune en rêve ?

Tournons-nous à présent vers l'exemple de la terre ayant existé depuis longtemps :

> Je peux imaginer une personne qui aurait grandi dans des circonstances très spéciales et à qui on aurait enseigné que la terre a commencé à exister il y a cinquante ans, et qui donc le croit. Nous pourrions alors l'instruire : depuis longtemps, la terre, etc. – Nous chercherions à lui transmettre notre image du monde.
> Cela se fait par une sorte de *persuasion*[34].

Cette idée d'une « image du monde » ne joue pas le même rôle lorsque Wittgenstein considère le fait de ne jamais être allé sur la lune et de ne s'être jamais trop éloigné de la surface de la terre. À ce propos il dit : « Qu'est-ce qui pourrait m'inciter à croire le contraire ? Soit un souvenir, soit que l'on me l'aurait dit. – Tout ce que j'ai vu ou entendu me donne la conviction qu'aucun homme ne s'est jamais éloigné de la terre. Rien dans mon image du monde ne parle en faveur du contraire »[35]. Autrement dit, cela ne fait pas partie de son « image du monde » – de cette « toile de fond dont j'ai hérité et sur laquelle je distingue le vrai du faux »[36] suivant laquelle ni lui ni quiconque ne s'est jamais trop éloigné de la terre. En outre, l'affirmation suivant laquelle quelqu'un l'a fait soulève des difficultés dans le cadre de son *système de connaissance*. L'« image du monde » n'est pas la même chose que le « système de connaissance ». Mais ils sont liés : l'« image du monde » qu'a acquis la personne du paragraphe que je viens de citer peut difficilement coexister avec notre physique, et une image qui ne pourrait pas coexister avec notre physique pourrait faciliter la croyance dans le fait que des gens se rendent sur la lune. Mais ce que nous enseignerions à cet homme serait sans doute principalement de l'histoire : « La terre est habitée depuis très très longtemps.

33. Qui pourrait gouverner l'immense univers, et tenir dans ses mains les rênes du monde ?
34. L. Wittgenstein, *De la certitude, op. cit.*, § 262.
35. *Ibid.*, § 93.
36. *Ibid.*, § 94.

Nous savons ce que les humains font depuis des milliers d'années. Voici des constructions qui datent de centaines d'années, etc. ».

Dans un autre passage, Wittgenstein imagine Moore discutant avec un roi élevé dans la croyance que le monde a commencé avec lui :

> Moore serait-il en mesure de lui prouver que c'est réellement sa croyance à lui qui est la bonne ? Je ne dis pas que Moore ne pourrait pas convertir le roi à son point de vue, mais ce serait une conversion d'un genre spécial : le roi serait amené à voir le monde autrement.
>
> Il faut se rappeler que parfois ce sont la *simplicité* ou la *symétrie* d'un point de vue qui nous convainquent de sa *justesse*, c'est-à-dire qui nous conduisent à adopter ce point de vue. On dit alors simplement quelque chose comme : « Ça *doit* être ainsi »[37].

Le cas est encore différent de celui de l'autre homme (et bien sûr de celui dont il est question au début du même paragraphe). Car ce roi a été élevé dans la croyance, non pas seulement que la *terre* n'existe que depuis peu de temps, mais que *le monde a commencé avec lui*. Autrement dit, on *lui* donne une position supérieure dans le monde. Et si Moore le convertit, il est amené à « voir le monde autrement ». Ce n'est pas la même chose que de « se voir donner notre image du monde » en lien, par exemple, avec l'apprentissage de notre physique. Il pourrait peut-être se voir donner *ceci* tout en continuant à penser qu'il a une position supérieure. *Quand* a-t-il commencé d'exister ? Si dans l'idée de lui-même qu'on lui a donné il a vécu aussi longtemps que son apparence le suggère, alors une ligne spéciale est tracée à une date récente. Ce dont *nous* dirions que cela s'est produit avant son temps fait partie pour lui de la scène qui est née avec lui. Si cette scène suggère de diverses façons un passé, ce « passé » est censé appartenir à la scène au moment où elle est advenue – de même que Philip Gosse pensait que les fossiles avaient été créés dans la pierre en 4004 avant J-C. On peut décrire avec justesse l'abandon par le roi de cette ligne fondamentale et d'une telle position dans le monde comme une « conversion ». Et ceci explique pourquoi Wittgenstein peut se permettre de faire ses remarques au sujet de la simplicité et de la symétrie. Les autres hommes qui croyaient que la terre n'existait que depuis peu de temps étaient comparables à la tribu sauvage. Leur système de connaissance était très pauvre. Mais le système de connaissance de ce roi n'est pas nécessairement pauvre. Le Dalaï Lama ne pourrait-il pas apprendre notre physique, notre astronomie et notre histoire et continuer à croire qu'il est la même personne que tous les Dalaï Lamas le précédant ?

L'un des thèmes centraux de *De la certitude* est « l'absence de raison » de nos « images du monde ». Trouver des raisons, tester, prouver, raisonner, confirmer, vérifier, sont des processus qui s'effectuent *dans* l'une ou l'autre, disons, de nos pratiques linguistiques. Certaines présuppositions, certaines croyances sont les « fondements immuables » de ces activités. Ce que Wittgenstein veut simplement dire ici c'est qu'elles sont des fondements qui ne sont ébranlés par aucune de ces activités. Je ne peux douter d'une chose ou

■ 37. *Ibid.*, § 92.

l'interroger que s'il y a des choses dont je ne doute pas et que je n'interroge pas – par exemple que je connais le sens de certains des mots que j'emploie, que si j'ai besoin de vérifier le sens d'autres mots auprès des autres ou dans le dictionnaire, j'utilise vraiment un dictionnaire, et ainsi de suite. Et parmi ces choses dont je ne doute pas figurent des faits appartenant à mon « image du monde » – par exemple, que cela a un sens de demander si tel volcan était actif il y a des milliers d'années.

Tout ce qui est « immuable » n'est pas toujours un fondement. Une fois de plus, certaines propositions sont pour moi assez robustes, mais je ne les apprends pas explicitement :

> Je peux les découvrir ultérieurement comme l'axe autour duquel pivote un corps. L'axe n'est pas fixé dans le sens où il serait maintenu par quelque chose, c'est le mouvement autour de lui qui détermine son immobilité.
> Personne ne m'a jamais appris que mes mains ne disparaissent pas lorsque je ne leur prête pas attention[38].

J'ai envie de dire que nous ne devrions pas considérer que l'ensemble des recherches laborieuses de *De la certitude* dit la même chose. Douter que ceci est un arbre, ou que son nom est L.W., ou que le monde a existé depuis longtemps, ou que la bouilloire chauffera sur le feu, ou que l'on n'a jamais été sur la lune ; tous ces cas ne sont pas tous traités de la même façon. Par exemple, ces choses ne font pas toutes partie d'une « image du monde ». Et une image du monde n'est pas la même chose qu'une croyance religieuse bien que croire ne soit dans aucun de ces cas supposer. Un jour Wittgenstein s'est donné une devise : « Je vais vous faire voir les différences ». On ne peut le comprendre et on ne peut que commettre de terribles erreurs si on fait des amalgames[39].

Mais pour revenir à ma question de départ : il peut sembler que si jamais des images du monde sont incompatibles, Wittgenstein rejette l'idée que l'une d'entre elles serait correcte, l'autre incorrecte. Une image du monde est en partie à la base d'un système de connaissance. Il se peut qu'un système de connaissance soit bien plus riche qu'un autre, tout comme il peut être lié à de bien plus grandes capacités de déplacement, par exemple. Mais lorsque, en parlant sur la base de *ce* système de connaissance, on nomme erreur *ce qui compte comme une connaissance* dans un autre système, ceci soulève la question suivante : a-t-on le droit de le faire ? Ou faut-il se mouvoir dans le système pour qualifier quelque chose d'erreur ? « Même si j'arrivais dans un pays où l'on croit que les gens sont transportés sur la lune pendant leurs rêves, je ne pourrais pas leur dire : "Je ne suis jamais allé sur la

---

■ 38. L. Wittgenstein, *De la certitude, op. cit.*, § 152-3.
■ 39. Ainsi, Norman Malcolm, dans son article « The Groundlessness of Belief », où il expose bien certaines idées de Wittgenstein et défend une thèse intéressante au sujet de la « pathologie de la philosophie », gâche tout en assimilant la croyance religieuse, la croyance en une « image du monde », la croyance en un système de connaissance, et l'action assurée d'un marchand de pommes. Wittgenstein a écrit : « Si le marchand voulait examiner chacune de ses pommes sans raison, pour être sûr de son fait, pourquoi ne lui faudrait-il pas (alors) examiner l'examen même ? Et peut-on ici parler de croyance (je veux dire dans le sens de croyance religieuse, non dans le sens de supposition) ? Tous les termes psychologiques ne font ici que nous détourner de la chose principale. » (*Ibid.*, § 459). Sa réponse à « Peut-on ici parler de croyance ? » est assez clairement « Non ».

lune – Naturellement, je peux me tromper". Et à leur question "N'est-il pas possible que tu te trompes ? ", il me faudrait réponde : Non »[40]. Autrement dit : même s'il pouvait en venir à admettre que l'idée qu'il est possible de se rendre sur la lune en rêve fait partie de leur système de *connaissance*, il ne pourrait pas considérer sa propre hypothèse suivant laquelle il serait allé sur la lune comme une *erreur*. Mais est-ce une intime conviction ou une remarque logique ? C'est bien sûr une remarque logique. Mais « si nous disons qu'ils ont "tort", n'est-ce pas que nous nous basons sur notre jeu de langage pour *combattre* le leur ? »[41]. La question est purement rhétorique et sa réponse est clairement : « oui », car elle se comprend dans le contexte de la remarque suivante : « J'ai dit que je "combattrais" l'autre – mais alors est-ce que je ne lui donnerais pas de *raisons* ? Si ; mais jusqu'où vont-elles ? Au terme des raisons se trouve la persuasion. »[42].

Donc il n'est pas question ici de relativisme culturel. Car sont supposés « deux principes qui ne peuvent se concilier l'un l'autre » et « chaque homme déclare que l'autre est un fou et un hérétique »[43]. Autrement dit, nous avons « un désaccord dans le langage qu'ils emploient » – mais c'est un véritable désaccord. Le conflit entre les principes de la médecine occidentale et l'acuponcture en seraient une bonne illustration. Mais en quoi le fait de dire qu'« au terme des raisons se trouve la *persuasion* » peut-il résorber notre problème ? Inutile de dire ici : mais la persuasion ne sera-t-elle pas correcte ou incorrecte, un désastre intellectuel ou un éclaircissement intellectuel ?

Ou est-ce finalement une autre forme de la remarque suivante : les règles et leurs interprétations ne peuvent finalement pas dire comment les suivre ; elles ne peuvent pas dire quelle étape suivante en est l'application ? En fin de compte, vous comprenez la règle de *telle* façon, non pas en l'interprétant, mais en agissant, en passant à l'étape suivante. Les règles et une règle particulière sont définies par la pratique : une règle ne vous dit pas comment vous « devez » l'appliquer ; les interprétations, comme les raisons, finissent par cesser. – Je voyais dans tout ceci une *sorte d'*« idéalisme linguistique ».

NON ! – Il ne s'agit pas de cela. Car les cas considérés sont ceux où le « doute », que je rencontre en fait rarement lorsque j'applique une règle, n'a pas de contenu réel et où le désaccord est simplement imaginé par le philosophe. Ainsi l'hypothèse cartésienne du malin génie n'est évidemment pas exclue : « Si je sortais du sortilège je dirais "Pourquoi étais-je si *aveugle !*" »[44]. De même, Wittgenstein pense à peu près la même chose de cas, comme connaître son propre nom, au sujet desquels « Si cela est faux, alors je suis fou »[45]. Pourtant, ne se *pourrait*-il pas que je me réveille, qu'on m'ouvre les yeux et que je sois instruit par une « autorité supérieure »[46] ?

Mais le doute est vide : « Quelle différence cela fait-il pour moi d'en "supposer" l'existence [du malin génie] ? Je pourrais dire : "Oui, bien sûr, le

■ 40. *Ibid.*, § 667.
■ 41. *Ibid.*, § 609. Ici, il fait référence à des gens qui consultent des oracles plutôt que des physiciens.
■ 42. *Ibid.*, § 612 (trad. mod.).
■ 43. *Ibid.*, § 611.
■ 44. *Cf.* L. Wittgenstein, *Remarques sur les fondements des mathématiques, op. cit.*, I, p. 135-136.
■ 45. L. Wittgenstein, *De la certitude, op. cit.*, § 572.
■ 46. *Ibid.*, § 578.

calcul est faux – mais c'est ainsi que je calcule" »[47]. Il pourrait dire la même chose à propos de connaître son propre nom. Ce n'est que face à l'usage « présomptueux » que Moore fait de « connaître » que Wittgenstein veut s'exclamer : « Tu ne *sais* rien du tout ! »[48]. « Lorsqu'on entend Moore dire : "Je *sais* que ceci est un arbre", on comprend soudain ceux qui estiment que cela n'a aucunement été établi. [...] C'est comme si "Je sais" ne supportait pas d'inflexion métaphysique »[49].

En résumé, ces doutes sont illégitimes. Il ne les concède qu'au regard d'une image fausse de la certitude légitime. Ils ne sont pas réels ; mais ils surgiraient légitimement si l'image fausse était vraie. (Il en va de même quant au fait de douter qu'un autre signifie la même chose que moi par « rouge », qui naît de l'image de l'objet privé.)

Il en va tout à fait autrement *soit* lorsqu'existe un conflit de principes irréconciliables dans la vie réelle, *soit* lorsque j'ai dit « Je ne peux me tromper » au sujet de choses dont j'ai le droit de le dire – et qu'il semble en fait que *j'ai* tort[50]. Dans un cas, le problème se résorbe par la persuasion, dans l'autre par une décision. Mais alors n'est-ce pas comme si Wittgenstein disait : rien n'est correct ou incorrect – il n'y a que du conflit, de la persuasion ou de la décision ?

Supposons qu'il ait dit : « Je ne peux pas me tromper » – bien sûr, dans le type de cas où cette expression est appropriée.

> Naturellement, on peut imaginer un cas – et il y en a – où après le « réveil », on n'a plus aucun doute sur ce qui était fiction et sur ce qui était réalité. Mais un tel cas, ou même la possibilité d'un tel cas, ne discrédite pas la proposition « Là-dessus je ne peux pas me tromper ».
> Car autrement, ne faudrait-il pas discréditer toutes les assertions ?
> Là-dessus, je ne peux me tromper – mais il se peut qu'un jour, à tort ou à raison, je me rende compte que je n'étais pas qualifié pour juger[51].

« À tort ou à raison » – Voilà le point difficile. Il n'y a rien de nouveau au fait que je puisse en venir à penser que j'avais tort, que je n'étais pas en position de juger. Mais dire *Je ne peux pas être dans l'erreur* et ajouter pourtant : je pourrais *à raison* ou à tort en venir à croire que je n'étais pas en position de juger – n'est-ce pas dire « Je ne peux pas avoir tort et pourtant je pourrais avoir tort » ? La différence entre *l'erreur* et autre chose qu'on ne peut nommer « erreur » nous permet d'échapper à la contradiction. Mais – en quoi est-ce utile ? « Je ne peux me tromper » exprime une certitude : est-ce que ceci n'entre pas en porte à faux avec la pensée : « je peux – à raison – en venir à croire que je n'étais pas en position de juger » ? C'est vrai, je ne considère généralement pas cette possibilité. Mais je ne peux pas la nier. NB : on dit « peux » (*may*) et pas « pourrais » (*might*). L'argument du caractère simplement concevable ne conduit qu'à un doute vide, ornemental,

■ 47. L. Wittgenstein, *Remarques sur les fondements des mathématiques, op. cit.*, I, p. 135-136.
■ 48. L. Wittgenstein, *De la certitude, op. cit.*, § 407.
■ 49. *Ibid.*, § 481-482.
■ 50. L. Wittgenstein, *De la certitude, op. cit.*, § 641.
■ 51. *Ibid.*, § 643-5.

tout comme dans le cas de l'idée du malin génie. Mais ici, la certitude est défendue face au doute « légitime »[52].

Au paragraphe suivant (§ 646), les deux phénomènes sont considérés comme de simples phénomènes : le « je ne peux me tromper » et la croyance (à tort ou à raison) qui s'ensuit que je n'étais pas qualifié pour juger. Or Wittgenstein fait remarquer la chose suivante : « Si cela arrivait toujours, ou même souvent, le caractère du jeu de langage en serait complètement transformé ».

Grâce à cette remarque, cette bataille-ci est gagnée. La conclusion n'est pas idéaliste. *Le fait que quelqu'un sache quelque chose n'est pas garanti par le jeu de langage.* Dire que cela l'est serait de l'idéalisme linguistique redoublé. Mais ici Wittgenstein a au moins atteint son objectif, difficile à atteindre : « le réalisme sans l'empirisme »[53].

Le fait que quelqu'un sache quelque chose n'est pas garanti par le jeu de langage. C'est ainsi même si dans certains cas, si quelqu'un ayant un niveau d'éducation normal dit « Je ne sais pas… » (par exemple, « Je ne sais pas si la Reine Victoria a jamais existé »), on aurait envie de demander : Que veux-tu dire ? Comment emploies-tu le mot « savoir » ? Qu'*appelles*-tu « savoir que » ? Ceci explique pourquoi Wittgenstein invoque la possibilité de substituer « Je crois… » à « savoir » dans des cas de ce type, ou encore la possibilité de l'ajouter au début de nos assertions et il demande alors « Quelle différence cela ferait-il ? ». Mais *quoi qu'il en soit :* « C'est toujours par la grâce de la nature que l'on sait quelque chose »[54]. Or, le « jeu de langage » de l'assertion, qui est une partie extrêmement importante des affaires de connaissance et de certitude pour les humains parlants, dépend intrinsèquement d'un « fait très général de la nature » ; à savoir que ce type de phénomène est rare.

Le cas du conflit reste une affaire inachevée.

Elizabeth Anscombe

■ 52. *Ibid.*, § 375.
■ 53. L. Wittgenstein, *Remarques sur les fondements des mathématiques, op.cit.*, VI, 23.
■ 54. L. Wittgenstein, *De la certitude, op. cit.*, § 505.

ABSTRACTS

Les limites du langage

The Unspeakable as a Principle. A Neoplatonic Paradigm of Apophaticism
G. Casas

Based on a reading of Damascius and Proclus, we would like to build a paradigm of Neoplatonic apophaticism, in order to show that what is at stake is not the separation between language and its transcendent principle, but rather an inner division of language itself, between what can be said and what cannot be said – which aims at grounding language on the unspeakable. As we expose unspeakability as a principle, we hope to cast light on the apophatic method, up to its contemporary versions, in order to criticize it eventually.

What is Negative Theology?
Olivier Boulnois

The theology of divine names, in Dionysius, is not a negative theology but a meditation on transcendence. The expression has been added in ancient manuscripts, but in symmetry with affirmative theology. That symmetry is based on the more general symmetry between affirmation and negation. To reduce Dionysius' thought to affirmation, as medieval theology does, or to negation, as contemporary philosophy does, is therefore a double misinterpretation. If the limit of any thought is « within language », as Wittgenstein says, God's thought must draw it from within language.

Limits of Language and Creation of the World in Rabbinic Literature
David Lemler

Beyond the empirical question of how the world came into being, the concern about world creation involves a reflection about the limits of language : all kinds of speech on creation strive – yet in an ever aporetic way – to capture once more in language the advent of a world whose existence is a condition of every meaningful statement. Discussions about the creation of the world within Rabbinic Judaism do offer an interesting example of this, by combining hypotheses on how creation operated and reflections on the impossibility of telling it properly.

Changing roles
Charles Travis

Between 1892 and 1895, Frege wrote : « Concepts can never be in the same relationships as objects. To think that they can would not be false but impossible ». Some may see something romantic or mysterious in this : the structure of sense would be obvious yet unsayable. However Frege was wrong. Deep down, he makes a confusion between the categorial and the relational. This paper first tries to understand the reasons behind the distinction, then explains the confusion resulting from it.

ABSTRACTS

■

Meaninglessness as a Lack of Context
Valérie Aucouturier

This paper discusses the question of meaninglessness and the limits of meaning in a Wittgensteinian context. It takes seriously the claim that words only have a meaning within a practice to be described by means of language-games. This in turn leads to question the so-called « austere » view of meaninglessness according to which nonsense would not simply be a piece of language to which we fail to give a meaning, but rather no language at all. The issue is to understand such impossibility of making sense by reference to a context, not as something lying in the sign or sentence but as something necessarily linked to a practice.

Psychic Experience : an Unsayable Experience ?
Charlotte Gauvry

Can one talk about the first-person experiences one lives, but which are not displayed in one's behaviour ? Beginning with Wittgenstein's analysis of psychological statements, this paper intends to show the pointlessness of both behavioristic and psychological readings of psychic experience. Despite their opposition, those two philosophical options share the common view that psychic life is a reality one could (or could not) have access to. Yet it is argued here that psychic experience, far from being inaccessible or unsayable, only appears in language and so its analysis must be conceptual.

E. Anscombe and the Grammar of Intentional Objects
Anaïs Jomat

If one can talk (or think) about what does not exist, is there necessarily something one is talking (or thinking) about ? Here lies the problem of non-existent objects, as many different theories of intentionality have raised it. From a different perspective, this paper advocates for a post-Wittgensteinian grammatical approach of the debate on intentional objects, mainly inspired by the work of Elisabeth Anscombe. To look at intentional objects through the lens of grammar means to shed light on the – logical – limits dictated by language to our ontology, while drawing theses limits within our ordinary practices.

The Question of Linguistic Idealism
G.E.M. Anscombe

In this paper, Elizabeth Anscombe argues against the claim that Wittgenstein's grammatical remarks, insofar as they impose a norm on use and reject some sentences as meaningless, would be arbitrary. More precisely, since Wittgenstein seems to say that the meaning of words and particularly grammar rules depend upon us, human beings, and on our practices – since he therefore seems to hold a kind of linguistic idealism (where words create what they refer to) – how can the meaning of words or signs be other than merely arbitrary ?

FICHE DOCUMENTAIRE

3ᵉ TRIMESTRE 2019, N° 158, 160 PAGES

Ce numéro des *Cahiers philosophiques* aborde le problème des limites du langage selon une orientation qui doit beaucoup à la philosophie de Wittgenstein. Comment penser la différence entre ce qui est dicible et ce qui ne l'est pas ? Cette question constitue un fil conducteur pour la lecture du numéro.

On lira dans la rubrique Introuvables la traduction inédite d'un texte de G. E. M. Anscombe intitulé « La question de l'idéalisme linguistique ».

Mots clés

Langage ; dicible ; apophatisme ; théologie négative ; rabbinisme ; Création ; concept ; objet ; grammaire ; non-sens ; expérience psychique ; intention ; idéalisme linguistique ; L. Wittgenstein ; G. E. M. Anscombe ; J. L. Austin ; G. E. Moore ; G. Frege ; Platon ; *Parménide* ; Plotin ; Damascius ; Proclus

Vrin - Analyse et philosophie
304 p. - 13,5 x 21,5 cm - juin. 2011
ISBN 978-2-7116-2348-8, 30 €

Recherches sur le langage
Alain Séguy-Duclot

La philosophie part traditionnellement du sens, compris comme sens conceptuel, dans le cadre du langage humain. Mais partir du sens conceptuel conduit à un paradoxe : on ne peut définir ni la notion de concept, ni même celle de sens. L'ensemble du processus définitionnel, constitutif historiquement de la démarche philosophique, se trouve alors remis en cause. Pour échapper aux principales apories de la sémantique conceptuelle, l'ordre de l'analyse doit être inversé. Partir non du langage humain et du sens conceptuel, mais d'une théorie générale de la communication, qui travaille, comme dans la communication intercellulaire, sur les échanges de signaux dotés non de sens, mais d'information et d'efficace pragmatique. Puis considérer l'émergence du sens dans le cadre des langages animaux, en dehors de toute visée conceptuelle. Enfin, dans un troisième temps seulement, passer à l'étude du langage humain, compris comme le produit émergent le plus complexe de l'évolution communicationnelle et linguistique.

Textes clés de philosophie du langage
Bruno Ambroise et Sandra Laugier (dir.)

La philosophie du langage issue du « tournant linguistique », apparue avec Frege à l'orée du XXe siècle, peut paraître dépassée de nos jours par la philosophie de l'esprit ou le cognitivisme. Ce volume vise à illustrer au contraire la vitalité et la radicalité des premières théories de la signification et de la référence. Il parcourt, à travers une série de textes devenus classiques, l'évolution de la problématique de la signification, sa définition comme « mode de présentation de la référence », son explosion avec la thèse d'indétermination de la traduction. Il analyse les relations du sens avec la vérité – selon qu'il en formule les conditions, ou qu'il informe notre approche du monde.
Dans les textes de ce volume, c'est l'articulation du langage au réel, du mot à la chose, qui apparaît comme l'objet de la philosophie du langage et le lieu de son actualité.

Vrin - Texte clé
384 p. - 11 x 18 cm - août 2009
ISBN 978-2-7116-2348-8, 13 €

Vrin - Bibliothèque d'histoire de la philosophie - Poche
128 p. - 11,5 x 17,5 cm - oct. 2004
ISBN 978-2-7116-1704-3, 9 €

Wittgenstein et les limites du langage
Pierre Hadot

Les études réunies ici témoignent de la découverte de la philosophie analytique par les philosophes français de l'après-guerre : dans les années 1950, Pierre Hadot fut en effet l'un des premiers à s'intéresser aux rapports entre logique et langage dans la pensée de Wittgenstein. Ces études pionnières sont suivies d'une lettre d'Elisabeth Anscombe à Pierre Hadot, et de la traduction d'un texte de Gottfried Gabriel sur la signification de la forme littéraire chez Wittgenstein.

Derniers dossiers parus

Cahiers Philosophiques

BULLETIN D'ABONNEMENT

Par courrier : complétez et retournez le bulletin d'abonnement ci-dessous à :
Librairie Philosophique J. Vrin - 6 place de la Sorbonne, 75005 Paris, France
Par mail : scannez et retournez le bulletin d'abonnement ci-dessous à : fmendes@vrin.fr
Pour commander au numéro : www.vrin.fr ou contact@vrin.fr

RÈGLEMENT
❏ France
❏ Étranger

❏ Par chèque bancaire :
à joindre à la commande à l'ordre de
Librairie Philosophique J. Vrin

❏ Par virement sur le compte :
BIC : PSSTFRPPPAR
IBAN : FR28 2004 1000 0100 1963 0T02 028

❏ Par carte visa :

_ _ _ _   _ _ _ _   _ _ _ _   _ _ _ _

expire le : _ _ / _ _

CVC (3 chiffres au verso) : _ _ _

Date :

Signature :

ADRESSE DE LIVRAISON
Nom
Prénom
Institution
Adresse

Ville
Code postal
Pays
Email

ADRESSE DE FACTURATION
Nom
Prénom
Institution
Adresse
Code postal
Pays

ABONNEMENT - 4 numéros par an

Titre	Tarif France	Tarif étranger	Quantité	Total
Abonnement 1 an - Particulier	42,00 €	60,00 €		
Abonnement 1 an - Institution	48,00 €	70,00 €		
			TOTAL À PAYER :	

Tarifs valables jusqu'au 31/12/2019

* Les tarifs ne comprennent pas les droits de douane, les taxes et redevance éventuelles, qui sont à la charge du destinataire à réception de son colis.

Achevé d'imprimer en novembre 2019 par *La Manufacture - Imprimeur* – 52200 Langres
Imprimé en France – N° d'imprimeur : 191593 – Dépôt légal : novembre 2019